近代法思想史入門　日本と西洋の交わりから読む

近代日本法思想史

入門

從日本與西洋交匯之處讀起，
瞭解近代日本法思想與政治思想的發展歷程。

商周出版
人與法律

吳豪人　輔仁大學法律系專任教授——企畫選書・專文導讀
藍弘岳　中央研究院歷史語言研究所副研究員——專文推薦
謝煜偉、陳宛妤、陳明楷、林琬珊、魏培軒——譯
大野達司、森元拓、吉永圭——著

推薦序

本書日文的原標題是《近代法思想史入門：日本と西洋の交わりから読む》，可直譯為「近代法思想史入門：從日本與西方的交流來閱讀」。從其副標題可知，本書重點在於敘述近代日本法思想史是如何在日本自身的社會習俗、政治體制、法律體系和思想史基礎上，接受西方法學觀念及其相關法律體系和政治思想的過程。所以，本書涉及的內容十分複雜且廣泛，難以由一名作者獨力完成，故是由大野達司（法政大學法學部教授）、吉永圭（大東大學法學部副教授）、森元拓（山梨大學教育學部副教授）等三位學有專精，且正在日本法學教育前線上工作的教授合力完成的。他們為了讓學生理解現代日本法律理論背後的思想，一方面貼近當代熱門議題，且吸收、引用最新研究成果，一方面也進入歷史，從幕末時期講到二戰後新憲法成立為止的法律思想問題與理論，及相關論戰。

本書的內容十分全面，分為三部，分別由上述三位作者撰寫。第一部先就思想史脈絡討論「法」、「權」、「權利」等漢字語詞如何成為近代日本法學概念，再就自然法與人定法，討論其在近代西方思想史的發展，與在日本如何被理解、接受乃至抵抗的過程。其次，第二部則再各別就民法、刑法、勞動法、國際法等，討論相關法律的制定過程與自由主義、民主主義、女性主義和馬克思主義等相關思想資源的關係，及相關思想論戰的問題。第三部則再以筧克彥、北一輝、蓑田胸喜、里見岸雄、黑田覺等人為主，敘述特殊的日本法律思想如何形成的問題，並就國粹主義、天皇機關說事件、總動員體制、和平憲法等貼近日本歷史事件的方式，闡述相關法律論戰問題。這三部的內容略有些重複，但完全不會予人冗長之感，而是透過不同的書寫方式將「權利」、「國體」等重要日本法思想史概念做了更全面的詮釋，並對憲法、刑法、民法、國際法、勞動法等各種法律在日本制定、修訂之背景脈絡有清楚的說明。

這樣內容的著作在過去當然也有許多相關名著。如長尾龍一，《日本法思想史研究》（一九八一）《日本國家思想史研究》（一九八二）、大木雅夫，《日本人の法観念——西洋的法觀念との比較》（一九八三）等等即是。但相較於這些名著，於二〇一六年出版的本書最明顯且重要的特色是，他們透過介紹各種近代日本重要政治事件、政治鬥爭乃至學術派系對立的討論與相關研究成果，以探究各種近代日本法思想史上的論戰及其意義。所以，本書的知識含量極高，雖名曰「入門」，但我想對日文原書原本設定的讀者，如日本大學法律系學生來說，本書也是極不容易閱讀、消化的一本書。對台灣的讀者則更不用說了。

但是，筆者個人對於本書能在台灣出版感到相當高興。因為本書除了針對「權利」、「自然法」等重要概念、思想如何在日本被翻譯、理解等問題有簡明扼要的解說外，對於如「大正民主」、「天皇機關說」、「總動員體制」、「和平憲法」等理解近現代日本史上的重要問題，乃至如「國體」等日本特殊思想史概念等都有詳細且明白的解釋。所以，本書不僅是適合法律系、政治系等社會科學方面的學生閱讀的實用教科書，對於日本史乃至中國史、台灣史有興趣的人也都能獲益於此書。其中涉及的大量知識內容，能激發學者對於東亞史乃至東亞思想史的興趣。台灣史本就與近代日本史關係密切，[1]此書有助吾人理解過去殖民台灣的日本帝國體制與相關歷史。此外，許多近代日本的法律制度與相關書籍也經由翻譯和留學生等傳到中國，對近代中國的法律和政治思想史有重要影響。對於以專攻日本思想史、東亞思想文化交流史的筆者來說，本書的出版令人雀躍不已。

在過去台灣的出版界少有這類書籍的出版，但近年來相關書籍陸續付梓，筆者自身也翻譯了當代日本政治思想史大家丸山真男的《日本的思想》，並約莫與此書同時出版。筆者私心以為若讀者能並看這兩本書，將能深化對日本政治思想史的理解，並期待有心向學的學子能進入相關領域探索學問。不管如何，這不該只是一本法律系學生的教科書，衷心希望台灣各界讀者皆能從本書獲得啓發。

中央研究院史語所副研究員　藍弘岳

1 就法律史方面，可參考王泰升教授的諸種著作，及吳豪人，《殖民地的法學者：「現代」樂園的漫遊者群像》（台北：台大出版中心，二〇一七）等。

專文導讀

二〇一八年，日本交流協會委託我推薦一本日文法學專著，並且希望能將之翻譯為中文，以饗台灣讀者。我不假思索地便指名本書——大野達司、森元拓、吉永圭三位教授合著的《近代法思想史入門》（二〇一六年，法律文化社，京都）。

較為浮泛的理由，就如同本書序言所自我期許的，是因為本書基本上是給日本大學生閱讀的入門教科書，所以不至於太艱深；另一方面，其內容包羅既廣，而且每章的主題設定，都非常引人入勝。兼且指引、導航那些欲求深入學問世界者，延伸閱讀的正確路徑。

而比較嚴肅而「專業」的推薦理由，則必須要稍做解釋。原本，啟蒙主義以後的近代型國民國家，無論君主制或共和制，都是法治國家。所以法律（思想）史，必然也就是政治（思想）史。日本既然是亞洲第一個近代型國家，當然不例外。但這麼顯豁的事實，卻經常遭到忽視。

我以往總認為，只有前近代帝國（及其繼承人），或者不善於讀書者，才會強分彼此，或一味貶低法律，而抬舉政治。而目前在台灣已經翻譯為中文的類似文本，清一色法律史，對政治史著墨不多，對兩者的哲學、思想（源流）史也多宥限於學說史，以及一小部分的社會史描述。斷爛朝報，食之可厭。遠不如閱讀南原繁、丸山真男、石田雄等人的政治思想史來得刺激有味，更能滿足知識的好奇心。

不過，這個缺失，恐怕源於文本的選擇不佳。因為縱使強分學科，但每一個學科也都有自己的歷史、自己的傳承與legend。日本的實定法學，比方說民法學吧，對於書寫自家歷史、傳承與legend，幾乎都不需假手「法律史學家」，純靠本科人就全部搞定。而且學說史既專且精，論及政治社會思想之際，亦絕無素人的生澀與不得要領。這些著作之精采有趣，並不遜於上述的政治思想史著作。只不過，因為部分章節難免得大談特談法律的技術面，所以總令非法律人望之卻步。

本書最大的優點，就在於既是日本近代法律思想史，同時作為日本近代政治思想史來閱讀，也絕無違和感。此外，就算非得討論到法律的技術面，因為配合了當時的政治社會背景解說，因此讓讀者覺得合情合理，甚至覺得大有必要。

不過，我還有一個更私人的推薦理由。

說私人理由，或許容易引起誤解，不妨說，是一個既私且公的理由，目的在幫助台灣讀者深入認識「我所認為的」「正確的」日本近代政治、法律思想史。

這是什麼意思呢？因為我們畢竟不是日本人。縱使如何「神入」（empathize），我們也不可能完全站在日本人的角度，理解這一段鄰國的知識社會史。再者，儘管台灣人真的很喜歡日本，而日本社會也總覺得全世界就數台灣最「親日」，但其實台灣與日本彼此之間的相互理解，驚人的浮面。作為台灣人，日本始終是我們必須學習、觀察並且試圖超越的可敬對象，但前提是必須對日本——尤其是近代日本帝國——有正確的認識。就此而言，本書固然已經是一個非常好的文本了，但對於達成我所謂的私人目的而言，本書還另有妙用。

在拙著《殖民地的法學者》（二〇一七，台灣大學出版中心，台北）的導論中，我曾經以極為抽象的文字，勾勒了近代日本帝國如何脫亞入歐的法治國思想原點、統治策略、發展潛力，以及其理論自始便蘊藏的矛盾及凶險。之所以強調我的敘述「極為抽象」，是因為書寫之際，我預先假設：讀者對於近代日本的政治、法律思想史，已經有相當程度的認識。如果沒有認識，那麼拙著提供的理論骨架，就永遠只能是骨架。就算是正確的骨架（我相信是正確的），也缺乏血肉。可想而知，絕大多數的讀者，當然不得其門而入。雖然這是學術專門書籍很難避免的「和尚唸經和尚聽」門檻，身為作者，還是頗為遺憾。

但是，（我自以為的）正確骨架，如今卻因為本書中文版的問世，而獲得了活生生的血肉。本書豐富、具體且深入淺出的歷史內容，幾乎完全補足了拙著抽象的理論骨架。

以下，請容許我引用拙著「導論」的部分內容——也就是「骨架」——同時標示出本書哪些章節——血肉——分別具體支撐了「骨架」。當然，也就間接「介紹」了本書。

> 亞洲第一個痛下決心「脫亞入歐」的日本，對於接受、詮釋與實踐啟蒙主義以來現代性的各種嘗試，在戰前影響近鄰諸國至深至遠」。（第一章、第二章、第三章）
>
> 日本……全盤接受了普魯士第二帝國的國家與民族想像——一種由上而下、少數菁英主導的

nation-building。這是一種翻轉社會契約論的建國運動，不是先有公民社會（civil society），再由公民社會授權創制國家機器；而是先有國家機器，再創造國民，然後寄望假以時日，國民能成長為公民，形成公民社會，並追認國家權力來源的正當性與合法性。……為了說服絕大多數不知道現代性為何物的臣民主動服從新國家，並同時訓練臣民成為可被國家動員的現代國民，日本……採取一種非常有辯證法味道的「顯教（傳統天皇主權）／秘教（從少數統治菁英過渡到大量近代國民的創造）」國家論述……。「顯教」——一種可以「公開大肆宣揚」的國家價值——選擇了天皇制度作為其核心，而秘教的主導者，正是引領明治維新成功的少數菁英，以及他們所培養的預備軍。這些人打造新國家的知識基礎，與傳統「國體／國粹」絲毫無涉，完全繼受自近代歐洲。（第四章、第五章）

建國知識既然來自十九世紀的歐洲，又要同時利用天皇制度，君主立憲是理所當然的選項，君主當然應該是虛君。但這是不可公開宣揚的國家最高機密，除非所有傳統臣民都已經完全被訓練成為國民。所以日本既不能選擇學習完全廢除君主制的法國，也不能選擇君主理所當然是虛君的英國。一八七〇年才建國的德國，成為明治日本的最終選項。這個決斷同時也預示了日本帝國的未來命運。（第五章、第六章、第十章、第十五章）

「顯秘二教的辯證性運用，實際過程當然很複雜，而且秘教的「向西方學習」不但在知識的求取、理解與運用上困難重重，同時也意味了：這個新興國家的命運，從此託付給了這個被稱為「近代」的嶄新知識系統。這個知識系統的基礎設定有什麼優缺點，日後都將在國家的動員實踐中一一顯露。越認真學習，國家命運越與這套知識系統的命運綁在一起。萬一這套知識系統有著致命的缺陷呢？」（第六章、第七章、第十章）。

「另一方面，顯教的反動性格，對於秘教菁英而言，始終是潛在的風險。正常情況之下，訓政的前提，在於國家掌握的知識量，在一切面向上都必須永遠大於國民所能掌握的知識量的總和。這種優勢一旦被逆轉，就正式邁入憲政，顯秘兩教辯證法的歷史任務便可結束。但是，有沒有一種情形，是「國家所掌握的知識量低於國民，卻仍然維持訓政，甚至退化為軍政」呢？當然有這樣的可能，而且大有可能。只要顯教的意識形態被弄假成真，被反動員成功。（第十一章、第十二章、第十三章、第十四章）。

事實上，「先讓少數人知道真相，再逐漸讓更多人知道真相」的顯秘二教辯證法，最大的弱點就在於它必須假設歷史是單線進化的。而這個假設毫無現實根據。（第八章、第九章）

這就是明治維新以來的日本帝國，一個將近代與前近代典範辯證運用的、新興官方民族主義帝國。（全書核心命題）。

現在，我們（暫時）獲得了一個 localized global viewpoint——用「台灣的世界史觀點」，並建構了一個未必與「用日本的世界史觀點」相同，但卻可以互相啟發的「認識近代日本」的理論骨架。而本書豐富的內容，則客觀的提供我們許多 globalized local materials——一個試圖將近代日本與近代西方同時並呈的，但同時又是不折不扣的純日本敘事。誠如本書的副標題所言：「從日本與西洋交滙之處讀起（日本と西洋の交わりから読む）」。但我們都知道，當時的西洋，並不積極「交滙（交わり、まじわり、原意為交際或「交合」）」日本，反倒是日本抱必死決心，非「交滙」西洋不可，否則退無死所。即便免於亡國，也難免淪為殖民地。

如此一來，當年日本在近代化上驚人的努力與毅力，與對西洋文明充滿創意的涵攝與繼受，乃至於種種妥協、變形、剪裁，甚至擇惡固執的歷史，對於曾經淪為日本帝國五十年殖民地的台灣而言，便清晰地映成一泓去殖民的歷史明鏡，不再受到前後兩個中國黨國的意識形態論所干擾，而矮化我們的知性。

最後，我要特別感謝五位翻譯者的用心，也對他們的學養深表佩服——他們傑出的譯筆，證明了薩維尼的名言「法律人是社會科學的鄉巴佬」只是十九世紀陳腐錯誤的偏見。也許有讀者眼尖，發現這五位年輕的法學教授，都是日本京都大學法學研究科的同門師兄弟姐妹，都是京都大學法學博士。可敬的讀者們，如果您閱讀本書之後，能夠獲得知性的喜悅，請您慷慨給予這「京大五人眾」喝采與鼓勵吧。

輔仁大學法律系教授　吳豪人

序文

本書是定位為「近代法思想史」入門的教科書。特色是將整體內容的重點，放在日本的法學以及法思想、法制史、政治史的發展之上。倘若是正統的法思想史教科書，大概會從柏拉圖、亞里斯多德的古典希臘哲學開始，歷經中世紀與近代，直到康德與黑格爾，依照歷史順序回溯西歐法思想的發展系譜。當然，這些思想對於現代的法哲學、法思想與法學均有重大的影響。不僅現代，要理解系出西歐法思想的日本法思想，掌握此一發展系譜相當重要。

另一方面，依據筆者開授法思想史課程，特別是以低年級生為對象的課程中所得到的經驗來說，也仍有學生反映為何要在日本學習西歐法思想的歷史，這些學生對於學習內容感受不到現實性。因此，筆者嘗試了如同本書的課程內容架構。日本的法學，事實上是自明治時期以後繼受所謂的西洋法而開始發展。最近的修憲（即便只是透過解釋）或民法修法等議題與論戰，甚囂塵上。但何以如此呢？還有，對最新的法學理論，要如何才能有真正的了解？這些都需要重新回顧日本法思想的來時路。因此，我們才嘗試寫出一本入門教科書，既包含幕府末期與明治時期以後的法思想、由此產生的社會性或政治政治性背景，同時也思考應該使用哪些思想素材作為主題，讓讀者對法思想史產生興趣。那些影響日本的各種法思想系譜，本書都盡可能簡單觸及。當然，這也僅能含括一小部分而已。

對於西洋法的繼受等相關問題，已經有許多優秀的研究成果。事實上，本書受惠於這些先行研究多矣。就某種意義而言，本書也期望能夠引導讀者去接觸這些重要的研究成果。因此，也請務必挑戰本書所列的參考文獻以及原典。引用與參考文獻列於本文中，或是各章的最後部分。除此之外，仍有許多重要的文獻。關於這些重要文獻，都刊載於法律文化社的網頁上（刊載於 www.hou-bun.com 中「教科書相關資訊」）。作者們執筆時，這兩類文獻同樣重要。只不過各章文末所臚列的，多屬於原始文獻、讀者較為容易取得的資料，以及內容涵蓋較廣的相關資料。由於採取教科書的格式，無法一一列出所參考的文獻以及其實際頁數，造成各位讀者的不便，以及對於原作者失禮之處，也請多多包涵。

本書的主要構成，大致上是依照時代發展順序而鋪陳，不過也會因為各個主題的設定，而出現在時間上前後交錯的情形。關於這一點，雖然於執筆時已經注意到了，在此還是不厭其煩再次強調。作者群期望，各位讀者能夠從閱讀本書，延伸至參考文獻，並且走進更為廣闊的法思想天地，以拓展各位讀者對於法思想的興趣。如此一來，或許也就能夠了解：最先進思想何以「嶄新」。

大野達司

二〇一六年一月

目錄

第五章 初期的明治憲法理論

第二部　社會與民主主義

第十章 國際法與國際政治

第三部　兩段昭和

第一部

邁向近代

第一部主要處理的是從幕末進展到明治體制之確立。同時，作爲本書序幕，將對近代法體制與思想原點的江户末期到明治維新期間，日本所引進的西歐思想、法概念等，如何與日本或中國傳統的法思想形成緊張關係、互相混合，而逐漸受到理解的過程，略做概述。如同從「鹿鳴館外交」爲象徵的歐化政策與對其反彈的故事中可以窺見的，這並非單純的進口，也是嘗試著：既重新評價我們自身的歷史與傳統社會，一方面摸索尋找新路徑。亦即，與西歐的關係，甚且與以中國爲主的亞洲之關係中，西方思想的大量流入，乃是日本重新確立「自我意識」此過程之發端。

在此框架下，第一章先藉由現在理所當然的用語：法與權利，在幕末到明治初期是否已經定著爲近代的意義與內容，來觀察日本與西歐法（思想）接觸時的情形。第二章對於西洋所特有、很難輕巧直接照搬的「自然法」進行概觀，介紹其歷史背景與論爭。承接以上前提的第三章，則以日本的傳統中亦出現蹤影，而也作爲西歐共和制思想登場的「公論」爲素材，介紹憲法體制確立爲止的過程中之諸般議論。第四章進而處理自治制度，因爲在近代國家體制與傳統體制的夾縫中，自治制度乃是集權或分權、新憲法秩序的主體爲何等論戰的主戰場。最後在第五章介紹：在明治憲法學的登場及其初期的進展中，使得西歐思想與日本（自古以來的？）思想之間的緊張關係或隔閡日益表面化的「國體」，與憲法究竟有什麼關係。此外，在「邁向近代」的脈絡下同樣重要的，同時期有關民法、刑法的各種議論，會在第二部提及；與國體有關之憲法論爭，對政治化的美濃部憲法論之批判，則會在第三部中呈現。

（陳明楷譯）

第一章　法與權利

本章提要

本章的目標：法、權利等用語，被選出作為law與right的譯語，以此經過為素材，一窺幕末至明治維新期的人們對於規則或國家、社會所抱持的想像。此外，在法思想上，自然法（性法），被理悟為乃是超越於實定法（制定法）之上的法。在幕末維新期的日本知識份子接觸這一個西歐的古典理念時，已經是相關的疑問都被挖掘、完成重新解釋的時期了。換句話說，從古典到近代的思考法，一口氣全部湧入日本。當時的人們在確立日本的近代體制時，究竟對這些思想是如何切分，如何加以理解的呢？

第一節　近代化與東方和西方

大政奉還與廢藩置縣

大政奉還或廢藩置縣這些新政府的改革，目標方向雖然是近代化的，形式上卻是復古的，目標是取代過去的封建制，朝向以秦帝國的官僚統治之郡縣制為基礎的中央集權化。勵行版籍奉還（一八六九年）到廢藩置縣（一八七一年）之改革的是維新政府，但關於集權化的議論在幕末期就已經開始。當時，福澤諭吉與加藤弘之也對於各大名的權力與幕府關係（封建制）的重新構築，也就是要採取「大君（即將軍）的獨裁」之集權化（一八六六年，〈福澤英之助宛書簡〉，《福澤諭吉書簡集》第一卷，六五頁），或是採取大名同盟（一八六二年，《福翁自傳》的回顧，《福澤諭吉全集》第七卷，近 digital[1]）進行了議論。幕末的他們雖停留在如此框架中，卻也開始參照西歐的例子，據說福澤的大名同盟的構思是來自德意志聯邦。另一方面，加藤在《隣草》（一八六一年，《日本的名著34》）中假託清帝國，講到西洋各國都採用郡縣制。然而，現實上仍是幕藩體制。因此，加藤一方面維持封建制，一方面透過上下分權的政體，企圖達到政權的安定化。在這些出現於王政復古前的構想中，行文表現即便是復古的或漢語的，但也參酌了包含同時代之西洋在內的現實或理論。

如何既以過去的思想與制度作為基礎，同時又運用西洋學得的知識，以實現朝向新時代的轉換也就是近代化。其中，關於政治體制的集權化之議論，正是此課題之一顯例。日本以固有的法思想，或是以中國發展出來的法制度及中國思想的影響為基礎，又以漢學為首的知識作為其理解洋學的前提或形成其框架。法或法思想，即其典型。法學、法思想的中心概念，「法」與「權利」等用語之成立，law、right 的翻譯經過，也顯示上開情形。藉由重窺幕末、維新期的知識分子所感受到法或權利等用語與原文之微妙隔閡，其苦苦掙扎的模樣，提示了今天的我們在使用這些用語的時候，既感覺到不可思議、卻又容易忘記的緣由。

第二節　法與正義

「law 是法的意思」

理解外國思想時，必須思考關鍵的用語在母國語中相當者為何。但是，當然無法保證都能逐一對應，有時候就是找不到對應用語。為了將關鍵用語的意義與內容，在不同的社會與歷史背景下盡可能地正確轉換、傳達，就需要依靠既有的或是新造的漢字熟語，這一點在近代法學起始的時期是無法避免的，「法」與「權利」的轉譯也經歷這種過程。「權利」事實上是在幕末、明治時期西方思想流入的同時被創造出來的，「法」則是於日語及漢語均已存在，作為 law 等等的譯語上比較沒有問題。例如，在幕末與西周[2]一起到荷蘭留學的津田真道，於介紹歐洲法學概要的〈泰西法學要領〉（一八六八年）中提到「英語的 law 是法的意思」，雖是用在學科名上，卻採用「law 即是法」的譯釋，並認為「漢土及我國的語法亦同」（《全集》（上），一〇六頁）。另一方面，德語的 Recht、法語的 droit、荷蘭語的 regt，除了有 law（亦即法）的意思，也具有英

1　譯註：原文係引用自近代デジタルライブラリー。這是由日本的國立國會圖書館所提供，得於網路上公開使用明治、大正、昭和前期之資料的電子圖書館。

2　譯註：西周，一八二九年出生的明治啟蒙思想家，亦稱為西周助。於本書中通常僅以其姓略稱為「西」。

語的 right 的意思。津田則將這些用語譯解為「公事（裁判）」的「正確」、「正當」。這是因為西歐語的「法」具有「內容之正確」的意義，而與本來應屬正確卻「有時被扭曲的律法」正相對比。同樣地，西也將「唯於上位者之心內而對下位者發布施行」（〈百學連環〉，《全集》第一卷，一六八、一八四頁）的法，與權義（權利與義務）的關係做出區別。然而，關於國際法或法學，則指出「由於沒有適合原意的字而使用了法這個字，但其實應該稱為權」。其實這裡是因為也有國際法的緣由（後述）。他又指出：權是作為 right 的漢語，在中國及日本的語境會是雙方之「義」的關係，但在西歐則是與「義」相對的「權」。

「法」與「のり」

如此看來，津田與西似乎將 law 譯為「法」，並與包含「正確」亦即正義或自然法（第二章參照）的德語 Recht（也對應英語的 right）對置。然而，在漢語及日語中的「法」與「正確」，果真毫無關係嗎？

「法」在中國從三千年以前就已經存在，後來也可與「律」互換使用，如同現在的「法律」，亦具有此乃權威機關所訂定的意義。另一方面，如本居宣長所述，在日本古語與「法」有所連結的「のり」，也有如此含意。「所謂『能流』（日本古語，讀音為『のる』），是將事物告知他人，將自己的名字告知別人是所謂稱名；此外，將法讀作『能理』（日本古語，讀音為『のり』），亦是來自由上位者制定應該做些什麼，並告知於眾一事，而『告』或『謂』等用字也被讀作『能留』

（のる），在古事記或萬葉集等也在所多見」（《古事記傳》四之卷、《全集》第九卷，一五九頁）。法制史學家中田薰則認為，「のり」本就有比本居所提更為多種的意義，在《日本書紀》（七二〇年），除了法以外，方、式、制、教、憲、正朔、法則、則、風、禮、猷、典、內教、方式、度、律等字也都被念作「のり」。但是，「のり」是口頭上的「告知」，而廣泛包含風俗等社會規範為其內容，與「法」連結之後，意義成為由支配者宣達的命令，則幾乎不具有主張權利的根據之意義（〈古法雜觀〉，《法制史論集》第四卷）。

「法」的輸入

漢語的輸入，除了意味著吸收文字與書面用語外，也與隨著文字表現的熟練而帶來的成文法之制定有關。弘仁格式（八四〇年施行）序中「上宮太子（聖德太子）制定憲法十七條，國家之立法由此開始」，所指即此。另外，也有人指出這是受到中國的法家影響。大約兩千五百年前的法家思想（韓非等），是相對於儒家的德治，從人性本惡說出發，主張應該依據嚴格的法進行統治。但是，日本所繼受的法家思想並非其性惡說，而是法治的部分。因此，不是像儒家那樣將法理解為個別的身分上的禮典，所採取的法形式是：透過上下和睦與公論為內容所組成的「憲法」，以支持律令秩序。其背景是由於當時在內外均存在緊張關係：所以一方面既沒有接受被整合在中國的冊封關係下，所必須的禮之身分秩序，另一方面又有必要採取適用於軍事統治的律令制。另外，雖然確實也有冠位十二階這種依據儒教思想所產生的制度，但是並未接受儒教的「易姓革命說」

（將天命革新，更替君王的姓）。也就是並未接受失德的君王失去了天命，所以王朝應該輪替的說法，日本採取的是政權永續性的主義。這一點也受到法家思想的影響（宮地明子〈日本古代國家論〉，《古代日本的構造與原理》）。

大化革新之後的大寶律令（七〇一年）、養老律令（七一八年），都是承襲了在中國秦漢時代以後開始發達、在隋唐時代完成的律令格式（這裡是指刑法、行政法、修正法、補充法等）之法體系，而進行了法典化（弘仁「格式」就是指這些「律令」的「格與式」）。律令制的時代持續到十世紀左右，爾後未再編纂律令。在武家政權之下，像是以北條泰時為中心所編纂的〈御成敗式目〉（一二三二年），一邊維持了律令制的成文法（為了迴避與公家法的「式條」對立，而以「式目」為名），一邊又以依據合乎武士生活規律的社會規範之「道理」為基礎，對不會閱讀文字的東國武士告示了裁判準則（「御成敗」），而轉型為式目法。以下再次引用中田薰的著作。

……在大化革新期之前的「のり」，只有制定法的意思，「ならわし（風習）」並不包括在內。在大化革新後之王朝時代，法的概念也只是以律令格式為主的制定法以及以制定法為準的判例，並不包括民間的「習俗」。在中世紀武家時代亦同，法只限於制定法與先例（判例），民間習慣只不過是在法之外的「鄉下之例、先縱」。然而，到了室町時代的前半期，這些「鄉下之先縱」一躍成為與制定法比肩的存在，數量之多達到法的半數。（〈古法雜觀〉，《論集》第四卷，三一頁，〈大法〉，同第三卷，一〇九六頁）

雖如上述將「法」擴張到「ならわし」，民間習慣到了幕末、明治維新也已經被認為是大法的一部分，然而大法的中心仍然是作為制定法的公法。亦即，以式目為基礎的戰國時代各國的分國法，或是江戶時代的武家諸法度、作為藩法的「家法」、「國法」的這些法，以基本的政治制度之應有架構與刑法，展現了天皇、公家與幕府、武家之間的關係，也展現了幕府與庶民間的上下關係。明治維新將前者予以再轉換，將後者予以近代化（政治體制與國體的關係，請參照第五章）。

王政復古與新制度

維新政府為了改革幕藩體制，許多政策都是一方面以復古主義與尊王思想為基礎，同時也推行近代化。為了確立統一體制，借用了律令制的形式來進行體制的「再生」。當初「王政復古」的意思，也包含回歸法制、政治體制的律令制。因而，仿效大寶令、養老令，制定了三職七科的官制（一八六八年），設法達成法制度之整備。遂行大政奉還之際，對於德川慶喜的詢問：「刑法之規定，召諸侯上京相議共決可成，此前慣例且先沿用，如此是否允妥？」朝廷的回答如下：「召諸侯上京相議共決規則，此前慣例且先沿用，應屬可行。」「刑法」的用語雖然在幕藩法時代的〈熊本藩御刑法草書〉等等已經出現，一般認為：朝向刑法近代化之路，係與「今後的刑法由上京的諸侯來制定」之政策方針一同開啓。該部「刑法」，也就是暫行刑律、新律綱領、改訂律例，都是以「律」的形式制定的。雖然不能說與經驗上的根據或內容的正確性沒有關係，但究其實質，就是如同前述西的說明，主要是表現為作為制定法之意義的存在。

第三節　關於「權利」之成立

關於「權」

在前一節保留未談的「權利」又是如何呢？right（荷蘭語為regt）並非一開始就被翻譯成權利。以津田真道（〈泰西法學要領〉）與福澤諭吉（《西洋事情二編》例言、一八七〇年，《全集》第一卷，近digital）等為例，可以發現在這些著作中，他們都意識到right的多義性，或漢語的「權利」在中國古典具有權勢、利益的意涵（《荀子》勸學篇第一（上），二〇一一二頁，《史記》鄭世家，《史記世家》（中），一一六頁）；或是意識到權、利與right這個概念的相合乎之處，乃至於相異之處。而在日本，又由於國際情勢的背景，法學的必要性上首先須意識到國際法的存在，「權利」也與如此背景息息相關。

《萬國公法》與權利

在直接面對開國問題的幕末時期，惠頓（Henry Wheaton）一八三六年的著作*Elements of international Law*，於一八六四年出現漢譯本《萬國公法》後，隔年即由西周加註漢文訓讀與標點符號，經開成所翻印，在日本廣泛的被知識分子所閱讀。在該書是使用將right譯為「權」、「權利」的用法，被認為是「權利」這個漢譯用語的源頭[3]。另外，在明治初期（一八六九年以後）箕作麟祥翻譯了各式各樣的法國法典，創造了許多漢語的法律用語。權利、義務的用語也是從該書中借用的。

對於已經處於歐美壓力下的大清政府，國際公法的知識是很有必要的。因此，歐美的法學，尤其是國際法學便首先傳入了中國。《萬國公法》的中譯者馬丁（丁韙良）是美國的傳教士，於鴉片戰爭後中國開放外國商人與傳教士進入時前去傳教，在亞羅號事件[4]的處理中擔任美國公使團書記官並且負責翻譯。馬丁在天津條約與北京條約的締結過程中，看到中國方面的前近代的態度（要求對皇帝執臣下之禮等）乃至於軍事衝突，意識到有必要傳播國際法的知識。中國政府也因為條約交涉經驗而有了同樣的想法，於是援助馬丁翻譯出版當時美國最具權威的學者惠頓的《國際法原理》。由於國際公法的領域中是以國家為主體，因此被理解為與權力、權益相近的漢語「權」、「權利」。

西與津田都是主修國際法。自一八六二年到一八六五年在荷蘭留學，於西蒙・菲塞林（Simon Vissering）教授門下修業的津田真一郎（真道），在翻譯菲塞林教授的著作《泰西國法論》（一

---

3 原註：開成所版翻印《萬國公法》慶應三年（一八六七年）及英語原文，重野安翻譯《和譯萬國公法》明治三年（一八七〇年）之比較（《翻譯之思想》）。「專論此等權利（which treats of the rights of sovereigns in this respects）」，「交戰之權利（the rights of war）」（九、一五頁）等。尾佐竹猛《維新前後之立憲思想》，文化生活研究會，一九二五年，四一頁。

4 譯註：一八五六年，對停泊在廣州黃埔、懸掛英國國旗的亞羅號，廣東水師搜索並扣留了涉嫌走私的中國水手，引發第二次鴉片戰爭的關鍵事件。

八六六年）時，使用了「權」，也使用了國民的「權利」的用語（《全集》（上），一二八、一四一頁）；西周翻譯的菲塞林教授講義集《萬國公法》（一八六八年）中也使用了「權」的用語（《全集》第二卷、一五頁等）。但是，他們也有學習一般法學，所以了解 regt 即使在同一個課程中也有多種涵義，用單一漢語來對應是有困難的。例如津田在前述的《泰西國法論》中，就展現了 regt 有多種語義，其中雖然也使用「權利」的用語（《全集》（上），一〇七頁），在其他地方也使用了「本分」的用語（〈菲塞林教授有關五科學習的備忘錄〉，《全集》（上），九一頁）。西翻譯時，也會在內容上與特定種類的道德原理連結，用以理解「權」（參照第四節）。

「公權」與「私權」

比津田與西更早使用「權利」這個用語的，是加藤弘之。加藤在一八六四年於開成所出任教授，一般認為他是在此時接觸到《萬國公法》，其著作《立憲政體略》（一八六七年，《日本的名著34》，國 digital[5]）中，將國民公私二權區分，分為關係自身的私權與參與國事的公權。以廢除身分制後，臣民在國家之前擁有平等的權利為前提，將生命權、人身自由、結社思想信念、宗教自由、法律下的平等、經濟自由等列為私權。公權中比較重要的，有被稱為「選擇權利」的參政權與被選舉權，加藤認為眾人皆當然擁有這些權利。

在《真說大意》（一八七〇年）之中，為了每個人不受限制的自主，而提倡了權利平等與相互尊重的道理（《日本的名著34》，國 digital）。亦即：不受他人拘束之自由，是一種與生俱來帶給人幸福的情感，因此人有平等地追求這種情感的權利，從這裡引伸出了各種人際往來上的權利。但是造化（萬物的創造主）賦予了相異於此之其他更優越的特性。那就是「仁義禮讓孝悌中心等」，而這帶來了盡自己的本分以敬重他人權利的義務云云。從而，加藤也主張為了實現這個義務，由政府加以統制是有必要的。

由此可知，加藤在相對較早的時期就對於「權利」的概念有所理解，但這樣的理解在當時世間並非普遍。例如，在一八七〇年民法編纂會對於箕作翻譯的「民權（現在的私權）」，就有人反彈說「人民有權真是成何體統」，就是將「權」理解為（公的）權力（參照第六章）。只不過「民權」這個用語在會議中得到會長江藤新平（最初期以法國法為學習對象的法典編纂時期之領導人）的力保，而能留存下來。當然，這裡的「民權」與後來民權運動中政治意義上的「民權」（這一點在津田的《泰西國法論》有使用實例，《全集》（上），一四五頁）在意涵上是不同的。

「利」的部分

如上所述，「權」在漢語中的意涵與right有微妙的差異，在「利」的部分也有類似狀況。「利」在儒教的影響下大多是否定性的涵義，不少現代人也有這樣的印象，這或許也是對於權「利」感到躊躇的一個原因。但是，世間的人們追求利益乃理所當然，在企圖掙脫朱子學立場之影響的大

5 譯註：原文係引用自国立国会図書館デジタルコレクション。這是由日本的國立國會圖書館所提供，得於網路上公開使用之資料的電子圖書館。http://dl.ndl.go.jp/。

勢下，基於現實主義而肯定「利」，才是與現實社會相切合的。

江戶的儒學

在此我們先快速地瀏覽一下有關江戶時代儒學的情況。江戶時代的朱子學是以藤原惺窩為起始，惺窩在一六〇五年，將自己的弟子林羅山推薦給德川家康，林之後一共侍奉了到家綱為止四代的將軍。以朱熹的理氣二元論為基礎，朱子學是以作為規範、法則之形而上的「理」來支配形而下的「氣」，從這種想法出發，追求以理支配情欲，乃至於將幕藩體制下的身分秩序「上下定分」理解為「理」。在以不因利而執迷的態度作為武士規範的這一點上，中江藤樹（《翁問答》）或室鳩巢都是一樣的。然而，由於江戶初期的武士現實的生活態度，佛教在民間的扎根，以及沒有科舉制度的日本官僚制度下，林等人的朱子學至少在當初稱不上是體制思想。雖然如此，隨著社會的安定，儘管儒學並非幕府的官方宗教（寬政年間對異學的禁止則為例外），朱子學還是作為教育、教養，漸漸傳播於各界。此外，傳播也是由於不論是朱子學派或是批判朱子學的反朱子學派，都將朱子學的知識當作「基礎教養」來學習。再者，朱子學為了深入社會，也企圖與神道相結合，也是其傳播的理由之一。

利與欲的肯定

但是，儒教的傳播主要是在教養方面，武士在表面上的說法姑且不論，對於商人則沒有否定利的道理。不僅是定位於私情與人欲的國學系神道，尤其是批判朱子學的思想系譜，更是主張率直地接受利，或是接受也作為利之基礎的人欲後，以此為目標導向。這是構築利與義理的關係性。受到陽明學影響的熊澤蕃山提出了透過義而為欲望指引方向的「道」，以此為首，出現了各種見解。雖然貝原益軒認為利與義理分別是商人與武士各自的道德，不過，對朱子學的表面性保持距離的荻生徂徠與海保青陵，或是古學派的山鹿素行與伊藤仁斎，還有國學派的本居宣長等人，都肯定民對利的追求。「說自己不想要金銀財寶的，只不過是那些漢學般的裝模作樣罷了。」（《玉勝間》〈下〉，一一〇頁以及〈上〉，一〇九頁）。石田梅岩、山片蟠桃、二宮尊德等商職人出身的學者就不用說了，即使是水戶學的經世學，也認為應該將國家的功利與促進生活水準，當作君主的利益來重視。

「權利」的界限與可能性

如上所述，「利」是為了實際掌握社會與統治的關鍵字。這也是明治時期，尤其以福澤諭吉、西，等等明六社的開明知識份子為中心，他們開始接受功利主義的基礎之一。前已言及，西在初期使用「權」雖然是與權力混同的形式（〈議題草案〉，一八六七年，《全集》第二卷，一七四頁以下，〈燈影問答〉，同二五五頁），但是在〈百一新論〉（一八七三年，《全集》第一卷，二七二頁）使用的「權」則是與義（指 regt、Recht）之意思重疊為其前提，並於複數人之關係中產生權義，而提到權是被作為義的法所支撐。這個部分雖然正面性的浮現了漢學上的說明，但西認為，權義的內容係由關係的性質（這裡指君臣關係）來決定。在〈法學關係斷片〉（一八七八年，《全集》第二卷）中也提到，權利義務一般而言係由法律來確定，但權利義務在當事人間同時成立的過程中，各當事人是有必要花費勞力的（《全集》第二卷，三一七—三一八、三二二頁），這是對於從天賦權利直接導出法律之主張的批判。西在以功利主義為依據的〈人生三寶說〉（一八七五年，《全集》第一卷）中，將 right 翻譯作「權利」。所謂的三寶，是健康生命、知識以及富有，有努力使自身的三寶不受損害的「權利」，也有不侵害他人的三寶的「義務」（《全集》第一卷，五二八、五二二頁）。保護三寶這些基本功利，是法之目的，是權利義務之目的。這種從「權」（西）到「權利」（如次節所述福澤從「權理」到「權利」）的轉換，與他們借用功利主義來建構出以利為基礎的社會之組成、將私利轉為公益的路徑，可以認為其間有一定的平行關係。

雖然如此，另一方面，他們常常也意識到 right 的語義無法用「利」來完整表達，而「利」在世間一般的道德意識中也並非立刻搖身一變而為道德原理。之所以會刻意強調「利」而持以立論者，或許也正是因為私利之追求在「檯面上」具有負面形象的緣故[6]。

「權理」

在明治初期，「權理」是與「權利」一起被使用的。以福澤的著作為例，到一八七七年上半是「權理」使用的最高峰，而在一八七〇年到一八八一年間的著作中也常常見到。另一方面，「權利」則是在明治一〇年代到三〇年代（一八七七年—一九〇六年）於福澤的文獻中廣泛的被使用。若考量正確的、一般公認的意味，「權理」可以說比較接近right本來的意義，但是在一八八〇年代「權利」的使用已經固定化了（石田雄，《日本近代思想史中的法與政治》，九六頁）。法令中使用「權利」的例子也從一八八三年左右開始逐漸增加（國立國會圖書館日本法令索引〔明治前期編〕）。與大隈重信關係密切，在英美學習法學的小野梓在《民法之骨》（一八八四年，《全集》第二卷，二五四—二五五頁）使用「權利」，但也提到從原文的語義來看是不適當的，是因為法學上已經被普遍使用，所以才寫作如此。本來小野在《羅馬律要》（一八七六年？）中，只有使用「權理」，就這個用語其闡釋為「廣義來說即屬對眾民普遍之見解」（《全集》第二卷，一〇頁），並解釋為「為了作為引導全國民眾的舉止之標準，而作為特定的條規使人認識遵守者」，表現在律例與慣行，作為法與權利（為其基礎的法）之意思。這也是為何在《民法之骨》中將「權利」評價為「不妥適之譯語」的理由。

「權理」也有政治性的涵義。如同「人民，乃對於政府有租稅繳納義務之人，同時也有得知

6 原註：美濃部達吉（有斐閣，《憲法精義》，一九二七年，一二六頁）也採利益說，但是長尾龍一的《日本法思想史研究》將之評為「法學史上罕有相類似的主張」（一〇二頁）、「很武斷的、權利的『利益說』」（二〇五頁）。尾藤正英在《何謂江戶時代》（岩波書店，二〇〇六年）中則認為，美濃部對個人私益之正當的追求也有「在違反公共利益的情形，認為是惡的價值觀」，具有「共同體性的價值意識」（二三二頁）。初期的上杉慎吉將權利做實證主義性的定義（有斐閣，《帝國憲法講義：國民教育》一九一一年，二六八頁）；另外，將國家當作「法律上之目的之主體，即利益之主體，即人格」，認為利益就是法律上之目的（有斐閣，《比較各國憲法論》，一九〇六年，一七頁）。

政府之事而參與議論的權理」（〈民撰議院設立建議書〉，一八七四年）一般，通常在民權運動中，因為對利或法令有抵抗感，而有許多使用「權理」的例子（前田正治〈「權利」與「權理」備忘錄〉）。在民權派的政治理想，以及與公權力的對抗上，的確「權理」是比較適合的字也說不定。然而，相對於將權利（作為「權理」而）從政治面思考的民權急進派之傾向，小野將之稱為「權理之賊」（一八七五年：但其中 liberty 的譯語是權理自由），小野將自然的自由與市民的自由理解為對稱軸，企圖在社會關係中對自由加以定位。西在批判〈建議書〉的著作〈駁舊相公議一題〉（一八七四年）中，相對於建議書所使用的人民之（自然權上的）「權理」，就透過約定即契約的道理所受制定者，似乎也對立使用了「權利」的用語（〈駁舊相公議一題〉，一八七四年，《全集》第二卷，二四〇頁）。只不過，以柏克（Edmund Burke）為依據而批判民權運動的金子堅太郎，在其著作《政治論略》（一八八一年，近 digital）中也採取神權說的「帝王的權理」，並批判盧梭（Rousseau）的「人民天賦的權理」說（參照第三章第五節）。有關議會開設的爭論或民權運動的部分容待後述，這裡只是先對於「權理」的使用傾向進行確認。

與「私權」的統合

承上，「公權」與私權的平衡，成為了重要的論點，除了相對於民權派而重視私權的意義之福澤以外，政府方面也意識到，平等的私領域之自由與「私權」的保障，能充實新體制脫離「封建制」之正當性，以及提供促進社會活力的制度性基礎。伊藤博文在兵庫縣知事時代撰述的《國是綱目》（一八六九年）第四條提到「人人均應得享**自由自在之權**（粗體為本書作者所強調）」，並闡述應該以四民平等為基礎促進「殖產興業」的活躍化，這也是大久保利通等政權核心最重要的課題。而為了使新社會能有向心力的統一，所以要尋求王政復古下朝廷權威的支持。這個正統化雖然有可能使宮中勢力增強，但伊藤他們是有意識地與此共存，想要在立憲主義之下強化對於內閣的向心力。另一方面，宮中勢力的正統主義則（與伊藤的期待相反）藉此自立，創造了開拓「國體」論的趨勢。

第四節　性法

性法與法哲學

「性法」現在是聽起來不太習慣的用語。但是，這用語被選作 Natural Law 的翻譯，在幕末到明治初期之間持續使用。明治初期代表性的法學者，著有《法律進化論》（一九二四年）的穗積陳重，對於為何以「法理學」作為學科名的理由，解釋這是因為「法律哲學」聽起來太過形而上學的緣故，而後勾起了他如下的一段回想。

我國最初的留學生，也是泰西法律學開創者之一的西周助（亦名西周）老師，他將文久年間在荷蘭學習的學科之一 Natuurregt，翻譯為「性法學」。在司法省的法學校就稱為「性法」，然而也有法國法派的人將此學科稱為「自然法」。（《法窗夜話》，一九一六年：岩波文庫，一九八〇年：一七四頁）。

法國法派

使用「自然法」這個詞的法國法派，從法學校的開設到法典的開始編纂為止，都發揮了強大的影響力。法國法輸入的先驅是栗本鋤雲。栗本在一八六七年擔任外國奉行而前往舉辦萬國博覽會的巴黎，在維新時回國，把他在巴黎的見聞編成《曉窗追錄》。著作中他讚賞了拿破崙法典（作為民法典與五法）的體系性與訴訟制度（當時有日本人已有訴訟經驗）之公平。栗本雖然也計畫要翻譯法典，但是政府（副島種臣）已經在一八六九年命令箕作麟祥翻譯法國刑法。負責推行翻譯及法典化的司法卿江藤新平，雖然不得不放棄了期望已久的旅外機會，但是作為隨員的司法省官員則為了司法制度調查而前往歐洲視察。其中有當時擔任司法中錄的井上毅。在法國被委託來對日本隨員進行授課的就是布瓦索納德（Gustave Émile Boissonde de Fontarabie）。另一方面，司法省想以拿破崙法典作為模仿對象以編纂法典，計畫聘請法國人教師，因此對於旅外的司法省官員下達了指令。交涉的結果，布瓦索納德於一八七三年前來日本。他對刑法典、治罪法典、民法典的編纂以及國際關係提出的建議，還有在司法省法學校、以及在該校與司法省支援下成立的東京法學校等進行的法學教育，都留下了重大的影響（大久保泰甫，《日本近代法之父布瓦索納德》。亦參照第六章）。

性法與立法者

布瓦索納德的司法省法學校課程（《性法講義》），是以日本還沒有實定法為其前提，決定教授「舉世均不得不遵奉的法律之基本綱要」。《性法講義》的譯者將此翻譯為自然法，並註記「我將此譯為性法，乃出於，性即是天命自然之謂也」。他還說：人類在「自然」中雖然與動物同樣都是和親族一起生活，但是人類又另外過起了社會生活，此乃人類的特徵、天命，而該行動的基本規則就是所謂的「性法」云云。

《性法講義》是民法講義的序。雖然布瓦索納德是以論爭式的方法進行註釋（條文的理解），但他認為解釋條文者所依循為前提的立法，是在進行性法的翻譯活動。法（指性法）乃先於制定法而存在，立法者係根據於此而制定法典。布瓦索納德引用了拿破崙法典民法典起草委員波塔利斯（Jean-Étienne-Marie Portalis）的《民法典序論》（一八二七年）中的一節：「理性，沒有侷限的支配所有人類，故而稱之為自然法」（二四頁）。拜由此而來的自然法之「翻譯」所賜，阻止立法官員的專斷，也帶來了在制定法下市民的守法、及法官權力的抑制。與布瓦索納德的講義相同，菲塞林講義錄〈性法略〉是將性法定義為：基於人類判斷善惡的本性，先於制定法而存在，立法者應加以遵從，並將之制定法化（神田孟恪〔孝平〕譯，《西周全集》第二卷，一〇九－一二一頁）。

自然法論（性法）與法哲學

性法學等於自然法論，而如同在穗積的回想中已經得知的，在過去這也是法理學或法哲學的別稱。黑格爾的《法哲學》（日本亦有譯為《法權利之哲學》），本來也是以「法哲學的主軸或自然法以及國家學的基本描述」為其原標題。但是穗積認為「法理學」之中還有其他的方法，而從進化論的立場與自然法訣別（〈法律學的一大革命〉，一八八九年，《學問與知識人》，三三九頁以下）。然而，在那之後，尤其是在第二次世界大戰之後，法實證主義被追究了未能對納粹政權加以批判的「責任問題」，進而使得自然法復興，因此自然法論在現代仍然是法哲學一個有力的派別。

「性法」的由來

關於當初經常使用「性法」這個譯語的由來，據說是西以朱子學等中國古典中「性」的字義為依據（大久保利謙，〈解說〉，《西周全集》第二卷，六九八頁）；西在上菲塞林的課程（一八六三年）時，西的課程表筆記中則有「性法萬國公法制產學政表口訣」（《津田真道全集》（上），八九頁）。丁韙良譯的《萬國公法》也是使用「性法」[7]（西等人在荷蘭時似乎有用荷蘭語寫成備註，也或許是回國後翻譯時有參考《萬國公法》）。儘管如此，「性」是什麼，長期以來在佛教與儒教都已經是關注重點。前漢（中國）的戴聖所編輯的儒家《禮記》（公元前二〇〇年）中提到「天命之謂性，率性之謂道，修道之謂教」（《大學·中庸》，一四一頁），孟軻（孟子）的〈告子章句上〉中則提到「人性之善也，猶水之就下也」（《孟子》（下），二二〇頁）。另外，朱子學的基本原理就是「性即理」。這些古典可能就是造就了與西的性法翻譯，以及布瓦索納德的講義中「所謂自然天命」之翻譯的背景原因。

西歐哲學的傳入

另一方面，在明治時期有各種西歐哲學思想同時傳入。除了自然法論以外，德國哲學方面有東京大學在一八七八年聘請的費諾羅薩（Ernest Francisco Fenollosa）教授在哲學史講義中介紹了黑格爾，從隔年起庫伯（Charles James Cooper）開始講授康德（Immanuel Kant）哲學（德意志學的影響，參照第四章與六章）。只不過，這些名字本來就是在幕末起為人所知，據說西則是被菲塞林傳授《永久和平論》。

至於對留學的西與小野梓強烈影響的功利主義，則有彌爾（John Stuart Mill）的《自由論》在一八七二年被翻譯為「自由之理」（中村正直譯，近 digital），邊沁（Jeremy Bentham）的《立法論》，還有《道德與立法原理導論》則是由陸奧宗光（當時由於土佐立志社事件而身在獄中）所

7 原註：《萬國公法》，第一卷第一章第三節，Henry Wheaton, Elements of International Law, p.2.

翻譯（《利學正宗》一八八三―一八八四年）。彌爾的《功利主義》則是於一八七七年被西以《利學》（近 digital）為名翻譯為漢文。在一八七七年左右，會對功利主義有所關心，其背景也與立法作業的進行有關。

菲塞林（Simon Vissering）的性法講義

西等人所聽講菲塞林的自然法論本身，也有流入許多種思想。其內容以人類的本性為出發點，將自然權區分為：生來具有的「自有之本權」（生存權、行動的自由、物的使用權），以及基於行為或事件所產生的「暫有之本權」。各種屬於暫有之本權的物事上之權利，其中心為所有權。所有權的基礎，是為了自我保存或為了使用而（對於無主物的）排他擁有，進而產生占有、所有。如此想法的背景，是古典自然法理論向來的論述脈絡（參照第二章）；菲塞林則排斥所有權是來自神法或默示約定的說法，而主張自然性的基礎，所有權係為了藉由生產性勞動滿足需求（大久保健晴，《近代日本的政治構想與荷蘭》，一〇九―一一〇頁）。而這也是基於人類現實上的性質、確信、習俗，屬於德國歷史主義流派的想法，而以立憲君主制與自由主義之歷史性發展為其冀望。

對性法論的懷疑與另一種解讀

然而，西與津田並未忠實遵從「性法論」的架構（〈性法略〉序文）。西在《百學連關》（一八七〇年）中說明：「droit 是屬於人所制作之物，在性法上並非相關之物。」（《全集》第四卷，一八五頁）。的確，「法同時也是形而上的道理道德之一部分」（〈原法堤綱〉，一八七二年前後，《全集》第二卷，一四六頁），但法是「天則」，也就是從作為宇宙秩序之一部分的人際關係的應然中產生了法。然而，這個「法」是「社會其所有」的「虛體」，與作為「君長所建立」的「實勢」之「法律」，處於相對的位置（同一五八頁）。同時，西承認依力量的差距決定了權利的差異，也批判天賦人權說（「人身原有之權」）乃是「性法之謬說」（同一五〇頁）。他還說：例如像嬰兒或年老失智這樣的「只要是沒有自主意志的人，就沒有各種權利」（同一五三頁）。然而，人類則具有與天賦之權利不同的「原質」，也就是制定法律並服從的人之「原質」，這是從法的「虛體」向「實勢」轉型時所產生的效果。當事人間雖然也透過彼此的勞力同時成立權利義務，但一般而言這還是依據法律來確定的（〈法學關係斷片〉，一八七八年？，《全集》第二卷，三一七－三一八、三二二頁）。這不僅是實證主義式的見解，也可以看出他企圖在近代社會的現實過程中掌握法的成立之態度。

西的功利主義與社會觀

商品經濟與支持商品經濟的倫理觀，在江戶時代就已經成熟了。到了明治初期的日本社會狀況更進一步，一八七一到一八七二年間，隨著水旱田農作物種類限制與買賣禁止的解禁，並進行了地租改革，將過去對於「所持」的限制加以廢除，使土地邁向商品化的道路。然而，對於土地的權利，傳統上是以所謂的「職」這種的家為單位來擔任管理職務。個人、家、社會的關係，與公及私（利）關係的重新構成，一起成為明治社會的大課題。傳統以來的社會觀與社會思想以及新思想，也都以此為焦點而進一步發展。

西從年輕時就受到肯定「利」的荻生徂徠之影響，之後更受到功利主義的洗禮。〈人生三寶說〉（《全集》第一卷）將「健康」、「知識」、「富裕」認為是天賦的德性。法律之源頭乃是禁止侵害他人的三寶，這些事的促進則是道義的泉源。西認為結合了兩者之自然狀態的「相互生養之道」（社交），在文明國家更加發達，經濟、學問、國富全體均因而發展進步，社會秩序同時也受到維持（同五一五頁以下）。政府之目的應在於「三寶同時兼顧保護」，這裡指的不是朱子學上的「君臣之義」，而是指以「平行同輩」下的「朋友倫理」為倫理的原型，以此作為權利義務的基礎（同五四九頁以下）。也就是說，將社交的本源由社交的情操來支持，依照社交之道制定分工的方法，每個個人以重視三寶的對等之人的身分進行活動。

如此的見解，是承襲彌爾在《功利主義論》（《世界的名著49》，第五章）中，將正義的發生理解為從自我保存開始再透過同情而導出的脈絡。此外，學習了彌爾的歸納邏輯學後，西在〈開題門〉中將朱子學與合理主義重合，批判其思辨性。西在《百一新論》中也批判：朱子學的理，將心理與物理同一視之，並將自然與規範混同。西又將格物致知論（宋代的程頤〔程伊川〕《大學》：人若是參透於萬物內在支配的「理」，就能達到善性，而能做出適切的判斷）的致知，替換為邏輯學（〈致知啟蒙〉，《全集》第一卷，近digital）。從這裡出發，西被認為在探求社會的「自然法則」時，朝向了「心理學」的方向研究，也就是朝著將自然法以自然主義的方式解決的方向前進。

「性法」自由主義的一面

然而，菲塞林也是持反映同時代之社會思想的「自然法」論。菲塞林的經濟學認為，經濟活動產生的人的必需之滿足是個人的幸福，也與社會的一般性利益相連結，同時使各人能向更高層次的精神上需要邁進。

布瓦索納德也是依據反映時代的內容來具體化其自然法論。介於在十九世紀初期歷史主義的導入與十九世紀末社會學主義的登場之間，在法國的主流，是從被美稱為「寫下來的理性」的羅馬法中汲取出自然法的原理，而將拿破崙法典正當化的「註釋法學派」。意思自律原則從而產生，自由主義經濟學也受到公認。雖然是由於文明化使得紛爭發生，從而導致法典化的需求，但立法者仍需在「翻譯」基於理性的自然法時，斟酌考慮道德上的社會關係與經濟狀況。

自然法是由於人類的社會生活與交流、交換的擴大，為了雙方利益的實現而規範人們的規則。「自然法則」是神的天意，人類被課以最後要在世間加以實現的任務（與孟德斯鳩的「從事物本性產生的必然關係」（《法的精神》序文）有所重疊）。自然法的原理是集約於「不得為害於人」，進而發展為對所有權的尊重。其根據是：所有，乃是由來於勞動（用功）或繼承親族之勞動成果。同時，經濟活動是促使人類有活力的活動，故而應予以尊重。布瓦索納德會將經濟視為自然法則，是因為認為在不違反自然法的情況下而具有普遍性，從而，基於理性的立法與經濟自由主義在原理上並不對立。亦即，以古典自由主義為基本，再加諸禁止兒童勞動等等的道德制約。關於死刑廢止論、容許離婚的制度改革，也同樣是來自於自然法的合理主義。

（陳明楷譯）

第二章 自然法的思想

本章提要

本章將大略瀏覽前一章所提到、也被稱作「性法」的自然法思想在西歐的歷史。自然法，被認為是先於人為制定之法，已存在的「自然」之事物。其基礎是在於神與人類之關係的想法。這一方面造成了日本或東方世界接受自然法思想的障礙，另一方面也有人刻意凸顯這種差異，強調了日本思想與體制的獨特性，乃至於某種「先進性」。國體論等等的想法，就是這種典型。不過，這裡還是先以西歐自然法論為出發點，沿路探尋下去。

第一節 人定法與自然法

古典時代的對置

在西歐，古代希臘時已有人定法與「高次元的法」對立存在的概念。在索福克勒斯的《安提戈涅》（公元前四四一年前後：二〇一四年）中，違反了國王克雷翁的禁止埋葬反叛者之命令（人定法），安提戈涅公然將沙子覆蓋在自己兄長的遺體上代替埋葬，主張自己是遵行諸神之法，然而還是遭到下獄處死。於此毋寧近於道德的諸神之法，也是宇宙的組織原理。柏拉圖中期的著作《理想國》認為正義是遵從自然，將城邦之法與表現自然行動樣式的慣習及習俗，加以對立看待。柏拉圖將自然的正義與實定的正義對立看待（《蒂邁歐篇》）的想法，在十二世紀時自然法與實定法之對比下被繼受（後述）。

然而，廣泛影響後世法思考的，是亞里斯多德。亞里斯多德在《尼各馬可倫理學》中，從正義導引出了「公正」。比如在將財產分割為二時，法官依照雙方當事人當然應受給予的部分來分配，就叫做正義（特殊的正義）。而分配的尺度是從自然之中，也就是人類以外的世界觀察而得知。從而，人類必須從自然之中觀察什麼在遵從自然的「秩序」，並使自然得以發展。這跟以人類的完全性為目標的斯多葛派（公元前三世紀）一樣，人類被理解為是藉由理性來解釋世界，則生存尺度也由理性決定，而觀察角度則指向人類的本性，亦即內在的自然。這被認為就是自然權觀念的淵源之一。

羅馬法學則是繼受了亞里斯多德的正義觀念。拉丁語中的 ius 是所謂善與衡平（之術）（Aulus Cornelius Celsus）的意思，正義 iustitia 是所謂使各人的這個 ius 分配到各人自身的，一個恆久而永續的意志（Gnaeus Domitius Annius Ulpianus）。在此（於羅馬法學中）ius 不是權利的意思，而是指亞里斯多德等人的「正義」、「正」之意思。它是與理性相連結的，例如西塞羅（Marcus Tullius Cicero）就認為真正的 lex（法、法則），是遵從自然的正確理性。因為如此，基於「自然法、萬民法、市民法」的三分法（蓋烏斯 Gaius），市民法被認為必須符合自然的理性。其後，基督教進入了羅馬社會，更在君士坦丁大帝的官方認可下，與羅馬法學者的正義觀念相混融合。

基督教的自然法論

在基督教的世界中，希波的奧古斯丁（Augustinus Hipponensis）接受了柏拉圖的理型論，認為精神與物質、神之國與地之國彼此相對存在，提倡藉由理性促使感覺服從，認為參與神的關注與創造性行為，乃是人類的義務、目的（《上帝之城》）。因而，自然法被定位為道德性的秩序，竊盜或殺人等事項之所以禁止，同時也被理解為乃是由來於所有的個人之自然。人類（經由神）知曉自然法之手段，在於理性與自然的關係之核心。

多瑪斯．阿奎那（Thomas Aquinas）透過希波的奧古斯丁確立了柏拉圖的理型論（theory of Ideas），認為永久法是內在於神的精神之Idea。存在之中所具有之本質，也是其應存在之目的，因此，以此為目標的自然之運行，亦成為個別存在之善的實現。那即是永久法，人類遵從其本質即理性，就是實現其善。多瑪斯．阿奎那認為：自然法就是「來自於理性的受造物對永久法的參與」，法（lex）則是「作為其結果，是使人們應為行為，或是使人們不為行為時的行動規則及基準」，ius乃是「根據可以適用於彼此的規則基準，決定特定行為與其他行為間的正確關係」（John B. Morrall，《中世紀的政治思想》，一〇六頁以下）。阿奎那將自然法的傳統與經由伊斯蘭再繼受的亞里斯多德哲學相結合，認為法之四要素（與亞里斯多德的四因說之間）各自有以下的對應關係。也就是①命令本身是質料因、②命令背後的合理解釋是形式因、③立法的權威是動力因、

④共通善是目的因。另外，理性與公布之強調，乃是由來於自古的自然法傳統。而人定法、實定法則是自然法的特殊應用（《神學大全》[8]）。

經院哲學與「教令註釋學派」

與中世紀自然法論的發展有別，法學意義上的實定法與自然法之對立，被認為是在十二世紀承續了柏拉圖的《蒂邁歐篇》（《全集12》）。（四世紀的）卡爾喀地（Chalcidius，或寫作Calcidius）將《蒂邁歐篇》翻譯為拉丁文並加以註釋時，結合自然學與自然法學，將實定的正義與自然的正義加以對置；承襲此區分，初期的經院哲學者香蒲（Guillaume de Champeaux），於其《蒂邁歐篇逐字註釋》（一一二五年前後，蒂邁歐篇的導入 二），將此相對置的存在，整理為實定法（實定的正義 iusticia positiva）與自然法（自然的正義 iusticia naturalis）。因此，一般認為，這些法國的教令解釋者們（為《格拉提安教令集》[9]進行註釋的教會法學者）是受到了柏拉圖的影響（市原靖久，〈權利 right〉，《開始學習法哲學、法思想》）。

透過這個與自然法相對存在之「實定法」的概念，法的分類產生了變化。與羅馬法學的「自然法、萬民法、市民法」的三分法不同，《教令集》是將 ius naturale（自然法）及 ius divinum（神之法），與 mos（慣習；也包括制定法）及 lex humana（人之法）放在相對的位置。這個二分法下，也就是關於神之法 ius 與人之法 lex（或是自然法 ius 與慣習 mos），到格拉提安為止都是將萬民法與市民法放在「人之法」的範圍。但是，在十二世紀六〇年代教會註釋學派的自然法與實定法之二分法下，則凸顯人的作為性，制定法也就是實定法只限於市民法，而與自然法及萬民法為相對。造成的結果是，萬民法即國際法，屬於「自然法」的範疇，另外再將慣習從制定法，亦即「實定法」區別開來。當然，這並不是說性法、自然法就是指國際法的意思。因為不同於這個區別方法，條約、條規等會被分類為實定國際法；而另一方面，「自然法」則開展為學術性的「法哲學」。

第二節 作為權利的 ius

權利與人類的力

在 ius 的意思內涵上，不僅是自然法與實定法、ius 與 lex 的關係，權利與法的對比也顯得重要。ius 作為權利的意思之理解，通常係隨著人們意識到自己具備天生的自我主張之資格或力量時，而變得更為明確。教令註釋學派也有指出其由來的先例。在《格拉提安教令集》第一部的開頭，對於「自然的 ius（依照文脈是自然法的意思）」與「慣習」組成人類的規律，他們配合當時社會的用語，就 ius 加上了力也就是權利的註釋。在教令註釋者[10]的理解中，ius 不僅只是古典古代的「各

8 原註：舉例來說，正義的普遍原理（lex naturalis），《神學大全》第二部一的問九十四之四。笹倉秀夫（上），一八三頁以下。

9 原註：《格拉提安教令集》（*Decretum Gratiani*）是在一一四〇年左右，格拉提安（Johannes Gratianus）將過去千年約三千九百個西方教會法源所進行體系性的分類、編纂，「矛盾的教會法令之調和」。並非描述格拉提安這個人物正確形象的資料。

10 原註：波隆那的 Rufinus、比薩的 Huguccio 等人。

人正當的應得部分」之意思，還有依據神賦予的善惡進行行為之能力，也就是理性的意思。這裡將 ius 解釋為「人類具備的力」，被認為是其本身雖然非人為的，但構成人類活動基礎的「自然權」此一用語之起源。這個問題屢次與創世紀的解釋中產生的所有權問題交錯，牽涉到所有之自然權正當化，同時也關係到從所有而導出的支配，也就是君主行使支配力量的正統化之問題。

所有權

接著來看看關於所有的議論之發展。在所有權的定位上，關於私的利益之優點與缺點引起了爭議。柏拉圖的《理想國》將私的利益視為爭執的根源，主張除了支配者階層的身體以外，所有事物均應為共有之看法（《理想國》）。但是亞里斯多德則認為，共有物的費用分擔與利益分配，才是引起爭論的原因；相對的，因為是自己的所有物才會珍惜且有效的利用，所有的本身就是快樂，才能使人展現出慷慨（如此的德）（《政治學》，四八頁）。

在基督教的世界中，關於這個問題，則有《創世紀》中「要生養眾多、遍滿地面、治理這地，也要支配海裡的魚、空中的鳥，和地上各樣行動的活物」將「dominium」作為支配以及所有的解釋。自然狀態中有所有權嗎？如果有的話，是怎樣的東西？亞當是世界上最早的單獨所有者嗎？如果是從共有狀態出發，從共有狀態中如何產生出個人的所有權呢？這個權利可以從自然法中導出嗎？是人為的東西嗎？如果是人為的東西，那是有政治以前的合意呢？還是設立政府後產生的規律呢？如果是政府設置的制度的話，支配者對於其臣民的財產有絕對的支配權嗎？等等的如此諸多問題，從而產生（Tierney, p. 132）。

在多瑪斯的自然法論中，有些東西並非屬於自然法，但在實定法上是被容許的，私的所有權就是其中的一個例子。他雖然是以共有狀態為出發點，但認為私的所有是依照功利上的判斷（為了迴避爭執，或認真對待系爭物等），是被自然法所容許的、實定法上的制度（《神學大全》（第一八冊），第II－V部第六十六問題）。

清貧論爭

然而，從十三世紀到十四世紀之間，在方濟各會的內外都圍繞著這個「所有」，不斷引發激烈的爭論（小林公，《奧坎的威廉〔*William of Ockham*〕之研究》）。過去的基督與使徒有所有權嗎？基督徒是否應該放棄所有權呢？這類爭議就稱為清貧論爭。方濟各會是亞西西的方濟各（Franciscus Assisiensis）在一二〇九年時成立的，以「無所有」為其立場的托缽修道會（《中世紀思想原典集成12》）。但是，他們為了生存，還是以擁有最低限度的食物和衣服（可以使用消耗的物品）為必要。因此，方濟各會為了將此必要正當化而提出了說明：他們自己對於財產的「使用」，並非法律性的行為，而是事實性的行為；此外，所接受的布施，其所有權也並非修道會所有，而是由布施者保留，或是屬於羅馬教皇的。

雖然教皇尼古拉三世的教令（一二七九年）認同了他們的立場，但之後在一三一六年成為教皇的若望二十二世，則要求方濟各會從屬於教皇。該教皇是致力於重整教會財政與強化組織控制，並對奧坎等人進行異端審問以及進行魔女狩獵的強硬派。該教皇認為尼古拉三世所認同的清貧論是法律上的虛構，而撤回了該教令。若望二十二世認為：在伊甸園中的亞當（與夏娃）已經是所有者，並採取如羅馬法一般，用益與所有無法分開存續的見解（教會財產因此可以正當化）。

奧坎對於若望二十二世的清貧否定論及所有權肯定論進行批判，主張教皇方面才是異端。奧坎認為伊甸園中只有和平的利用，所有則是自伊甸園放逐後出現的實定法制度，也就是墮落的產物；從而，單純的事實上使用，是與法律上的所有權無關的自然權利。奧坎更進一步指出，法律上使用的 ius 是「使用外在物體的適法權能 potestas」，這是過去尼古拉三世所認同的，並且與因為使用而會消耗的對象（例如食物等）這種只是事實上的使用加以區別，批判教皇方面將之混淆。這裡表現出「法律上使用」之權能的 ius，從中可以看到教令註釋派的理解。於是，透過將 ius 理解為權能這樣的力量，開闢了法律制度去宗教化的道路（笹倉秀夫，《法思想史講義》（上））。

第三節　自然權論

格老秀斯（Hugo Grotius）

作為權利的 ius，延展至格老秀斯所認為的「精神（道德）的資格」（《戰爭與和平之法》第一卷，一六二五年，四七頁），乃至於霍布斯（Thomas Hobbes）所詮釋的、為了維持生命之自由般的「自然權利」（《利維坦〔*Leviathan*〕》，一六五一年，第一部第十四章）。

格老秀斯也為自然法的理解帶來了巨大的轉變，因此被稱為近代自然法之父。有別於格拉提安教令集將自然法與律法或福音相連結，以及多瑪斯將自然法認為是理性受造物對神的天意即永久法之參與的見解，格老秀斯將自然法與意思法加以區別，神意法也被定位放在意思法的範圍內，自然法被純化為理性的命令或是將其世俗化[11]。他主張自然法就如同「二×二＝四」一般，是神也無法變更的。另外，過去被稱作萬民法的法律，以「諸國民之法」為名被分類在意思法，認為是各國民共通的法律，或是理解為各國民彼此間關係的法律；然而，他認為這事實上只是歐洲的習慣國際法，而在大航海時代的背景下，真正的國際法應該是自然法，也就是以理性造就的普遍之法為其構成要素。他舉出古希臘哲學家卡爾內阿德斯（Carneades）「法的起源是人類的利益，法依時代而變化，因此沒有自然法的存在」的主張，並提出反駁：格老秀斯認為人類一方面以自我保存為出發點，另一方面依照斯多葛派的思想，藉由抑制自我保存的社交性，社會從而形成。

格老秀斯與普芬多夫（Samuel Von Pufendorf）的近世自然法論，都承襲多瑪斯式的所有的架構體系，而提出了從任何人都可以使用的「消極的共有」，其中一部分由事實上「先占」而產生的所有權，隨著時間經過而發展為自然法之制度的說明。格老秀斯的所有論一方面也根據《創世紀》，認為神將一切給了人類，在原罪以前的「自然狀態」下，dominium 由於沒有規定，與其說

11　原註：格老秀斯的自然法與意思法之區分，可以追溯回亞里斯多德的《尼各馬可倫理學》。《戰爭與和平之法》，五一頁，《尼各馬可倫理學》，第五卷第十章。

是所有權，不如說比較屬於表彰使用的意思，這一點與方濟各會的立場接近。然而，格老秀斯另一方面也引用若望二十二世的教令，認為就被消費之物，其使用與所有是無法分離的。格老秀斯的這些議論進一步擴及到與消費相關連之物（土地），並正當化由先占取得的所有權。相對於藉由自然法而正當化無主物之先占，另一方面對於無法專有的海洋則認為應該要共同使用，主張海洋自由論。格老秀斯認為 dominium 雖然曾經是共有的意思，但隨著歷史發展，其意思已經轉變為排除他人同等所有，而對特定物之專有 proprium 的意思（另參《戰爭與和平之法》第一卷，二六九頁）。普芬多夫也一樣將兩者等同視之。

霍布斯

將自然法與自然權明確加以區別的是霍布斯。霍布斯對於格老秀斯高度評價，沿用其自我保存之自然權、用避談神來克服懷疑主義者的方法、有關自然狀態的概念。在這一點上，格老秀斯與洛克（John Locke）一樣，都可以說是近代的自然權論之源頭、向近代性自然法論的轉換。霍布斯將自我保存以及為了自我保存而使用力量與合理手段的自由（自然權 ius natural），與不符合自我保存的行為或手段應加禁止之理性所發現的法則（自然法 lex natural），加以區分對置（《利維坦》，第一部第十四章）。也就是說，兩者都是優先於人為的，而 ius 代表權利，lex 代表法、法則。霍布斯認為，即使統治契約會要求放棄自然權，但對付企圖奪取自己生命者的抵抗權是無法讓渡的；另一方面，因為飲酒過度等會損害生命與健康的自由，也是違反自然法的，所以不承認之。

霍布斯將普通法（common law）學者透過法律學知識累積所得的「技術的理性」，與「自然的理性」加以區分對置。他認為應重視立法者之權威，而立法者的命令，亦即法律，應該可以透過所有人們的自然理性來理解。他也認為，法學者（譯者：對法律解釋）的意見只是建議，將其與法律混淆，是有問題的。會有如此法之明確化的志向，是因為對內戰的混亂狀態有危機意識。《利維坦》所推演的國家成立之邏輯，就是從自然狀態是處於戰爭狀態，到放棄自我保存的自然權而進入國家的保護之下，以實現自然法最高的要求，也就是對和平的追求。

自歷史背景來看，霍布斯從清教徒革命到英國內戰與獨立教會派的克倫威爾處決查理一世（一六四九年）的一連串經過，對於英國國教會進行批判，而對英格蘭的變動給予肯定，其立場近於支持信仰自由（《利維坦》，第四部第四七章）。而《利維坦》的出版發行就是在那兩年後（一六五一年）。他認為，使得有損於和平維持的錯誤想法擴散，其元凶就是英國國教會。因此，要設法使其服從於國家權力。查理二世在一六六〇年王政復辟後回國，由於霍布斯提出過上述主張，查理二世的大法官克拉倫登伯爵海德（Edward Hyde）企圖在鎮壓非國教會派時即告發霍布斯。到了海德失勢後，採取寬容政策的CABAL內閣[12]上台，霍布斯和洛克（John Locke）與這個內閣的大臣有關係，屬於同一個陣營。然而，《利維坦》在王位繼承紛爭時代（參見第四節）同時

12 譯註：在海德之後，查理二世所拔擢的五名朝臣Cllifford、Arlington、Buckingham、Ashley、Lauderdale，取五人姓名字首而被合稱為Cabal Ministry。

受到了保王派的托利黨與主張由議會制約王權的輝格派的批評，更被貼上無神論嫌疑的標籤。《利維坦》中唯物論的論述方法，與對國教會的攻擊（第三部與第四部），都被認為有問題（Richard Tuck，《湯瑪士・霍布斯》）。

不過，在《利維坦》中也提到，正義的實現與所有權，都要透過commonwealth（共同體、共通善）的設立、強制力之確立，才能產生。在自然狀態下為了自我保存之必要而獲取財物，雖然是自然權，但是超過必要量的財物蓄積，會被認為是「宣戰通告」：超過必要的追求，會成為和平的威脅。各人的財物（所有權）確定後，才會產生保護該等所有的正義。而接受了信託的主權者，負有各人確保其各人財物的義務。另一方面，為了達成這個義務，所有權也有必要受到限制。這也就意味著，採取實證主義式的法理解、權利理解，並為了確保生存而抱持工具主義的國家觀。

第四節　統治的正統化

菲爾默（Robert Filmer）與洛克

所有權問題的另外一個開展，是支配權的正統化。以提出君權神授說而聞名的英國政治思想家菲爾默，否定《創世紀》的共有狀態，他將私的所有權與支配權相結合，主張神已經將支配權也就是所有權賦予了亞當（與清貧論爭中教皇方面的理解相同），國王則繼承了該等權利。菲爾默對於格老秀斯的說法提出批判，認為：如果依照自然法，所有東西都是共有的話，那麼最初獲得其中一部分的人，不就成了小偷了嗎？即使以共同體全體對於（譯者：一部分人的）獲得是具有合意的，來作為其正統化之根據，但這種所謂的合意，也只不過是虛構的。然而，菲爾默又以亞當的支配權為基礎，將格老秀斯的「近代的」支配權與所有權視為同一。以家長權的繼承作為王權正統性之基礎的君權神授說，成為絕對王權正統化之根據，菲爾默也因此受到查理一世的敘勳。

相對於此，自然狀態中作為最早的自然權的所有權已經存在，以此為出發點，洛克則認為：人們是為了確保所有權，才對政府進行信託，如此才正當化了國家、市民政府的成立。基於反對保王派的立場，其著作《政府論》（一六九〇年）對菲爾默的《家父長制》（一六八〇年）提出批判，並論述了輝格派思想的政治體制論。《政府論》在第一部中提出對菲爾默的反駁，而在第二部中論及了固有的政治論。

由於親法國的立場以及推動天主教化，查理二世與議會對立。查理二世以王權為後盾，想要讓自己的弟弟約克公爵繼承王位，而非自己新教派的庶子蒙默斯公爵。對此，托利黨是贊成派，而輝格黨是反對派。議會多數的輝格黨，提出了法案，要以約克公爵信奉的是天主教之理由剝奪其王位繼承權。國王關閉了議會，企圖使輝格黨分裂弱化。沙夫堡伯里伯爵（Anthony Ashley-Cooper, 1st Earl of Shaftesbury）因為被懷疑其計畫要反叛查理二世而遭下獄，他因此流亡到荷蘭，而身為其秘書的洛克也跟隨他。在查理二世死後即位的詹姆斯二世（約克公爵），由於其親天主教的立場與專制政治而失去支持，在光榮革命後被流放；一六八九年，荷蘭總督威廉三世與瑪麗二世即王位，發布《權利宣言》。洛克與當時在荷蘭的瑪麗搭同一艘船回到英國。

在此狀況下，洛克對菲爾默的主張提出批判，而採取區分所有權與王權的看法。洛克採取了自然法上的出發點，也就是認為土地及地上所有之物，是由神賜與人類維持生活所需的共有物。從而，相對於菲爾默的論點，有必要提出以合意以外的方式，從共有導出私的所有權之論證。洛克主張：對於自然的一部分之所有權（譯者：例如土地），首先是基於各人的身體所有權，而透過各自的人格，也就是勞動的混入（譯者：例如耕作），人們從原本是作為共有物之土地取得收獲，所得之物的所有權因而得以正當化。從而，格老秀斯式的同意，也就是菲爾默所批判的部分，已經是非必要的了。勞動的混入是所有權的最終階段，而前提是神所賜予人們的大地與大地上的一切，自然法承認為了確保生存，人們可以使用這些共有物。各人對這些東西雖然沒有所有權，但基於自己身體的所有權而施加勞動，擁有對於被施以勞動之標的物的所有權。透過這些勞動，盡可能取得諸多生活上的便利，這也是神對於勤勉理性的人們所下的命令。對於私的所有權，洛克課予必須留存充分的共有物，以及必須有效利用的限制；這是從勞動與共有物的意義中所導引出來的。

基本上，自然狀態雖然是和平的，而且是自由並平等的自我保存狀態，但私人間的爭執還是存在。由於無法就自己的問題擔任法官，因此各別的個人委託共通的權力來裁定，將對於所有權的保護信託給該權力。在這個意義下，私的所有權之尊嚴成為對於王權的制約。政體的性質也因此被決定。洛克對於全權掌握的絕對君主制進行批判：因為缺少（來自）立法或命令的、能抑止君主的公共權威之存在，君主與臣民的關係，就只不過是相互間沒有法官來維持的自然狀態而已。商業資本主義在洛克的時代已經開始發展，政府在詹姆斯一世與查理一世的時代曾嘗試非立憲精神的租稅增額，因此引起了政治論爭。不只是洛克，當時還有許多人主張所有權不可侵，就是出於如此的背景。在這一層意涵下，雖則區別支配與所有，但是還有將僕傭的勞動視為「私人的勞動」、勞動與事實上的持有及利用相結合（即使圈了一塊土地，只是放任牧草腐敗，土地也不被視為其所有）等等論點，洛克的所有權論因此也被認為：尚非已跳脫與支配相結合的純粹私法上之概念（村上淳一，《近代法的形成》，八三—八四頁）。

人權宣言與權利章典

接著，來到海洋另一邊，可以看到洛克的思想被推進得更遠：一七七六年以後，北美各州的憲法中制定了權利章典。北美殖民地的領導人借用了洛克、普芬多夫、沃爾夫（Christian Wolff）等人的理論，將自然狀態與在此狀態之下人類的自由之理論，在北美的土地上實定化了。沃爾夫認為，個人擁有自然的自由，並負有追求幸福的自然法上之義務。國家是為了人民的幸福而接受信託者。國家之中的共通善，乃是最首要之法。

洛克否定以宗教信條為理由而剝奪生命、財產等自然權。他雖然承認對於損及和平維持的活動或集會，政府或法律可以進行介入，但是否定國家可以介入除此以外的宗教活動（〈論寬容〉）。洛克也基於相同的理由，不承認對於天主教與無神論者之寬容。洛克自己曾於一六六九年，參與包含了宗教自由的卡羅萊納基本憲法之起草（一般認為該法並非洛克原案）。經由繼受其思想的美國各州憲法，原本是英國市民的權利，被轉換為自然法上普遍的人類權利。耶林內克（Georg Jellinek）認為，法國的人權宣言（一七八九年）並非源自於盧梭，而是以受洛克思想影響而脫離傳統英國憲法觀的美國各州憲法為淵源，而且其核心為宗教自由。另一方面，在私的所有權部分，美國獨立宣言（一七七六年）並未將其納入自然權之內，但法國人權宣言則將之納入。之所以如此，一般認為並非是為了對私的所有權進行制約，而是由於當時美利堅合眾國仍存在奴隸制度，以及排除原住民而自行建國的背景，美國獨立宣言與之有著矛盾的關係。起草獨立宣言的傑佛遜對於奴隸制度雖有批判，其本身仍擁有奴隸。傑佛遜還對人權宣言起草者拉法葉（Gilbert du Motier, Marquis de La Fayette）建議：將所有權排除在人權清單之外。但是拉法葉並未採納該建議。在這部分反而是拉法葉忠實於洛克的思想（村上淳一，《近代法的形成》，一一七頁以下）。

第五節　近代自然法論的發展與對於自然法論之批判

德國的自然法論

近代自然法論的思想史，離開英國而到了歐洲大陸開展。受到格老秀斯與霍布斯兩邊影響的普芬多夫，更明確的將外部性的法從道德中分離。格老秀斯認為人類的社會性是人類出生後就具備的本性，而普芬多夫的理解則是一方面以社會性亦即社交性為基礎，另一方面從霍布斯那邊繼受了自我保存的人類本性論。因此他認為社會性並非人類事實上具備的本性，人類一方面具有自愛的利己性，一方面又為了實現在社會中的自我保存，才有必要用仁愛這種利他性來緩和利己性，從而必須具備社會性。普芬多夫將之視為近代市民社會中個人的相互作用，同時也認為該自然狀態中是受到自然法所支配。在這一點上，普芬多夫毋寧是屬於連結了洛克與盧梭的系譜。尤其是洛克，他對普芬多夫有很高的評價。

然而，萊布尼茲（Gottfried Wilhelm Leibniz）認為，將法與道德分離，就無法得出守法動機，因此對普芬多夫提出批判。沃爾夫也認為在根源層次的義務，法與道德是相結合的。另一方面，與原理論式的霍布斯不同、與洛克的自然法論不同，普芬多夫的自然法論是從人類的社會本性出發，具體化而為對於市民社會各種問題的解決途徑；承接普芬多夫的自然法論的，是被稱為「蘇格蘭啟蒙之父」的哈奇森（Francis Hutcheson），並且與經驗主義混合構成道德感情的形式，從而對萊布尼茲所提出的守法動機問題加以討論。

英國經驗主義的道德感情論

在英國的經驗主義，所謂的蘇格蘭啟蒙思想之中，原理論式的近代自然法論受到批判，並發展出了基於道德感情的主張。哈奇森以功利概念為基礎，將「最大多數人的最大幸福」（其後，邊沁以之為原理）給定型化。哈奇森的功利思想，有向普芬多夫式的利他性傾斜的情況。

與哈奇森交情很好的休謨（David Hume）認為，由於影響情念或行為的是道德，而非理性的規則，所以對於與真理有關的「是什麼」的理性之主張，與「應該是什麼」的道德之主張，加以區別（《人性論》，一七三九—一七四〇年，五一九—五二〇頁）。德或惡德，在他看來，是引起感情上的愉快、不快之事。他認為德的感覺具有一種人為產生的部分，那並不是由來於自然的或人類生來具備的事（對小孩的愛情、感謝，同上，〈關於原始契約〉，五三〇頁），而是像正義與守法、尊重所有權、契約履行等，是由於人類的研究、教育與傳統規範所產生的動機而引發的。不過，如果要說是「共通於哪個種類」的話，說是自然的種類也可以，也可以把正義的規則稱為自然法。在這個意涵下，雖然是可以定位為相對的自然法論，然而休謨基於人生苦樂之經驗論的立場，一方面被康德認為是要克服的對象，同時又是哈奇森與邊沁等人共同的功利主義之先聲。休謨與哈奇森不同，他認為利己性與利他性都是人類本性的傾向，兩者也都包括在功利之中。另一方面，也承認人類的社會性，認為對他人與社會的同感，與功利一樣都是基本原理。這就是情念，與被認為是善惡直觀的道德感情有所區別。

自然法論從格老秀斯以後，朝向啟蒙主義式的自然法論發展，同時也轉向以人類理性為基礎的「自然權論」，而屬於洛克、休謨之系譜的經驗論之立場，也強化啟蒙主義式的傾向。法國的愛爾維修（Claude-Adrien Helvetius）一方面站在洛克式的「（譯者：人類心靈如）白紙」的人類本性論，另一方面又以啟蒙主義的方式，貫徹休謨式的功利觀念。愛爾維修採用唯物論的感覺論，將人類視為一種機械。因此，他主張人類是可以通過教育，從野蠻的狀態轉換成道德的存在，更認為可以透過良好法律的建立，而能將自愛心提升為對待他人的公正。

盧梭

相對於此，盧梭對理性的自然法或是所有（權）上的個人主義，提出了尖銳的批判。此外，他也反對愛爾維修的教育論，認為小孩與自然人並非「白紙」，也批判以劃一的教育破壞多樣性的「社會」。另一方面，把「自然人」當作法的正當性之基礎。盧梭在其著作《論人類不平等的起源與基礎》（一七五五年）中提出如下論述：「但是，只要我們對自然人所知甚少，即使要決定自然人所接受的法，或是決定對他們的構成最合適的法，也是徒勞無功的。對於這個法我們可以極為清楚肯定的，並非只有由於這是法律，所以受到這個法律強制的人必須是其意識上知道而且能夠服從之，更進一步的，是由於這是合乎自然的，這個法律必須是能通過自然之聲與之直接對話的。」（同三〇頁）。

該書係為了應募第戎科學院一七五三年的懸賞論文（論文題目〈人與人之間不平等的起源是什麼？不平等是否被自然法承認？〉）而執筆，故而也試圖再次定義自然法（由於第戎科學院是以不平等被自然法所承認的結論為前提，所以落選了）。盧梭檢視了人類靈魂最初的動靜，也就是追求安寧與自我保存的「對自己的愛（amour de soi）」，以及對同胞的同情「憐憫（pitié）」。盧梭批判格老秀斯、普芬多夫、霍布斯的自然狀態論，認為他們沒有思考各自的根據與意義乃至於人本來的狀態，只不過是在描述「社會人」（同三七—三八頁）。自然人的原始狀態之第一原理是自我保存；只不過還可以舉出，即使是在動物也看得到的，母親對子女的危險會擔心，對於同種動物、同胞的苦難會感到不安或痛苦的憐憫美德，是與自我保存併存的（同七一頁，從而對霍布斯提出批判）。如此一來，將自然人的性質組合起來，自然法的規則就可以產生。而雖然能認識自然法的只有人類，從憐憫的感情出發，動物乃做為自然的一部分而存在，也有不受虐待的權利（同三二頁，關於自然與法的對立，同三七頁）。

由此前提，盧梭討論到所有權乃至於國家的起源。「最早想到要將一塊土地圍起來，宣稱『這是我們的東西』，然後又找到天真無邪到毫無疑問的相信這說法的人們的這批人，就是政治社會的真正創立者。」（同八五頁）。家族集團的設立或區分，造成一種私有財產的導入（同九〇頁，夫婦愛與父性愛也由此產生），隨著集團越變越大，就成為了國民。國民的形成是因應生活樣式、氣候、習俗等等。價值與審美觀也由此產生，而同時也開始有追求他人注目的感情、主張受到尊敬的權利，也產生了邁向不平等與惡德的第一步（同九四頁）。

如上所述，盧梭對於私有財產與守護它的制度提出了尖銳的批判。但在另一方面，盧梭提出了基於「一般意志」的立法制度，承認主權者對於作為既得權之私的所有（個人只不過是土地的保管者）之介入（《社會契約論》第一編第九章，第二編第四章）。對於盧梭的社會契約論，會在第三章加以討論。

康德與黑格爾

康德在初期（一七六〇年代）根據哈奇森等人的蘇格蘭啟蒙式道德感情論，就倫理學的基礎求諸感情，並屢次強調盧梭著作的意義。關於所有權的看法也受到盧梭的影響，其追求來自勞動之所有得以與普遍性的意志相合致，而批判既存的、不平等的所有之秩序。但是，到了批判期，康德脫離了勞動所有說的立場。倫理學的基礎也朝向基於法則、令式所生的義務轉換，將道德感情純化為對法則的尊敬（《道德形上學》，〈法論〉）。

這邊的基本想法是：法的關係並非在人與物之間成立的，而是只有在人與人之間的關係成立。從而，人若是只有對於物施加勞動，是無法產生對於該物之所有權的。權利之所以可以成立，是由於可以對全部的人均可能主張，其他的人們都加以尊重的緣故。但不是格老秀斯式的「默示的同意」，康德認為應該是以下的構成。首先，將自然狀態視為萬人共有的狀態。這個狀態是以地球的有限性為條件（根源的共有狀態）。這並不是歷史上的事實，而是理性概念。因此，並不是以勞動為媒介而事實上取得其一部分。康德認為：「一般而言，各人可以取得外在的自己之所有物，是由於法的實踐理性之要求。」這不僅是自由在形式上（也可以說是觀念上）的存立，也是在這世界上為了取得人類內在的實質之要求。因此，哪個人可以取得什麼東西的所有，是依照時間的先後來決定，先占成為取得所有的唯一基礎。因為先占雖然是單方的意思，但也被包含在各人的選擇意思結合而成的絕對性、命令性的意志。從這個立法上的意志可以看到盧梭的「一般意志」的影響。

相對於此，黑格爾則是以意志的原理為中心，對人與人以及人與物的關係，階段性的進行理解，以說明所有權的成立。對黑格爾來說，法是由意志所發出。（與自然的必然性不同）意志是自由，由意志所生之法的世界，是自由的王國。所有權首先是由事實上的占有出發，最終由國家所承認，依據所有而能夠對他人為絕對性的主張。在此部分與康德接近；但是構成上有所不同，黑格爾認為人的意志與物有關係，在現實上表現出來「此為己之物」的意思。先占的規則遭否定（§五〇）。

這裡的物，不僅僅是指自然的事物，也包括自己的身體。在根源上，出發點是自己的身體的占有（§四七）。簡單來說，如果要將自己的意志、自己所想的加以實現，首先自己的身體必須能根據自己的意思來活動。廣義來說這就是勞動，也意味著一種鍛鍊，亦即陶冶的意義。藉由如此，身心達成一致。接著，透過勞動來操持外在的自然，使之形成自己所想要的形態；意志因而現實化。但即使如此，這要做為所有，仍然有所不足，還必須被他人承認這是私有物。其中之一就是妨害的排除，另外一個則是交換。妨害的排除會由司法來加以確保。所謂交換，則是將包含自己意志的物，在交給對方時，自己的意志從該物脫離，而被承認為純粹只是意志。如此一來，所有才做為權利而成立。

如上所述，黑格爾是採取私的所有為出發點，因此對柏拉圖的共有制提出批判。為了更進一步明確彰顯近代的所有權，也批判了康德理論中尚殘存的，對物的人權（夫對妻的、親對子的、家長對奴婢的所有權。譯者：亦即對他人如同對物的支配）。如是，黑格爾從以所有權為基礎的市民社會出發，也已經認識到其問題點，黑格爾遂認為：自由，最終要在國家之中實現。

功利主義的自然權批判

另一方面，經驗論的立場在這個時代，乃是展現在邊沁的看法中。邊沁以哈奇森的道德感情論，以及將道德情感替換為同感的休謨與愛爾維修，乃至於以著有根據利益衡量提倡犯罪預防、廢止拷問及死刑的《犯罪與刑罰》（一七六四年）而為人所知的貝加利亞（Cesare Bonesana Beccaria）等人的思想為根源，發展出了功利主義的立法論。邊沁將愛爾維修與貝加利亞視為自己的前輩，然而，邊沁將他們與哈奇森及休謨一起列為「道德感情說」，並總結這些倫理思想是「同感與反感的原理」，而對其不安定性、主觀性提出批判。甚至更認為自然法是自然法論者發明的東西，自然權、人權思想是無意義的（〈道德與立法原理導論〉，九九－一〇一頁）。對之後的法國大革命也予以批判。從邊沁的法實證主義的立場，認為權利與義務是由法所產生而同時存在的。由於權利是伴隨著他人的義務之強制，因此法在對於代表權利的自由給予安全的同時，也會產生代表強制的不自由、痛苦。這份功利計算，擔保了作為意志產物之法，其內容之道德性。在此種意味下，功利判斷便取代了自然法。

這樣的立法論，首先是以確保自由安全的刑事政策立法論來推行。而民法的目的是安全、生存、豐富、平等。其中安全（包括自由）是立法最重要的目的，對於其他事的干涉，總的來說，其實是沒有必要的。邊沁將價值的源頭放在土地與勞動，認為「沒有國家則沒有法，沒有法則沒有權利，也就沒有安全與自由」，故所有權也是由法來設定的。因此，邊沁批判布萊克史東（William Blackstone）[13]將神學與法學混同。布萊克史東根據《創世紀》認為，神給予了全體人類地上一切事物的一般性的共有所有權。而最初只是給予各人使用，後來就不僅止於一時的所有，透過動產的永續性所有，共有土地也由於人口的增加以及農耕的發達，而成為永續性所有的對象（亞伯拉罕與其姪子[14]羅得的獨立）。

在邊沁的時代，課題是收拾光榮革命以來所造成舊秩序的破壞。初期的邊沁是啟蒙專制主義者，主張透過主權的統一，由上位者進行立法改革。根據邊沁自己的說法，光榮革命以前的社會是分為壓抑者與被壓抑者兩邊，然而革命後變成了混合政體：成為被國王與特權階級化的兩大政黨議員壓抑的態勢。光榮革命的結果也不過如是，斯圖亞特王朝由於有了大布爾喬亞議院這個共同掠奪者，所以更添腐敗。這一點與支持輝格體制的休謨有立場上的不同。此外，晚年的邊沁轉向人民主權的立場，主張徹底的議會改革。

邊沁的弟子彌爾，對於包含在邊沁的動機一覽表中的同感，批判邊沁不該將其動機放在利己性之中，也對於其人類利己主義的理解有疑問。進而承認良心與義務感、道德感覺也可以是動機。但是，所謂的道德感覺並非直覺性的東西，而是從功利主義的立場，可以解析為，比起一般知性與感覺所能認識的，更為單純的觀念。若是如此，良心等也是人為的、後天獲得的。可是，即使如此，人類還是有共通性的自然動機，透過教育來改善，亦屬可能。彌爾將康德的道德律視為利他的表現，而從功利主義的立場做出不同解讀：「如果我們是全體採用理性之存在的話，就必須依照使他們有助於全體利益的準則，來指導其行為。」（〈功利主義論〉，五一六頁）。這意味著：他維持了對於保守性直觀主義的自由主義式的批判。

（陳明楷譯）

13 譯註：布萊克史東，一七二三年至一七八〇年的英國法學者，輝格黨人，對美國裁判實務有巨大影響。

14 譯註：羅得是亞伯拉罕之兄弟的兒子，因此在中文是「姪子」。原文為「甥」，則是因為日文並非依是兄弟的子女或是姊妹的子女為區分，而是依該子女本身的性別，兄弟姊妹的兒子均為「甥」。

第三章　公與知識份子

本章提要

本章將目光再次轉回日本，將概觀幕末到明治初期與「公共性」相關的思想。誰與公或公議有關？公是從社會中發生的嗎？民間團體一方面朝擴張公的方向發展，但另一方面，也被批評對以下兩件事過於輕忽：一是現實中支持輿論的人們是不成熟的，二為私是公的反面，同時卻也支持著公的實現。社會契約批判論從歷史角度處理公的問題，並延續到「國體」的概念上。

第一節　明治初期的憲法論與「公」、「公議」、「公論」

御誓文

一八六八年，明治天皇發表了《御誓文》，當中第一條「廣興議會，萬機應決於公論」最廣為人知，此處「公論」的理解，反映了當時政治狀況的變遷。《御誓文》是明治新政府為了表明作為公議的基本方針，由木戶孝允所整合，經天皇裁可所作成的。

從御誓文成立過程來看，是以在福井藩擔任參與的由利公正所寫的〈議事之體大要〉（一八六八年）為基礎，在土佐藩擔任制度調查的福岡孝弟（主張以幕府為中心的公議政體論，以及大政奉還）對此進行增修，最後由木戶起草完成。福岡為使由利的案由意旨更加明確，採取了「盟約」、「會盟式」的形式，也就是天皇與諸侯（大名）締結約定。福岡案中，將由利案的第五條（萬機決於公論，勿論於私）移到第一條，並在第一條開頭加上「興諸侯議會」，後接上「萬機應決於公論」。此外，由利案中的「萬機公論」是被認為是由來於坂本龍馬〈船中八策〉（一八六七年）第二點「設置上下議政局，由議員參與評議萬機，萬機應決於公議」。

從「會盟式」到「會誓式」

福岡案被批評竟將天皇與諸侯同等對待，且為中國式。收到此草案的總裁局顧問木戶，決定不採與諸侯對等的「會盟式」，而採天皇在天地眾神（天神地祇）前，率公卿諸侯宣誓署名的形式（會誓式），將「盟約」改為「誓約」（依照副總裁三條實美之意見）。此外，還刪除了福岡案第五條「徵士（由地方有力者拔擢到政府者，）應限期讓位給賢能人士」，而加上新的第四條「應破除過去陋習，遵從天地之理」，最後，將「興諸侯議會」改為較一般表現的「廣興議會」。15相對於由利案和福岡案預定了諸侯議會的議事書，如第四條所示，木戶係以聲明新政府之基本方針為目的，因此一般認為兩者在旨趣上是斷裂的。雖然此處並非是開設一般的議會，而是以開國的正當化或確立國民認同為目標，但其後也成為明治政府·民權派主張開設議會的根據，進而更

15　原註：依照大久保利謙，〈關於五條誓文的一考察〉，《大久保利謙歷史著作集一》吉川弘文館，一九八六年，此修正是否由木戶所為，在資料上無法確認。

成為士族反抗藩閥政府專制的動機。

幕末公論的源流與大政委任論

然而，究竟「公論」是什麼？幕末時期的開明儒學者橫井小楠曾提出以公論為主軸的構想，橫井的理念影響了由利，廣義來說，其可說是誓文中「公論」的源流之一。以橫井為首，強調「公論」，並廣為接受的原因在於當時的政治背景，同時也有人指出，過去的政治實踐或社會傳統的存在也是原因。

在德川時代的和平中，幕府體制是依據本居宣長等人所發表的大政委任論，而非固有的正統化，政治運作也是依照舊有的慣例。然而，在面臨開國的外在壓力及混亂時，湧現了各式各樣的意見。其中，主張為天下國家放下各個藩的私益，此意見稱之為「公論」。以舉國一致為目標，一方面聽取朝廷・各藩的意見，一方面決定國家的方針，是一種公論體制（又稱為「公武合體」、「公議政體」），意圖強化穩固現有體制的基盤，但結果上卻也提供了批判幕府的根據。

在明治維新以前，由土佐藩所代表的公武合體派設置議事堂，欲實現公議政體。德川慶喜的〈大政奉還上奏〉中也可看到「盡天下之公議」的字句表現。在上奏前一天，德川慶喜還向西周諮詢了英國的議會制度。在將「公論」（及「君主」的定位）制度化時，國外的各種制度已成為一定的知識來源。雖然尚未在社會上廣為周知，但約自約一八二五年開始，歐美議會制度的知識，已透過荷語或漢語的書籍進入日本[16]。此外，亦有論者指出，過去在幕府或各藩中所實踐的合議

制是這些發展的基礎。（尾藤正英，〈明治維新與武士〉）

公論和輿論

雖然實際上的政治情勢，從大政奉還急轉成王政復古大號令，但表明基本方針的《御誓文》第一條，或設置作為立法機關的左院（一八七一年）等明治維新初期所做的合議制的嘗試，都可以認為是此脈絡下相關產物。雖然並未因此就開設議會，但批評官僚專制的反抗士族或民權運動，都繼受了此種思想，以此作為理念及正當化之根據。

原本公論的意思，在宋學（朱子學）的影響下，指的是能不流於私、得正確主張判斷的君主之德。進而，結合天之觀念的天下公論，就具有最高規範性，同時輿論是天與人心，人心的意思發生改變，轉化成國家成員的意見（井上勳，〈幕末維新期《公議輿論》概念的諸面向〉，《思想》六〇九號，一九七五年）。惟，若輿論是經驗上的大眾議論，就會和儒教的「公」論產生不一致。公論與輿論是對立的。大久保的〈關於公論採用意見書〉中也提到這個問題。眾議是為了獲取天下公論的方法，但是，結果上也不能否定眾議不正確，無法成為公論的可能性。因此，必須以公論來指導輿論。這也是社會契約論或民主制的基本問題：經驗的眾議如何成為規範的公？議會開

16　原註：尾佐竹猛《維新前後的立憲思想》文化生活研究會，一九二五年，一四頁以下。荷語書籍為：青地林宗譯《輿地誌略》一八二七年，漢語書籍有：陳逢衡、荒木譽之進訓《英吉利紀略》一八一四年、魏源《海國圖志》一八四二年等。此外，大政奉還前後的意見書有：西周〈議題草案〉（《全集》第二卷，一六七頁以下，諸侯上院與藩士等的下院），津田〈日本國總制度〉（《全集》（上），二三六頁以下，大名上院與國民代表的下院）。

設尚早論大致就是以此種疑慮為其反對理由。

第二節　明六社的成員

結社與成員

明六社如其名所示，是在一八七三年（明治六年）所成立的啟蒙知識份子團體，由幕末有海外留學經驗者所組成。以維新時期，曾待過美國的薩摩藩英國留學生森有禮為中心，之前介紹過的福澤諭吉、加藤弘之、西周、津田真道、箕作麟祥等都是成員。「設立本社的主旨在於，發展我國教育，會同有志之士，商議手段。此外，同志集會，交換不同意見，可拓展並明辨知識」（明六社規制）。這些洋學知識份子為了創造交換啟蒙意見、議論的場域，而成立了明六社。

學者的職責與公私

然而，這些知識份子的主張並非一致。在提出設立民選議會建言書前，明六社裡曾對福澤的〈學者職責論〉一文有相當多的批評與討論。福澤的〈勸學〉一文也是在此時期完成的。一般來說，所討論的主題雖然是公私的關係，但是可以看到不同的論者對於國家與私人、或政府與私人等議題或多或少有不同的定義或區分。

福澤曾有如下主張：與政治無關的獨立生活領域是人民的固有領域，政治是政府的工作，以洋學者為首，多數的學者選擇就任官職一途，而非以民間的立場主張民權，這是一種「卑屈的風氣」，日本有政府卻沒有國民。國民的立場是在守法的基礎上，能毫不猶豫進行批判，政府有問題時，致力於除去舊弊、恢復民權（〈勸學〉，一八七二—一八七六年，《全集》第三卷，五一—五三頁）。對於當時的公益中心主義，福澤認為「私利是公益的基礎，公益是由得以營私利而生，亦即正是私利與公益相混合成一體，才是實際上所應冀望的」（〈得營私利之事〉一八七七年，《全集》第一九卷，六三三—六三四頁），「私立」，指的是私的自立的立場，也是知識份子所追求的。

西周、森有禮、加藤、津田都對於福澤的主張提出了評論。他們都同意福澤說的意義，但也都認為過於偏向「私」的部分。確實，若墨守福澤說，就會產生國家政府該如何確保優秀人才的疑問。

西周一方面贊同福澤關於專制政府或無氣力愚民之現狀分析，另一方面也指出學術的貧乏及青年的經濟狀況，以及若外物刺激（人民之力）過於激烈，反而招致（政府之）病等。森有禮則認為官吏、貴族、平民皆為民，應各自在合其意之所，盡為民之義務，促進世間的公益。此說將福澤說定位為「建立民權之一篇章」。加藤更進一步擔憂參與國權之民權擴張所生之危險性。加藤指出像福澤的自由派，「目的在於縮減國權而欲擴張民權」，從而主張關於公眾之事全都交給人民處理，政府都不要干涉是最好的。但這種自由派和其所反對的共產主義者都不弄清楚「國權與民權之區別所在」（〈答覆福澤先生之論點〉）。加藤把「民權」解釋為政治的權利，因此對民權之伸張相當戒慎，此和政府與人民是相互分離而牽制的國權概念（福澤〈國權可分說〉，一八七五年）不同，是立基於國家與社會的分離論。另一方面，津田從有機體論的立場，在人民仍缺乏私立之能力、此會弱化國力的現況認識下，主張應使人民理解可以主張政府的不正，帶給人民「自主自由的氣象」，此點於在官及私立並無不同（〈學者職責論之評釋〉）。津田說是與福澤說十分相近的慎重論。

此種對知識份子角色及人民定位之差異，反映在對抗福澤所主導設立的私立學校及從此所輩出的政治青年，在以德國學協會為中心的官立學校設立中，扮演要角的加藤或西周的方向性。同時也反映在各自不同的政治立場。

明六社中的時期尚早論及其批評

加藤〈設置民選議會的疑問〉一文是時期尚早論者的代表。採公私分離的加藤認為，雖然要保障私的權利，但在民智未開時，公權應委由（有知識的）官吏，此外也要由官吏判斷人民的程度。政府是什麼？臣民是什麼？連徵稅權或服兵役這樣簡單的事，幾乎所有的人民都不知道。若此時開設議會，不僅愚論會成為公議，更可能因國家的損害、自暴自棄，而妨害治安。

同屬慎重論者的西周（〈公議一事〉，《全集》第二卷）認為，與科學及技術不同，法或政治制度應檢討人民開化的程度，找出各自適合的時期或土地，而非不做檢討就開設議會，把議會當成保護權利、凝聚國民為一體的「練習」場，由有學識者進行國民教育及由司法進行權利保護才是應先建立的制度。

森有禮認為民選議會是依人民之意所成立，建言書提出的方式是有問題的（〈民選議會建設建言之評論〉，《憲政編》，四〇〇頁）。福澤更嚴厲批評道：「讀此建言書會發現其文至為卑劣，妄自尊崇政府如鬼神，貶低自己如罪人，使用在世間不存在的虛文，從未見如此可恥者，讀此文推想其人，唯有狂人可比之。」（〈論學者的職責〉，一八七四年，一二一頁）。

惟，福澤並非反對開設議會。例如，對於加藤的尚早論，福澤認為從廢藩置縣的成果來看，人民議會創立的「時期」也未確定，若有敞開的大門則宜推進，一九一九年是「人民議會創設的好時機」。另一方面，森有禮也做出了與廢藩置縣造成了精神萎縮、時期尚早等論述相反的評價，可以看到其對開設議會也採同樣的想法（〈明六社會談論筆記〉，一八七五年五月一日）。

津田認為，為提升長久欠缺自由氣象的日本人民之活力，使其參與國事是正確的，故應設立民選議會（〈對於民選議會之意見〉，《全集》上，三七二頁）。議會雖有審議法律的「特權」，但最終判斷為天皇的帝權（〈政論之三〉，《全集》上，三三九頁）。這與明治憲法中，對於立法的議會參與最後採「協贊」的方式是同樣的架構，對於人民而言議會的意義，則與福澤採同樣立場。

由上述可知，雖然明六社內部對於「設立建言書」的態度、是否贊成開設議會等都不盡相同，但對於議會制度的原理意義，以及人民現狀等，大致存在共通的理解。

那麼明六社的外部又是如何？師從於箕作麟祥，在大學南校[17]學習法國學的大井憲太郎從即時開設論的立場，與加藤展開辯論。其認為：既然世襲士族與人民利害關係不同，也無法相互理解，關於人民的重大事件就應該委由人民之議論，「開設議會，使人民參與國事，知悉權利所在」（〈馬上台二郎之批評〔質問加藤弘之之書〕〉，一八七四年《憲政編》，三八七頁），此可增加對法令之信賴，亦會提高人民之氣概。若要等待教育成果，在其出現前，就會形成官吏專制，或人民不滿開始高漲。不過，大井主張議會是諮詢機關，這是因為「若意見十之八九是愚論，就無採用之理」（同三九〇頁）。

第三節　共存同眾與英國法思想

共存同眾的起源

相較於明六社所集結的啟蒙知識份子，大約其下一世代的洋學知識份子們也組織了新的知識性社團。可以留學英美的馬場辰豬及小野梓為中心，所成立名為「共存同眾」（一八七四年）社團為代表。馬場和小野是留學時期在倫敦所認識，與日本留學生共同成立了「日本學生會」，此為共存同眾的起源。其目的在透過討論實現言論自由，這是馬場的理想，亦反映了公議輿論的理念。該會在設立時，曾對「會長」一職有過討論，由此可知該社與明六社的性質不同。馬場曾在一八六六年的一年間師從於福澤，也結識了中江兆民。此可以看到馬場與其師福澤本質上的差異，在於之後政治方針的不同，馬場提倡更徹底的民權論。

結社的方針

共存同眾成立時，曾主張如下方針。小野曾表示：「我們為成立無黨無派的社團，由各人種所組成……世間社會或多或少由一人領導統一社團，只有我們共存同眾這個社團沒有形式，更無實質上的社長……加入社團的所有人都有同樣的權利，故我們是具平等權利的自主人之結社。」（〈共存同眾的歷史〉，《全集》第五卷）此處強調會員的同權平等，乃是一種對封閉性或權威性的批評，這也適用於對社會現況的看法。

馬場辰豬與英國

馬場在英國留學時，不僅學習研究法律，還會到議會參觀，親身認識議會的優點。也參加了改良主義的「社會科學協會」，該協會是日本學生會仿效的典範。一八七三年馬場出版了《日本語基礎文法》（《全集》第一卷）。同年，彌爾逝世，馬場讀了許多名人的追悼文，深受感動。一八七四年回到日本，成立了共存同眾，隔年再赴英國，於社會科學協會中，以「在日本的英國人」

17 譯註：原為江戶幕府的洋學校「開成所」，一八六八年由維新政府所接收，改名為「開成學校」，一八六九年再與幕府的昌平黌、醫學所合併，改稱為「大學」。位於本校昌平黌南邊的開成學校改稱為大學南校。為日後的東京大學前身之一。

為題發表演講，批評治外法權及英國人的偏見。一八七六年，在人類學協會的討論中，以〈日英條約論〉批判不平等條約，主張關稅自主等自主獨立的日本及日本人的權利（〈條約改正論〉，《全集》第二卷，《外交編》）。

歷史主義與法實證主義

一八七八年，馬場回到日本，出版了《法律一斑》的入門書（一八七九年，《全集》第一卷）。該書〈法律起源〉一章中，係依照梅因（Henry James Sumner Maine）的《古代法》（一八六一年）中法的階段發展法則所寫成。梅因以限定妥當範圍說，對邊沁以降的法實證主義者奧斯丁（John Austin）的主權者命令說進行批判而聞名。奧斯丁受到德國公法實證主義者拉邦德（Paul Laband，穗積八束的老師）的影響，而另一方面，梅因則受到發現蓋亞斯（Gaius）的《法學提要》複本的德國歷史主義者且為羅馬史學者的尼布爾（Barthold Georg Niebuhr）之影響。尼布爾與薩維尼私交甚深，同時也是明治時期，不論是官民都熟悉的德裔美籍自由主義學者利伯（Francis Lieber）的恩師。無論如何，馬場是在實證主義與歷史主義對立的時空下留學，而受到歷史主義方面的影響。

一八七九年，馬場在共存雜誌（第二十號）上發表了〈羅馬律略〉（《全集》第一卷）。馬場認為：日本人仰慕西洋文化，想要仿效其法律使法制度煥然一新，就必須知其源流。而不論是拿破崙法典、普魯士邦法，或是英美法，都是源自於羅馬的古法，因此有介紹羅馬法及其沿革之必要。或許可以在其發想中，找到歷史主義的影響。馬場曾用梅因的《古代法》，在共存同眾及明治義塾法律學校（三菱財團的夜間學校）講授「法律史」（〈梅因法律史〉，《全集》第二卷）。

馬場較多以民權運動家之姿，持續進行活動。上述的法律學校也是其據點。一八八三年發表了批判加藤弘之《人權新說》的〈天賦人權論〉。馬場從邊沁、奧斯丁的批判天賦人權說出發，認為若以奧斯丁的「存在法的說明」與「應有之法」的區分作為基礎，即使是違反自然之理的法律，仍會因為其現實存在的事實，就可說是有效的。但是馬場認為，奧斯丁其實也對於該法確實「應該」無效（即使具有效性，但欠缺妥當性）這一點沒有議論。

小野梓與功利主義：法制的要件與目的

小野的法理論立基於邊沁的主權者命令說。具體來說，可歸納為「法制上必要的六要點」，分別是：一、需有保有政權創設法律者。二、需有統治者預先發布命令。三、需有遵守命令的被統治者。四、被統治者需負有遵守命令的義務。五、需有迫使被統治者遵守的裁定強制力。六、需有維持該裁定之強制力，並確實執行。這些不只是命令說，亦包含了關於法制度的組織或形式的要件，依此立法，第一目的在圖國家的和平及確保權利。

以此為基礎，法制定的目的即在於維持「人生三大要事」：生存、富足、平等（〈國憲泛論〉，一八八二年，《全集》第一卷，三三頁以下。此外，〈國權論綱〉，一八七九—一八八〇年，上卷，《全集》第二卷，四三五頁以下將生存、富足、安全、平等列為人生四大事）。這些概念是依照邊沁而來，就是所謂人生的保固即真利（utility）的「最大多數人的最大幸福」。

社交的自由、政體論

對小野來說，功利主義意涵了與他者的關係性，其強調權利自由，並非是會帶來弱肉強食的天性上的權利自由，而應是立基於以道理、義務為必要的交際上的權利自由。這是對激進民權運動的批判（此點與採天賦人權說的馬場是不同的），同時小野也批判政府的彈壓。「政府的疑罪有偏重租稅，不許刊行自由，不設議會制度等，若人民歡樂，忘記作為政府的義務時，批評並導正是日本人民的權利所在」（〈權利之賊〉，《全集》第三卷，一五頁）。小野又認為未自立的貴族士族不值得獲得權利，農工商人民必須重視權利，政府（及貴族士族）必須遵守義務。

在政體論中，立於政本、議政、行政、司法等四個政權的第一位是「政本」，由選舉出的國民和具解散權的天皇進行君民共治。小野強調在立法行政上都必須遵守法律程序，採「法律至上」觀點，以此為前提，人民也要遵法，要求國民要有作為重視權利的立憲國民的資質。愛國之心、服從多數決之風氣、改良政治前進的精神、固守憲法的實力（《國憲泛論》，五七一頁以下）。這些當然都是支撐上述法制上六要點的基礎。

結社的壓力

共存同眾等的結社中，聚集了相當多年輕的知識份子，包含小野、金子堅太郎、留學倫敦負責法制整備的太政官尾崎三良等少壯官僚，官吏們也會進行批評政府的演講。據馬場所述，除了自己以外的講師都是公務員（〈馬場辰豬自傳〉，《全集》第三卷）。政府因此發布了禁止官員公開演講的命令（一八七九年。小野認為此為井上毅的策略）。結社活動因此受到限制，只能走向解散社團，或維持政治上的中立。共存雜誌在集會條例發布後的隔年，即一八八〇年，發行了最後一號，小野與馬場轉向和福澤、西周共同成立交詢社（一八八〇年）。小野在立憲改進黨設立（一八八二年）的主旨「何以結黨」中，表示了對中等人的期待。小野認為不是「上等人」而是中等人支配了輿論，從這樣的認識出發，若能涵養此，政黨就可以獲得全體社會的適切支持。在此，他也與明六社的知識份子採取不同之立場。三大要事之一不是智慧（西周）而是平等。

第四節　社會契約論：盧梭思想的傳入

批判王政的哲學家們

加藤弘之在早期的《立憲政體略》一書中，舉出批判王政（王私有天下之意）的學者有：英國的彌爾頓（John Milton）、洛克、法國的孟德斯鳩、盧梭、德國的康德、費希特（Johann Gottlieb Fichte）。由此可知，自然權論或社會契約論學者們的名字在當時是為人所知的。而在《真政大意》一書中，則介紹了德國沃爾夫論述「萬民同一」說。津田在《泰西國法論》中，談到了孟德斯鳩、盧梭，經過法國革命後，他們的學說傳及各國，帶來制定法的成長等。

盧梭思想的傳入

在第二章曾談論過自然權論，而在日本的憲政思想中譯為「天賦人權論」，雖然對民權派產生很大的影響，但廣為人所知的是由中江兆民所介紹的盧梭《社會契約論》。我們可以從《自由黨史》的回顧中，瞭解到當時的情況。

時過已至十四年，氣運更上一層，自由主義益加深入全國地層，可以看到政界核心出現了新風貌，是什麼呢？正是法國派自由主義的傳入。雖然此時民間的論述一開始主要仿效英國學說，延伸邊沁、彌爾思想，將史賓賽思想作為重要原則。但現在法國派之新旗一出，國民思想更進一步靈活發展。……（西園寺公望從巴黎回國，與中江兆民等創辦東洋自由新聞），中江篤介開設法文學塾，聚集學徒講授自由主義。……其所講述的自由主義，主要闡述盧梭的民約論，授與地位，打破階級，議論奔放，猶如天馬行空，青年學生聽聞後來學習者眾。（〔中〕，三七頁）

如回顧所述，當時廣為人知的歐美思想代表是功利主義者們，以及如史賓賽的進化論。進化論也對加藤弘之及穗積陳重產生影響。而隨著民權運動展開的同時，卻突然也接受了盧梭是「自由主義」。這是因為當時的政治知識份子集團，和明治初期的洋學知識份子集團已是不同世代，且是在民間所培育出來之故。反面來說，約在一八七六年，就出現了將法國大革命歸因於盧梭的革命家印象。之後，除了加藤駁斥盧梭的主張，認為是一種「妄說」（參照第四章），金子堅太郎等也以批判盧梭作為對民權派的對抗。

社會契約論

盧梭的《社會契約論》（一七六二年）也是從自然狀態，透過社會契約，討論國家的建立，但與《人類不平等起源論》不同的是，盧梭從自然狀態存在多種障礙出發，從中導出應有的法律、正義及有用性、使權利與利害關係一致等，為主要課題。權利並不是從自然而來，而是從約定中所獲得。由來於自然力的自由，轉向依照一般意志所拘束的市民自由，依照先占取得之占有，轉變成為依法獲得所有權。此種一般意志，應該是從直接民主制的人民主權而來。但是人民可能會有誤判、發生錯誤。取得一般意志的條件有：獲得充足的資訊、無主張部分利益的團體、有天才的立法者等。盧梭想要透過一般意志和社會契約，改革掃除布爾喬亞社會中由自尊心的利己所造成、在「真實與表面」的對立中（《人類不平等起源論》，一〇一頁）所生之障礙，希望可以一口氣將之轉變成透明的狀態。

此種盧梭的主張被認為是一種激進的改革，並非不可思議。批評維新政府及福澤、提倡人民主權論的中心人物植木枝盛，就是閱讀了中江翻譯的盧梭。植木的《民權自由論》（一八七九年，《集》第一卷）中，提到了盧梭，也表示了「人之生也自由」。

兆民與漸進主義

另一方面，盧梭的譯者中江兆民（篤介）本身並非激進派。中江為岩倉使節團一員，在留學法國時經歷第三共和，同時結識了西園寺公望成為知己。在倫敦，與馬場再次相會。一八七四年回國後，一八七五年成為元老院權少書記官，隔年與井上毅等著手調查憲法。一八七七年離開政界，一八八一年與西園寺共同創辦《東洋自由新聞》。中江曾在該報紙中有如下的意見：

> 共和政治一詞是翻譯自拉丁語的「rei publicae」。「rei」是物，「publicae」公眾之意，故「rei publicae」是公眾之物的意思，有公有物之意。延伸公有物的概念到政治體制上，就會成為共和共治之名，故如其本意所示，不管什麼政體都是全國人民的公有物，而非一兩位官員之私有，此時就是一種「rei publicae」，不問有無君主。（〈君主共治說〉，一八八一年，《評論集》二一一二二頁）

中江理解作為公眾之物的國家、作為政治上的「公」，若能成立的話，政體的形態是次要的問題。存在君主也無妨，這是君民共治論的解讀。從而，所謂公眾之物會重視按照一般意思成立法律，也重視依此的自律，亦即作為自治的「道德的自由」。《民約譯解》（一八八二年）中，中江提及了邊沁批判盧梭之說法，邊沁認為在「解釋」時，現實不存在社會契約，中江將兩人的說法進行比較，認為邊沁討論了用、末、利，而盧梭則論述體、本、義，從政治道德的本質論，為盧梭辯護（《全集》第一卷，一五八頁）。

從《三醉人經綸問答》一書（一八八七年）中出現的南海先生，可以看出中江是屬於某種穩健的漸進主義。南海先生表示並非將「恩賜的民權」變成「回復的民權」（洋學紳士的主張），而是要去培育養成「回復的民權」。另一方面，書中所描繪的「洋學紳士」，以進化論為基礎，主張變更為回復的民權，曾遊歷美國，一般認為係以好友馬場辰豬作為人物設定。中江與馬場的關係中，在英國接觸到歷史主義的馬場（當然也曾參觀實際的議會），反而比學習盧梭的中江更為激進。

第五節　保守派

王政與公

明治新體制中，除了公議外，王政是另一個主軸。如何理解王政、天皇親政？天皇在政治上如何定位？涉及宮中與府中（政府）的關係，而衍生出政府與宮中侍講們的對立。把天皇的意思當作是「公」時，就會遇到其意思、能力如何的難題。加藤弘之的立憲政體論（《真政大意》）中，提出了為了預防此問題，必須設計可以防止權力恣意性的制度，藉此保護人民。新政府雖然欲給予天皇「強勢君主」的印象，但同時並不希望其擁有獨立的政治意思。然而，推動天皇親政運動的宮中派，在民選議會論盛行時，認為要避免加藤所提的疑慮，必須要培養不論在政治上或道德上都成熟的「公」的天皇。之後參與教育敕語起草的元田永孚就預測到，在以「萬機公論」為前提下，民智未開階段的眾人議論，是無法成為公論，而認為以王政復古，回復「國體」的天皇，必須要能夠鑑別「公論」，能從眾人議論中找到得以成為法理之物。因此，其認為必須輔導君德。「沒有比任用賢人更重要的人君之道，沒有比知道聰明人更優先的人君之德」（德富蘇峰，《元田先生進講錄》，緒言一五）。

輔導君德之方針

元田因大久保的推薦，自一八七一年起擔任天皇的侍讀，負責講授論語及日本外史。天皇的教育最初是由國學者[18]來負責，同時也講授儒學、洋學。當時負責講授洋學的侍講，就是國學者流國體論的批判者——加藤（《國體新論》）。這樣的方針據說是受到開明派木戶的影響（中野目徹，〈洋學者與明治天皇〉，《明治天皇與政治家群像》）。岩倉具視也採取天皇親自裁定的構想，亦即融合洋學及儒學（包含國學），一方面維持國體，一方面採近代體制，而天皇保有最終的決定權，岩倉對於元田或佐佐木高行等輔佐天皇之集團相當警戒。

木戶在長州藩時代屬於正義派（與主張開國、公武合體的保守派，也就是俗論派對立），採尊王攘夷的強硬路線。之後雖然轉為開國派，但仍採天皇親政論，與侍從親近，據說也相當得天皇之信賴。木戶雖然批評開明派官僚、平田派國學者擔任天皇侍講，但也意識到輔導君德的必要性，與元田合作，一同進行宮中改革。一八七四年木戶擔任宮內廳的出仕輔導，也出席元田的講義。

元田對於與洋學進行內容的妥協感到不滿，認為應由儒學派掌握輔導君德的主導權。元田雖然不否認洋學在素養的必要性，但其欲建立以儒學為本的帝王學，發展侍補輔佐天皇，天皇監督政府的體制。此外，其也意識到輔導學問與政治的關聯，約自一八七三年起，開始向政府要人遊說輔導君德之必要性。其中，期待當時的高官木戶，但一八七七年木戶死去，政情因士族叛亂不穩，此時經大久保的贊同，元田被任命為侍補。為使立憲制與天皇親政間不產生矛盾，元田提出了國體政體二分論（《明治天皇紀》第四卷、第五卷，六九一頁）。

宮中派與府中的對立

宮中的「帝王學」被評價為是實現公儀理念的策略。然而，隨著木戶、大久保等政府宮中共通的後盾相繼死亡，不論是以伊藤為中心、有志於近代化的政府首腦，抑或是以宮中為中心的保守派，都需要有受矚目的人物及理論道具。伊藤在明治十四年政變後的留學，獲得了後者，並成為了中心人物。

---

18 原註：平田鐵胤及福羽美靜。

另一方面，木戶死後，佐佐木高行與元田一起被任命為侍補，一起推行「天皇親政運動」，佐佐木曾擔任宮中顧問官及樞密顧問官，也曾與出雲的千家尊福等人一起推動神祇官再興運動。他們都批判官僚專制，與岩倉、伊藤處於對立關係。他們也要求天皇出席大臣的會議時，侍補亦可陪同出席，但伊藤等主張僅天皇能出席內閣（一八七八年），隔年更廢止了侍補這個職位。

惟宮中派反而更加強化與天皇的人格信賴關係，持續向有獨自政治意志的天皇進言。在此意義下，宮中派是具有強大的政治影響力。在施行立憲政體前，他們既得以和民權派對抗，同時在與政府的關係上，也嘗試提出以國體為基礎的構想。在這樣的脈絡下，金子堅太郎向佐佐木介紹了柏克。

金子堅太郎與柏克

一八八〇年，任元老院少書記官的金子應元老院副議長佐佐木的要求，認為應以「保守漸進學說」對抗民權論者的盧梭，而介紹主張穩健、中正、普遍和平主義的「百世之師」柏克，並著手翻譯其著作。金子翻譯了部分的《法國大革命的省思》（一七九〇年）、《新輝格黨員對舊輝格黨員的訴求》（一七九一年）二書合為《政治略論》（一八八一年）一書出版。此外，他也透過元田，將柏克的著作呈給天皇。

金子是在留學哈佛大學的六年間接觸了柏克的思想。金子在赴美時，剛好與隨同岩倉使節團的佐佐木（當時為司法理事官）同船，回國後兩人仍保持聯繫。這與金子在留學前受到水戶學影響的背景有關。一八八四年，對於伊藤「因應情勢變更國體」的主張，金子曾向佐佐木表示意見，認為以《弘道館記》為本，日本固有的國體應與政體置於對等。金子認為，在歐美只有柏克理解應繼承相當於「國體」的「國制的基本原理（fundamental political principle）」。這是金子成為伊藤的秘書官，開始著手制定憲法之後的事情。日後，佐佐木一旦向伊藤提出反論，照金子的說法，伊藤會立即找金子討論國體是國家的組織，會隨憲法體制變更等議題。惟，伊藤之後策略性地不去提國體，也就是政體說。

柏克的保守主義

柏克以政治辯論家聞名。其支持英國傳統國制，批判法國大革命，擔憂革命會跨海造成波及（《法國大革命的省思》）。這與輝格黨內的對立也有關聯。柏克在批判法國大革命的《省思》一書中，批評支持法國大革命人民主權的黨員，認為他們已背離黨的主義。以此為導火線，發生了支持革命的「新輝格黨員」與反對革命的「舊輝格黨員」間的黨內對立。柏克認為英國要的並非法國大革命，其支持以大憲章（一二一五年）以來的國制為基礎，從克倫威爾（Oliver Cromwell）後的王政復古（一六六〇年）與光榮革命（一六八八－一六八九年）中所各自回復的王權及人民權利。這個體制中，國王、上院、下院等三個組織各自有其意義，為有限制的君主制之混合政體，是以「財產繼承」的方式，隨著時間正當化的自然秩序。光榮革命被認為是對逸脫此種憲法體制的國王詹姆士二世進行制裁，回復了自古以來的本源的契約（以及之後默示的契約，並非以個人意思所締結的社會契約）。舊輝格黨的政治原理，就是向子孫傳遞這樣的國家組織、議會特權、人民自由。若將人民主權推到極致，任何的反道德秩序都得以被正當化。相對於此，所謂依本源契約所形成的自然秩序，是階層的秩序，具有政治軍事的判斷力或權威的貴族是必須存在的。

對於柏克的主張，潘恩（Thomas Paine）在《人的權利》中以自然權論加以批評，而柏克一方面評價美國的體制，一方面批評潘恩的天賦人權論（《新輝格黨員對舊輝格黨員的訴求》）。與此相似的對立也出現在金子與植木枝盛之間。金子等人在柏克的主張中，看到皇統一系國體的類比，而植木則是在對《政治略論》表示反對的著作中（一八八二年），提到柏克的議論是認為可以為了維持社會秩序而抑制權利，植木認為這是破壞人人平等的原理。如此，「公」的問題一方面被理解為「國體」，另一方面則圍繞在開設議會，與依照參政權人民對於公的參與之爭論，兩者交疊下所展開。

（陳宛妤譯）

第四章　憲法與自治

本章提要

承接第三章就「公」之論述，本章以國會與地方議會之開設為素材，審視政府方與民權派就自治制度之主張的對抗關係。民權派希望藉由天賦人權說、進化論、自治等，以擴大民主主義基盤；伊藤則在憲法調查之後，傾向德國學說，認為應以培育文官、正視社會問題為目的。

第一節　議會開設與自治論爭

民主主義學校

如前章所述，對於民撰議院設立建白書，多數明六社的啟蒙知識份子採取的態度毋寧是慎重的。持時期尚早論之論者，在理論上雖肯認設置議會之意義，但仍然認為日本的人民或社會尚未成熟到可以維持議會。應該先待公共判斷能力成熟？還是先設置制度？而能使之成熟的又是什麼呢？是知識份子嗎？還是實踐呢？在有關地方自治的議題上，亦展開了如此論爭。

對於前述疑問的一種回答方式，是作為「民主主義學校」之地方自治。此為詹姆斯・布萊斯（James Bryce）（《近代民主政治》第一卷，一九二一年，一六〇頁）著名的說法，而其做為一種思考方法，則從十九世紀中葉開始出現。即使在日本，郡縣、市町村較為靠近人民生活，亦為民意之基盤。直接參加相對容易的此種地方自治經驗，除了可以習得民主主義的規則、私益與公益之關係、有關行政上之知識之外，亦是貴重的場域。但是，亦如同彌爾將構成員之公共判斷資質視為問題，且要求知識性的監督與指導一般，同樣的問題一再反覆。

《民主在美國》（美國的民主政治）

托克維爾（Alexis Charles Henri Clérel de Tocqueville）基於自己的觀察，著有著眼於地方自治之《民主在美國》一書（一卷：一八三五年，二卷：一八四〇年）。其亦述及「鎮民會議（town meeting）的諸制度與自由之關係，如同小學與科學的關係」（《民主在美國》，第五章第二節，六一頁）。該書由《勸學（學問のすゝめ）》（一八七二年）初版共著者小幡篤次郎於一八七三年以《上木自由之論》為名，翻譯了有關出版自由之部分，一般謂其意圖在於批判政府所為之言論箝制。再者，一八八一年至八二年間，有由身為民權派且曾任東京府知事、眾議院副議長的肥塚龍所譯之《自由原論》（近 digital、有關鎮民會議之部分在第二卷，一三頁）出版。從明治初期開始到中期，托克維爾的主張，以福澤或德富蘇峰等人為首，就有關美國的政治制度與精神性，或更為一般化的自治精神之必要性、支持理念的現實基盤的意義等，有相當程度的普及。

依據托克維爾的見解，中世的中間團體的崩壞，除了帶來了人人平等，亦帶來了國家的中央集權化。其結果是，各別的人都成為單一的個人，追求自我利益，對於國家則變得無力化。並且，即使認為參與政治成為可能，亦會因「情緒化的」判斷而產生「多數者的專制」。那麼，成熟的判斷要如何方能產生呢？與傳統歐洲社會有所不同，在美國，是從出發點就開始步上平等主義與民主主義的道路，而使其安定的是作為自發團體之結社團體的存在，地方分權制度則支撐著這樣的結社團體。於新英格蘭州的直接民主主義式的鎮民會議則為其例。如此，美國在政治上雖是中央集權，但就特定地域的行政，則採取了委由各個地域分權的結構。由住民自主地解決問題形成習慣，此一習慣會促進結社團體的形成，支持行政上的分權。相對於此，與政治相同，在行政上也中央集權化的，則有法國等例。前章所見柏克認為法國革命的觀念性、基進性是與傳統的切割，而對之加以批評，而托克維爾亦指摘同樣的原因。但是，柏克認為英國政治體制基礎中的傳統歐洲公法仍在延命中，托克維爾則認為此一知識權威已然崩壞。儘管如此，仍然不依賴專門知識菁英，而是在民主自治與政治性的判斷力中，尋求近代的道路。此即是托克維爾所謂美國的民主。

「惑溺」與「名分論」（福澤）

福澤對於托克維爾產生共鳴，撰寫了〈分權論〉（一八七七年，《全集》第四卷）。在此之前的〈西洋事情外編〉（卷之二，一八六八年，《全集》第一卷）中，福澤已經對歐洲自治都市抱持關心，述及多元的國家構成肩負著防止如法國大革命此種騷亂的任務，也是自由的場域。〈文明論之概略〉（一八七五年，《全集》第四卷）再度舉出自治都市，將在其中做為獨立市民之中間階層評價為社會主體，著眼於促進文明發展之相互尊重。然而，其指摘日本人民的現狀，在於無批判的劃一性之「惑溺」，與親子上下關係的「名分論」。相對於此，福澤認為，有必要促進基於規則的權限分割、與依據規則來競爭。此一國權可分之見解，亦是對於加藤弘之的議會開設尚早論的批評。

三新法體制及其評價

〈分權論〉提出的一八七七年，是明治地方自治制度要開始導入的時期。一八七一年開始，施行為了作成戶籍而導入的區制。然而，作為自治制度，作為派出機關的區，亦有不合乎地方實情之處，遂依據三新法（一八七八年：郡區町村編制法、府縣會規則、地方稅規則）廢止區制，又設置了所謂府縣會的地方議會。三新法是由大久保利通所提案（一八七八年，「地方之体制等改正之上申」），以西南戰爭後士族民權運動與豪農民權運動的合作為背景，對於大區小區制，則從其「非常不符合人心」、「並非廣泛謀求行政上之便利」此一認識出發，對於府縣都市，認為是行政區劃且為住民社會獨立的區劃，對於町村，則僅肯認後者，認為其限定於該地域之事務。在行政機關的末端設置町村，府縣會成為住民不滿的緩衝，而以國政安寧為目標，同時，藉由住民社會獨立的區劃來作舊慣的尊重，謀求民力的養成[19]。

福澤在士族叛亂結束後，對於要走向中央集權化抱持警戒。在〈分權論〉中，福澤表示了以下方向：基於托克維爾的見解，透過「政權」的集權與「治權」（行政）的分權，國民透過對於治權的參與而習得自律性，形塑以鄉土愛為基礎，進一步成為具備公共觀念的國民。在私權的支持下，為了讓人人對於治權、政權都能發揮合於該場域的能力，「如每個人有其權理、每個村、町亦有其權理」（〈通俗民權論〉，一八七八年，《全集》第四卷）。此一時期的福澤，取代了西洋的市民，對以包含居民等之「士族」，亦即以有財產的知識人為自治的主體，抱持著期待。

依據府縣會規則而開設的府縣會是日本最初的制度性地方議會。其開設當然係以天皇的意思表示所為，因而中江兆民即將之理解為「立憲即為吾人所謂的君民同治。接著容許府縣人民票選議員使其開會。聖主的慈悲如是」（〈東洋新聞第二號社說〉，一九－二〇頁）。兆民將盧梭的公共體、共和國（res publique）解讀為君民同治，並將地方議會視為其現實展現。此一時期，圍繞著政局或國會的開設有很大的變動與論爭，自不待言。以下稍微回溯說明此點。

政府方之立憲論

因明治六年政變而下台的前參議板垣退助等人所提出的民撰議院設立建白書（一八七四年）與相關論爭，已如前述（第三章），政府方亦緊接著在政變後任命了政體調查參議（伊藤與寺島宗則），木戶與大久保則向伊藤提出了意見書。不論何者，皆是採取合乎人民現狀之漸進主義，迴避徒勞地歐美化。大久保的〈有關立憲政體意見書（立憲政体に関する意見書）〉（一八七三年）中，一方面認為民主政治是「完備天理之本來樣貌者」，另一方面，雖認為民主政治符合美國或

19　原註：前者與山中永之佑『近代日本自治制と国家』弘文堂、一九九九年、勝田政治『內務省と明治国家形成』吉川弘文館、二〇〇二年相關聯，後者則與大久保的內務省設立理念（征韓論敕書の民力養成論に遡る）相關聯。

瑞士這種新國民，但如以法國為例所見，其認為民主政治並不適合守舊的國民。進而，其認為長久以來習於專制政治的日本，當前無論如何不應固守人為的君主政體，而應該往依據「定律國法」（憲法）之君主制、君民共治的立憲政體邁進。大久保在以岩倉使節團之身分前往歐洲之際，了解英國的立憲政治與做為其基礎之自治制度，開始對包含三新法在內的自治制度產生興趣。另一方面，他也從適合於天皇中心之國體的普魯士立憲君主制構想出發，就議會開設採取了時期尚早論。

以這樣的基本方針為基礎，左院[20]於一八七三年將「國憲民法的編纂」定於組織制度之中，民撰議院設立建白書提出後，在公布的同時，說明將從地方官會議開始，漸次及於民撰議院，設置國憲編纂局。這樣的立場等於是被加藤等人的尚早論代為表述。

隔年的大阪會議，木戶與板垣復歸後，採取的是基進論與漸進論的協調體制，一八七五年四月則下了漸次立憲體制樹立的詔敕。接著，第一次地方官會議召開，另一方面，發布了讒謗律（依據原本是以個人名譽保護為目的之共生同伴的請願）與報紙條例。受命於司法卿大木喬任起草憲法草案的布瓦索納德亦撰寫了〈憲法備考〉。一八七六年元老院下了國憲起草之敕命，元老院每隔兩年提出一個草案，至一八八〇年共作成了三個草案。從前年開始任職於元老院調查局的中江兆民亦參與其中。該案一方面尊重國體，另一方面參考了各國憲法，亦顧慮到議會與立法。再者，一八七八年，則發布了上述的地方三新法。

民權派之國會開設運動

民權派的運動則有幾個動向。所有權保障雖然透過地租改正等方式已獲實現，但從農民這方，以外債攤提等問題為契機，產生就對於所有之課稅（或徵兵）須以自己之同意為必要之主張。另一方面，無財產之士族因征韓論而集結，但其能量則改變方向轉向民權。其等之主張在其所有這點上，如依據租稅協議權，將會導致基盤漸弱，因而為了謀求立於與官員平等的立場來參與國政，不得不轉向人民一般的參政權。征韓論提出之後，儘管西南戰爭獲得勝利，政府卻陷入財政困難，又因近衛兵部隊的叛亂（竹橋事件：一八七八年）而對治安維持與統治正當性抱持著很大的不安。因此，政府不得不朝向軍部統治與國民的臣民化來主導。

對於社會秩序產生不安，則給了民權派正當化與政府採取相反方向的理由。一八七七年由立志社所提出的請願書中，主張只有開設議會才會為人民帶來安寧，而非官員專制。於地方上，已經開設民會的例子則有增加。在此之前，有地方三新法之構思。依據該法，府縣會雖然有其界限，但可以推廣對於政治之關心則是事實，再者，於都市則有私立的法律學校或啟蒙團體在活動，國會開設運動則興盛地展開。

20 譯註：左院是明治初期的立法機構。

諸種憲法草案的登場

三新法發布該年，大久保利通遭到批判有官員專制之志士所暗殺（紀尾井坂之變）。其後，伊藤博文與大隈重信則持續摸索政權安定之道。政權與社會之間持續緊張的這段時期，特別是大約一八八〇年前後，揭示了諸多憲法草案。第二回國會促進同盟則決議要求各自提出草案，因而促進了在野的民權團體積極作成草案。同時，做為其應對，政府或宮中亦草擬了憲法構想。如一八七九年共存同眾或嚶鳴社之草案、一八八〇年元老院第三次案、元田之國憲大綱、民間所謂的五日市憲法、一八八一年井上毅的岩倉憲法綱領、植木枝盛的日本憲法預定案等。而這些，只不過是從諸種立場分別提出之憲法草案的一部分而已。

在政府這方，元老院之草案遭岩倉與伊藤所拒，而未能見天日。伊藤在給岩倉的書信中，則認定元老院案只是歐美憲法的膚淺翻版。元老院的憲法調查局亦遭廢止。但是，政府內部則認為有必要就民權派的憲法構想加以對抗，要求各參議提出意見書。直到最後皆未提出草案的大隈重信，則以密奏方式向有栖川宮親王提出以英國型立憲君主制、兩年後議會開設，與早期憲法制定為內容之意見書。此一意見書走漏予岩倉等人後，其等即草擬了相對抗的憲法草案，同時並發動追放大隈。伴隨著開拓使官有物轉讓事件的發生，大隈一派下台，小野梓亦隨之下台（明治十四年之政變）。

第二節　德意志學與進化論

普魯士型憲法構想與公式學問

此一政變與學術領域中的巨大變動同時進行。就憲法構想而言，相對於英國型、民間所提出之更為基進的法國型，岩倉與井上毅則提出普魯士型作為對案。這是因為即使採取相同的君主制，與將王室置於政府外部的英國不同，普魯士是將王室置於政府內部，而有其類似性。在公共的學問、大學教育上，亦有為此種轉換的企圖。井上認為，一個人所運用的外國語會影響思考傾向，亦會反映於政治態度上，主張應該以普魯士、德國的知識體系為基本（〈進大臣〉第五策：一八八一年，《悟陰文庫》A-386）。因此，不只有已經運用德語的醫學，亦謀求至此為止偏向英語、法語的法學、文學加以德國（語）化。

井上舉出舒爾茲・格費爾尼茲（Schulze-Gävernitz）、伯倫知理（Johann Kaspar Bluntschli），強調其等採取了與孟德斯鳩、更與法國、義大利、比利時、英國等王政黨不同之「主權歸一論」（〈德意志書籍翻譯意見〉，明治十四年）。井上對於德意志學之讚揚可能有其戰略性，一方面以其與日本的近似性為基準，另一方面建議德意志學與漢學的平衡。從而，其態度是即使強調國體，亦非反近代化，對於強固的法治主義有著一如既往的關心。這點則與教學聖旨問題（參照第五章）

相關。

德意志學協會

政府內廣泛地共享井上意見中所示的方針一事，從一八八一年德意志學協會設立時的班底即可窺知，其中有普魯士留學經驗長達七年的陸軍軍人北白川宮能久親王擔任會長，初代委員長由內務官僚品川彌二郎擔任，發起人則有桂太郎、西周等人，名譽會員則有伊藤博文、井上馨、山縣有朋、西鄉從道、井上毅、青木周藏，貢獻於諸法編纂的受雇外國人赫爾曼・羅斯勒（Karl Friedrich Hermann Roesler），會員則有加藤弘之、穗積陳重等人。在此動向中受矚目者，即是對抗民權派的知識上的、人力上的資源供給，德意志學協會以西周為第一任校長，並成立了協會學校（一八八三年）。更進一步，從法學專修科在政府的磋合之下設置一事，亦可見得（一八八五年，即其後的獨協大學）。

加藤弘之在這股潮流之中，欲進行大學改革。一八八〇年時任文部卿的河野利謙，於文部省拔擢任用嚶鳴社社員，自己亦在該社進行民權演說。加藤將人事更迭求諸於岩倉等人。伴隨著農商務省的設立，河野自農商務卿轉職，託付給後任的福岡孝弟（五條御誓文起草人之一），加藤則開始著手進行大學改革，除了自己擔任東京大學首任總理之外，亦採取了綜合大學化、洋學與漢學併用的方針。於明治十四年政變時，河野亦辭職。

伯倫知理（Johann Kaspar Bluntschli）的影響

如上所述，加藤於一八六九年開始擔任侍講[21]，一八七二年則講授伯倫知理的《國家學》，同年並出版《國法泛論》的翻譯（原著：一八五二年）。其他多數著作則主要係由官僚翻譯。伯倫知理生於瑞士，在柏林師事於薩維尼（Friedrich Carl von Savigny）（參照第六章）。其不僅身為研究者，亦作為議員而活動，對抗基進、守舊兩派，並以穩健自由主義之改革為目標。其主要著作《一般國法學（國法泛論）》係以國家有機體論為基礎出發，批判社會契約論，針對絕對君主論與人民主權論之兩極，則主張國家主權論，迴避主權問題，將主權歸屬於作為法人之國家。

如此可見，伯倫知理的立場，不論在理論面或實踐面都保有自由主義的側面，在杉亨二所譯之《國政黨派論》（一八七七年，近digital）的序中，則稍微極端地被介紹為「致力於開設國會，始終謀求擴張民權」的人物。

如此，在明治初期，伯倫知理影響了官僚與民權派雙方。伴隨著明治十四年政變的學問方向轉換期，如上所述，井上毅採取了「主權歸一說」，但羅斯勒（〈德意志學方針〉，一八八四年：德意志學協會《學林》一〔二〕）則將伯倫知理當作民權派，而將之與格耐斯特（Heinrich Rudolf Hermann Friedrich von Gneist）等人當成一夥。其英譯本在各大學中做為教科書，《國法泛論》則在民權結社中被運用。例如，一八八二年報紙上的「主權論爭」中，「主權在君」派（東京日日）

21 譯註：侍講為教授天皇學問知識之人。

與「主權在國會」派（東京橫濱每日）皆以伯倫知理為其依據（《主權論纂》）。不過，植木枝盛則於論及主權作用（執行權之所在）時，認為伯倫知理國家主權說的論旨並不合適。

加藤弘之於《國體新論》（一八七五年）中，一方面限定私權，另一方面主張天賦自由，甚至論及抵抗權是「人民的義務」，但這些要點否定了希臘羅馬式的公的自由，而是承襲了伯倫知理《一般國法學》（＝《國法泛論》）主張近代立憲主義係以日耳曼式自由之方向發展而成的展望。進一步，其認為「君主、政府是為了人民而存在」，雖然敬重天皇是臣民的義務，但認為所謂「體會天皇的心意」是一種卑屈心、一種奴隸狀態，天皇亦如同我們一樣是人，因此各自懷抱自由之精神（一八七五年，《國體新論》26）[22]。不過，伯倫知理的主張中，則有將近代人民國家（Volksstaat）當作古代共同體（res publica）之再興的另一個文脈存在，但加藤就這一公共性的側面，則未充分注意。這點亦反映在第二章所提及的加藤的權利觀之中。

加藤的進化論與天賦人權說之批判

然而，加藤在一八七九年一場以「否定天賦人權說、善惡之別並非天生」（天賦人権説ナキノ説并善悪ノ別天然ニアラザルノ説）為題的演講中，則從進化論的立場否定了天賦人權說。「天賦人權」可以說是「自然權」在明治時期的翻譯。從而，對於「自然」的理解，與從該理解是否能推導出權利，則成為爭點。加藤的趣旨在於其認為，在自然的關係之下，會因人與人之間的強弱而產生個人幸福的落差，為了要盡可能使之均等，社會共同即是有必要的，並透過實定法來規定權利義務。如此的社會或國家將會變得更強。而就欠缺公共意思形成的觀點、偏向制度形成等處，則是其論述中一貫之處。

三年後，加藤屈於壓力，使其介紹天賦人權說或立憲制之舊著《真政大意》、《國體新論》絕版，而出版了《人權新說》。舊著中認為自由權仍然是天賦權利的主張，在《人權新說》中藉由進化主義，其基礎則遭加藤所謂之「實理」＝實證所推翻（「進化」可謂為加藤的和製漢語）。而作為確保獲得真正權利之條件的自由精神，則被替換解讀為精神力，知識亦附加其上。其謂，權利即使是受到的恩賜，但對於無力保護權利的人民而言，該權利亦是有名無實。

馬場與植木之加藤批判

在「主權論爭」之中，《人權新說》遭受到來自馬場、植木，即所謂的民權派嚴厲的批判。一八八三年，馬場（《天賦人權論》，《全集》第二卷）則從進化論的立場主張權利平等。亦即認為：人類進化的方向是自由權利的伸張，朝著這樣的方向，政府也跟著轉化，此即是所謂「優劣勝敗生存競爭之法則」。植木茂盛（《天賦人權辨》）亦認為世界人權傾向於自由同權，這是優劣勝敗的展現、是天理。這與其說是理論的對立，更強烈的反而是現狀分析之差異的這一面。換言之，加藤認為，即使存在具有財產的平民，了解社會的「上等平民」卻很少；相對於此，馬

22　原註：村上淳一《「法」的歷史》，東京大學出版會，一九九七年出版，此書看加藤的「轉向」並不是針對藉由進化論來做天賦人權說之批判，而是從後來的自由之精神到國體論的轉換來觀之。

場則批判，英國的上等平民即是日本的普通平民，批判其貶低了地方名望家（〈讀加藤弘之君人權新說〉＝《天賦人權論》）。

魯道夫・馮・耶林（Rudolf von Jhering）批判

加藤更進一步以耶林的《為權利而鬥爭》為例來說明。亦即，權利是透過競爭而進步的理解。耶林立於如第一章所見的法與權利的兩義性，確實要警惕在權利上的怠惰，但那並非謀求單純的自己利益的自力追求與競爭，亦蘊含了在積極主張權利之中，將國家帶往正確（適法）方向的義務。但是，加藤將之理解為這是強者為了自己利益的擴大（即其所謂真理），在其後《強者權利的競爭》（一八九三年）中，對於耶林主張賦予權力鬥爭公正性質的這種權利之任務，加藤認為這是錯誤的，僅就力量強者所創造的東西即被認為係正當一事，加藤認為其中並無公正的要素。

因為權利的基礎被理解為事實上的力量，與歐美人民相較，日本人民是否擁有、在何處擁有此種事實上的力量，此一問題即浮現出來。與議會開設尚早論相同，加藤對此採取否定態度。此種政治性主體的有無，與其「政治性」的理解相輔相成，亦及於對於地方自治可能性之評價。有關此點留待第四節說明。

第三節 伊藤的憲法調查

在了結了明治十四年的政變之後，伊藤為了憲法調查而前往歐洲。眾所周知，伊藤在歐洲謁見了俾斯麥（Otto Fürst von Bismarck），得到強烈的印象。憲法調查方面，伊藤分別在柏林聽了格耐斯特的課，在維也納聽了勞倫斯．馮．史坦恩（Lorenz von Stein）的課。格耐斯特的授課，風格內容相當暢所欲言，而其憲法授課本身，則是委由其弟子阿爾伯特．莫塞（Albert Mosse）律師講授，而由於莫塞的授課亦是逐條式的解釋論，可以說並未在伊藤心中留下好印象。據聞，格耐斯特曾說「連自國歷史都不滿足的人，在做編纂憲法這種如同在銅器上鍍金的事」。順帶一提，莫塞在其後作為受雇外國人赴日，在憲法制定、特別是在地方自治制度改革過程中，有所貢獻。

格耐斯特

格耐斯特是為德國的法治國家與自治理念扎根的人物。其基本態度，可以舉出法國懷疑與英國偏愛兩點。格耐斯特在英國進行了調查研究，並欲將之移植於德國。換言之，他將英國的理念，亦即以人民對於司法與行政的參與來保護法，替換解讀為德國型法治國家的自治理念。其所見的英國「自治」，是「依照地方法律，仲介上層與中間身分之地方土地稅的郡與地方市町村之行政」。自治是參與行政，參加者係以財產為基礎。制度上則是透過政府任命的名譽職制度。活動的內容則是間接的國家行政，認為可以藉此培養對於公益的關心，與義務的習性與性格。這樣對於自治的理解形式有其保守性質，對於所謂議會制此種國政自治之擴大，則導向了較為抑制的立場。

再者，格耐斯特對於日本人的講義錄，則是作為植木枝盛著作（《西哲夢物語》）之一部分而秘密出版。此雖非對於伊藤等人所為的授課，但應可想像內容上有相當的重疊。

史坦恩

在格耐斯特之下學習，卻感到失望而移至維也納的伊藤，聽了史坦恩的授課。而史坦恩對於海江田信義另外的授課，則是於一八八九年由宮內省以《須多因式講義筆記》出版。史坦恩的業績及於多方面，除了伊藤等人所習得之憲法、國家學、行政學之外，從社會運動等研究，亦有視其為社會學的創始者。

史坦恩大學畢業後待在法國，在該處直接就社會運動、社會主義、共產主義有所見聞、研究（《平等原理與社會主義》，一八四二年）。其研究認為應該要克服階級社會，並提示了社會問題的解決方案，認為應由立於個別人格之上之一般性人格的國家積極來加以介入，解決社會問題（《社會的概念與運動法則》）。其認為社會是由階級鬥爭的社會發展成國家的市民社會，透過此一理論，為了支持公共生活，一方面謀求公民的創出，另一方面則訴求行政活動上立於優勢地位之官僚的養成的必要性。承擔後者的，即是替代了潘德克頓（Pandekten）（由來於羅馬法《學說彙纂》之體系教育）的國家學，特別是行政學。

在這樣的階級社會觀之中，民主制度被批判性地認為有受多數私利而驅動的危險性。相對於此，史坦恩主張君主作為中立的權力，應定位為獨立於社會利害對立之存在、作為機關之「人格首長」（以國民福祉與自由之名，期待其立於社會改革的先鋒。憲法則是調和君主、立法、行政三機關關係之規範，將行政權的活動課予狹隘的限制並不合理）。

史坦恩對於伊藤等人懇切仔細地授課，給予其有關國家學、行政學或社會王政、官僚養成之必要性與方法等知識。

歸國與制憲

伊藤從史坦恩的授課中，深化了對於自己方向的自信，亦即是進行由上開始改革之外，其感到獲得了可以對抗民權派的最新理論。伊藤在制定憲法之前，先進行大學改造，改為帝國大學，將法學部編入政治學科，再支持所謂「國家學會」的設立。這些都是以養成支撐政府之行政官為目標，自不待言。

伊藤返國後，於一八八五年創設內閣制度，成為首任總理大臣。宮內廳設置制度調查局，鞏固欽定憲法之方針，就任宮內卿，使政權安定。一八八七年辭任宮內卿的同時，開始展開憲法草案的檢討作成，於所謂的夏島會議上，與井上毅、伊東巳代治、金子堅太郎一同參考羅斯勒的意見，邊進行起草作業。其間，亦有發生所謂「西哲夢物語」，亦即羅斯勒草案與上述之格耐斯特講義等的「洩漏」而被地下出版的事件，但次年，伊藤向天皇上呈憲法草案，於一八八九年經樞密院而後公布。伊藤採取朝向限制君主制的方向，對於宮中欲透過君德輔導來進行天皇親政的意見，則加以壓抑，其亦獲得天皇的信任，目標係強化以內閣為中心的政府權威，以與天皇之間的連結作為其支持。天皇萬世一系與永遠性，雖然明示於前文與第一條，但所採取的則是排除天皇實質介入的立憲君主制。伊藤說明，憲法政治是君主主權之限制（《樞密院會議議事錄》，一、一七三頁），君主是象徵國家，並非代表，而係表彰（《秘錄．續》，九七頁）。關於內閣的規定雖然遭到刪除，但各大臣輔佐天皇、負其責任（五十五條），亦規定就所有法律之制定需要議會之協力支援（三十七條），明確記載其權限。

第四節　府縣制、市町村制之論爭

府縣會之現狀

如前所述，與制定憲法、開設議會並行，圍繞著地方自治的論爭熱烈地展開。關於地方議會，依照三新法開設地方議會，總之是被評價為國會開設的前階段，亦如前所見。但是，至少對於漸進改革派而言，地方議會並未發揮作為議會制度之學校的機能。其一是因「松方通貨緊縮」（松方デフレ[23]）造成地方名望家階層的實力下滑，另一方面，則是因為地方議會提供了基進民權派或「不滿份子」囂張跋扈的場域。府縣會被認為始終在為了議論而議論，妨礙了行政活動的順暢運行。一八八一年以降，針對府縣會方面所提出之減輕人民負擔、強化權限等要求，政府方面也相繼採取了限制地方議會權限的政策方向，來加以抗衡。在府縣會的鬥爭開始之前，主張分權論的福澤雖然就地方議會開設本身給予正面評價，但仍批判為「造成民情甚為不穩的近因」。更進一步，福澤則開始倡導「廢縣論」（《全集》第四卷）（一八八二年）。到了明治二〇年代，福澤對於所謂的書生型政治青年，主張重視私權、自立的地方名望家不應該從事為了排場而為之公務，而應一邊經營獨立的家業，一邊兼職地方行政事務。同時，其亦批評，「寄生地主」制[24]成為了日本固有地方自治的阻礙。

內閣原案與阿爾伯特．莫塞之構想

在此時期，關於府縣制、市町村制的制定，政府內部亦展開了論爭。一八八七年，時任內務大臣的山縣有朋設置了地方制度編纂委員會，隔年即提出了內閣原案（建議草案）。有別於封建制的分權，山縣的提案做為地方活化政策，試圖以府縣制、郡制、市町村制，來建構自治體。起草提案的，是在柏林為伊藤等人講授憲法課程，其後於一八八六年作為受雇外國人[25]來到日本的

23 譯註：松方通貨緊縮，係指為了解消因西南戰爭之費用籌措所生之通貨緊縮問題，而由當時大藏卿松方正義所進行誘導通貨緊縮之財政政策。

24 譯註：寄生地主，係指農地的所有者，亦有簡稱為地主。寄生地主將土地出借予農民（有稱為小作人、小作農，或僅簡稱小作），使之耕作，並徵收農民所收成農作物之一部分做為小作料，即為地租，此種制度稱為寄生地主制。

25 譯註：受雇外國人（御雇外国人）係指自幕末到明治時期，以「植產興業」等目的，為了輸入歐美先進技術、學問或制度而雇用之外國人。多指歐美人。受江戶幕府、諸藩、明治政府或府縣招聘至官廳或學校。

莫塞（莫塞意見之翻譯者為當時剛進入內務省的一木喜德郎）。從而可以窺知，該提案是以格耐斯特式的名望家自治為藍本而作成。對於法國型的中央集權模式，莫塞將之稱為機械式國家，並加以批評，而主張如同英國及德國在國家與人民之間介入中間機關之分權國家的優點（〈莫塞自治論〉，《自治立法集成二》，一八八六年）。分權國家的地方自治體，可以應對地方住民的貧富差距、蒐集統整地方住民的意見，成為國家與人民之間的緩衝。再者，藉著透過公共心形成愛國心以及行政參與，可養成人民行使參政權所應具備的能力。莫塞強調，在町村、郡、府縣這三個階段進行行政上分權的同時，在以個人權利保護為目的的法治國中，其自治亦會發揮功能。依照這樣的自治模式，地方住民參與行政的方法，為擔任名譽職（無報酬）官員，並且將此一參與當做義務加以制度化。除了地方議會之外，同時計畫了監視地方議會與地方行政之參事會，住民必須以名譽職參與其中。試圖藉由此一監視機制來達成權利保護的目的，同時亦考慮使其具有作為行政裁判的初審機能。

立基於莫塞的思考藍圖，一方面以市町村、郡、府縣三階段的自治原理為架構，另一方面藉由名譽職制度、等級選舉制等制度，由地方有力人士擔當地方行政，同時形成政府施政的支持基盤，這正是內務省所構想而提出的府縣制、郡制以及市町村制的原案。

井上毅、羅斯勒之批判與自治的限定

市制、町村制雖於一八八八年成立，但對於府縣制案，井上毅等人則加以嚴厲的批判。其等認為，市町村與府縣在其成立過程上有所不同，市町村具有傳統地方自治的基盤，不具備此種要素的府縣則不應構成自治體，而肯認府縣會或條例制定權的提案，可說是純粹的自治，將招致共和制化（井上毅，〈對於府縣制之憂慮〉、羅斯勒，〈有關縣廳合議制之議論〉，《自治立法集成二》，一八八八年）。於此，除了參事會的導入，亦有慮及府縣會之現狀，則自不待言。一如井上所述，「……府縣自治體的會議場不外乎就是國會議事堂的縮影，成為政治的學校，黨派紛爭混亂會不斷發生。」（井上毅，〈有關自治制之演說〉，同一八八八年）對於將自治與共和制直接連結理解的井上而言，由於府縣會正是政治（民主主義．共和制）的學校，在現狀之下，才不得不遭到否定。

當然，山縣亦非以共和制為目標，而是以中央集權為前提，為了支撐中央集權，並使得利害對立不直接指向政府，做為一種策略而考慮府縣制。只是，井上的「杞人憂天」最終奏效，地方自治是以限定於市町村的範圍內，加以制度化。這並非透過議會活動的進行而為國民的養成，而是向地方謀求支撐政權的基礎，並且在此限度內肯認地方自治的運作。在大正時期，與山縣親近的一木喜德郎（參照第五章）所構想出以報德為基礎的地方青年團，亦可看作是此一脈絡下的產物（參照第九章）。

（林琬珊譯）

第五章 初期的明治憲法理論

本章提要

在體制獲得確立之下，將既已制定的憲法作為基礎，如何去運用該部憲法，這不僅是政治上的問題，也是學術研究與議論的對象。追根究柢，憲法究竟代表什麼意義，而又與先於憲法存在的秩序形成何種關係？明治憲法體制為求安定與成熟的發展，因此亟需理論面的正當化。然而與此同時，內在於體制本身的緊張關係，也成為憲法論爭而浮上檯面。最早期的穗積八束與一木喜德郎，在探究明治憲法體制與西歐型立憲主義之關係時，就意識到此種緊張關係；而下個世代的美濃部達吉與上杉慎吉，在兩人針對國體概念而來的論爭中，也凸顯出此種緊張關係。關於上杉慎吉，本章將提到其日後的相關事蹟，而有關美濃部達吉的「事件」，則留待後述（第十二章）。

第一節 國家法人說、穗積八束與一木喜德郎

日本公法學的確立與留學

一八八九年憲法公布後，如何解讀憲法以及如何運用憲法，也就是憲法學的確立，即成為課題。同年，政府率先採取對應，主要是將井上毅於樞密院所提出的草案審議說明書為基幹，以伊

藤博文的名義出版《帝國憲法皇室典範義解》（一八八九年），表明半官方性質的解釋。本書撰寫的檢討工作，包含除當時臥病在床的金子堅太郎以外的全體原案起草者，另外也新加入穗積陳重，以及公法學者末岡精一等人。

在此之前的憲法學或國法學又是什麼樣的狀況？明治憲法公布以前，關於憲法課程的教授，東京大學法學部是從一八七七年左右開始，以英國憲法為講授內容。在此之前，司法省法學校則主要是以法國法進行授課。而私立的法律學校雖然也是從一八七九年左右開始創設，但其目的則在於培育法曹實務人員。因此，這些學校尚未投入日本憲法學的發展。另一方面，東京大學文學部設有政治學與經濟學的課程，從而直至穗積八束為止，日本最早期的憲法學者，反倒都是東大文學部的畢業生。

在學術路線轉向德國學術的同時，東京大學法學部於一八八二年停止英國憲法的講授課程，必修外文除英文以外還加上德文（過去德文是與法文擇一選修），一八八二年則開始增設國法學的授課。不僅是法學而已，哲學的風潮也從過去英國式的功利主義與進化論，轉移到康德與黑格爾的理論研究。東京大學法學部的國法學講座，其最早期的講授教師，就是德國籍的卡爾．拉特根（Karl Rathgen）。拉特根是一名民族經濟學者，負責教授政治學、統計學與財政學，而其本人回到德國後所發表對於日本的分析研究，成為韋伯（Max Weber）的日本論中重要的資訊來源（古在由重譯《印度教與佛教》）。承接拉特根擔任國法學講座教師的，則是在伊藤博文等人出訪歐洲進行憲法調查同年，到德國與奧地利留學的末岡精一。末岡精一於東京大學文學部時期的同學，還包括以記者與議員身分相當活躍，專攻英國憲法的高田早苗，以及於史坦恩門下留學，以德國國法學為基礎而在社會學領域留有重要貢獻的有賀長雄，這兩人都在東京專門學校（早稻田大學的前身）任教。

與高田早苗及有賀長雄兩人同年出生的穗積八束、一木喜德郎、美濃部達吉、上杉慎吉，主要都是在德國學習，或多或少受到當時德國公法學的影響。當時的德國公法學，逐漸脫離哲學性濃厚的黑格爾式國家理論，而確立了所謂的公法實證主義，亦即以法律學的方式來處理公法議題。其代表學者為拉邦德，以及接續登場的耶林涅克。而耶林涅克本人其後撰寫出牽涉多方領域的巨著《一般國家學》。另一方面，以《德國團體法》一書聞名的基爾克（Otto von Gierke）等，也開始批判拉邦德的形式主義與個人主義（請參照第十一章）。

如前所述，在穗積八束負笈歸國，而帝國憲法也正式公布時，已經有專門的國法學者開始講授課程。一八八九年伊藤博文的《憲法義解》、有賀長雄的《國家學》、《帝國憲法篇》、《帝國憲法講義：完》相繼出版，同年穗積八束也開始〈帝國憲法之法理〉（《國家學會雜誌》三〔二五〕）的連載。但是，以帝國憲法為素材的研究積累才剛剛起步而已，在穗積八束歸國後隨即出國留學的一木喜德郎，於其著書中如此說道：「前輩著作中能夠獲得參考的，僅有伊藤伯爵的憲法義解而已」（《日本法令預算論》，一八九二年，一三頁）。

藉由了解促使一木喜德郎投身公法研究與留學的動機，就能夠一窺當時的情況。一木喜德郎曾經擔任過內務省官員、文部大臣、內務大臣、樞密院院長等職務，其最初在一八八七年帝國大學畢業後隨即進入內務省，一八九〇年開始留職，自費至德國留學，在柏林除了修習基爾克的授課外，也大量閱讀書籍，相當勤勉地學習。《日本法令預算論》一書，正是其於德國期間的研究成果集結所成。一八九三年一木喜德郎回國，並且復職。翌年開始，以內務省官員身分兼任法科大學教授，講授國法學與行政法。自內務省官僚時期，如遇有不明白之處時，即向莫塞等御用外國學者請教，有這樣內務省官僚的自身經驗，再加上於一八九〇年在第一與第二帝國議會中爆發（看起來毫無意義）的憲法論爭與法律論爭，對這些論爭的恐懼與擔憂，最後都促使一木喜德郎走向研究與決意留學。關於議會的情形，以記者出身，隸屬立憲改革黨派系的島田三郎議員表示，當時的議會是將七分努力置於財政議題上，而僅有三分力量投入立法工作（議院集會所編，《第一國會始末》，第一頁、大石真，《日本憲法史》，二六九頁）。條約修正問題、報紙條例修正・保安條例修正、商法典延期實施等問題外，再加上松方正義財政大臣的財政演講、眾議院預算委員會廢除與減縮政府費用，這些議題都在第一議會中延燒。在此，議員要求縮減國家費用一成，而是否能夠容許預算的縮減造成官制變更的程度，則成為議會中的論爭（大石真，《日本憲法史》，二六八頁、穗積八束，〈帝國憲法的法理〉，《集》，五一頁）。對於民黨方面主張休養生息，而要求縮減國家費用與減輕地租負擔，山縣有朋內閣則是試圖與民黨斡旋妥協，弱化民黨勢力，山縣有朋在預算案宣告通過後隨即宣布辭職。但在第二議會中，弱化民黨勢力的行動終告失敗，海軍預算遭議會決議縮減，而後繼的松方正義內閣則是選擇解散眾議院，依據帝國憲法第七十一條規定執行前年度預算以作為因應。

《日本法令預算論》的序言中提到，對於違反命令而來的罰則規定（明治二十三年法律第八十四號）、法官的法令審查權等等，這些在議會中成為問題者，事實上都是關於法律與命令性質所生（一一頁）。並且藉由釐清此點，即可明確定位預算的概念。

普魯士憲法爭議與預算法論

關於預算與法律的關係，在一八六二年至六六年間造成普魯士憲法爭議，於德國也引發大規模的論爭。一木喜德郎與穗積八束在方法論上所依循拉邦德的《預算法論》，在當時是政府陣營的代表性理論。所謂憲法爭議是指，持續推動軍隊制度改革的普魯士國王威廉一世，與要求縮減預算的自由主義者為多數席次所組成的議會，兩者之間所爆發的激烈對立。國王雖然解散議會，但新議會仍舊是自由主義者為多數所組成，從而亦不承認政府的預算案。就當時憲法條文中，沒有針對此種情形該如何因應的明文規定，威廉一世在沒有通過預算案的狀態下，仍舊強行推動軍隊制度改革，並且借助宰相俾斯麥的力量，直至一八六六年贏得普奧戰爭之前，都是在欠缺法定預算的情況下持續進行改革。此段期間的統治正當性，亦即議會對於預算的權限以及統治的主體，引起重大爭議。對此，俾斯麥則認為，在預算案不成立的情形下，能夠填補憲法漏洞的就是身為最高決定者的君主，這是君主的權利亦是義務（漏洞理論）。相對於俾斯麥的見解，議會陣營則認為政府否定議會的預算承認權，此舉已經違反憲法，進而逼迫在議會解散後仍舊得不到國民支持的政府必須退讓。然而，俾斯麥在外交政治上取得重大成果，導致自由主義者陣營內部產生分裂，議會最後成立「免責法」，嗣後承認此段期間的統治作為，而使政府陣營贏得最終勝利。

拉邦德談論俾斯麥政府的正當性，如下所述：所謂法律應該區分為兩種概念規定，也就是左右國家與個人權利，具有實質意義之法律，以及需要議會承認的形式意義之法律；而預算僅為形式上的法律；此種預算的成立與否跟財政的合法或違法無關；政府與議會對預算無法形成合意的情形中，由於憲法出現了「漏洞」，因此應該遵從憲法秩序的一般原理；也就是國家的維持與發展，政府與議會不得相互將自身意思強押至對方身上者，這正是立憲主義的原理。拉邦德的理論，意圖以法律學來理解國家，其結果就是在解釋學上偏向支持現行體制。但是另一方面，其理論也主張對於國家行政行為的法律保留，雖然強化了君主權力，但也同時肯認議會擁有權限，能對君主權力加諸法律上的限制。

一木喜德郎的「法令預算論」

不過，普魯士與日本在憲法規定上原本就不盡相同。明治憲法當中，僅有規定議會同意預算而已，在形式上則是採取法律以外的方式為之。此與歐美的情形截然不同，主要是當時井上毅採取御聘外國人學者羅斯勒的見解，「會計預算並非法律」。明治憲法中的「預算」，其實質上就是為執行法律的歲入計畫。普魯士憲法第九十九條第二項規定，預算支出面的拘束力由法律為之。然而沒有相同規定的明治憲法，自然必須採取其他的議決形式。如此，法律與預算之間的關係究竟應該如何理解？因同意而來的議會權限究竟及於何種範圍？此為政治體制基本構造之問題。關於明定議會對預算予以同意的第六十四條規定，《憲法義解》認為預算不過是行政官應該遵守的準則而已，預算案雖然需要議會的同意，但無須以法律為之。同時，議會對預算的同意，以及對超額支出部分尋求事後承認，這些都是正當化預算，並且向公眾表明預算的正當性，可謂是立憲制的成果。與《憲法義解》的見解相同，一木喜德郎也對預算與法律予以區分，但是預算僅能依議會的議決而成立，而預算的執行則是國家元首的命令而來，與行政內部的訓令有別，因此預算本身與預算的執行必須進一步區分。此外，法律與預算兩者同樣屬於國家的命令，但從效力強度而言，法律應該與預算或命令區隔，預算在效力上劣後於法律（不會成為後法而有優先於前法的情形）。另一方面，一木喜德郎在原則上相對化法律與命令的權限分配，因此就其理論而言，以命令進行法律事項的規定並非不可行，這將導向行政權優位的正當化。

一木喜德郎的關注，部分當然是來自於過去身為官員的立場與經驗，但部分也是來自於其學術上的關心，以及為此所採取的方法論。一木喜德郎與通曉立法史的《憲法義解》作者不同，一木喜德郎認為自身的方法是從「憲法的明確條文來探求作為日本國家法依據的法理」，「以普通國家法的原則與憲法的明確條文來論斷」（同書一二—一三頁）。如此，一木喜德郎以帝國憲法的公布為契機，主要是以德國式的公法學為基礎，開始在日本致力於固有公法學的確立。

穗積八束的法實證主義

暫且將時間回推，穗積八束於大學在學期間，也參與了前述的主權論爭（請參照第四章），並從政府陣營的立場出發而與民權派份子保持對立。穗積八束本身支持應該抑制多數黨專制的兩院制（一八八二年，〈國會議院必須設立兩院〉，《集》，第二頁），身為主權者的天皇擁有憲法制定權，主權者不受到憲法任何拘束，諮詢另當別論，國民不應該享有參與憲法制定的「權理（受到法律所保護的私人利益）」（一八八二年，〈論憲法制定權的歸屬〉，同書一三頁）。穗積八束於一八八三年自東京大學文學部畢業後到德國留學，當時井上毅等人就滿懷期待，期盼穗積八束學成歸國後，能夠於帝國大學發展出公定的憲法解釋。

留學期間初期，穗積八束原本是在井上毅給予高度評價的舒爾茨－蓋文尼茲（Schulze-Gävernitz）處學習，其後至史特拉斯堡的拉邦德門下鑽研公法學。原本在學期間從深受奧斯丁影響的泰瑞（Henry Taylor Terry）身上，學習到分析法學式的法實證主義，但穗積八束認為在方法論上，拉邦德的方法論還是較能引起共鳴。更且，奧斯丁自己過去就是在德國學習到拉邦德式的實證主義。穗積八束主張：「舉凡國法都出於主權者，憲法法律命令由君主所制定，君主即國法的根源，法為皇旨」（《國民教育憲法大意》，一六頁、〈於我國沿用歐洲立憲政體名稱之錯誤〉《論文集》，二〇六頁、〈帝國憲法的法理〉，《集》，八五頁），其基本上就是採取主權者命令說的見解，以「保護與服從」作為國家論的關鍵。

公法實證主義的核心命題，當屬國家法人說。穗積八束一八八九年歸國後，隨即出任憲法學講座首任教授，以國家法人說對應於伯倫知理與蓋文尼茲等學者的有機體論，認為國家是否為有機體並非是法律上所需要討論的。穗積八束認為，在法律上所謂的國家，就是能夠享有權利並負擔義務的「無形人」，其採用拉邦德等人的研究方法，探究日本憲法的「法理」（〈帝國憲法的法理〉，《集》，八七頁）。

不過，穗積八束雖然不是批判有機體論而信奉拉邦德等人的國家法人說，但是其於家產國家說批判、社會契約論批判、個人主義批判，並且主張公對於私的優位地位等，都與拉邦德的立場一致。關於方法論，穗積八束本人也明確表示採取拉邦德的方法論，就此意義而言，穗積八束是對帝國憲法進行「實證主義式」的解釋。穗積八束屢次提出法理與政理的對比，反覆論道作為研究者不應該為政治性與道德性的主張，原因也是從此處而來。

在作為研究對象的帝國憲法當中，包含關於天皇地位之規定，以及接續其後關於國家各機關權限，屬於法治主義與立憲主義性質之各項規定。穗積八束將前者規定稱之為國體，而將後者規定以政體書（一八六八年）而來的「政體」稱呼之。政體書是在五條宣誓的方針下，由副島種臣與福岡孝弟參考歐美制度所起草擬定。於此種意義下，也必須以二元論來理解國體與政體，這正是近代國體論的基本架構。對於國體與政體的理解，造成從早期憲法學開始，至國體明徵運動與天皇機關說事件（一九三五年）、〈國體的本義〉（一九三七年）為止，就公法學與政治而言最為重大的問題。

第二節　國體論的由來

尊皇與儒教、霸道與王道

首先稍微回溯歷史，來看看演變為國體論的背景經緯。幕末時期由於開國與通商導致幕府喪失威信，因此不僅是主張尊王攘夷的反幕派，就連幕府自身也亟需朝廷的權威。武家政權與朝廷禁內的並存，具有一定的緊張關係。直至明治維新的歷史發展中，基本上存在兩股勢力，其一為孝明天皇與朝廷大臣、井伊直弼大老以後的幕府、長州藩的長井雅樂等人所推動的公武合體運動，其二則為朝廷中反主流派的岩倉具視，以其為代表的朝權復辟與反幕府思想、尊攘派及倒幕派。前者可連結至德川慶喜的大政奉還，而後者則是與王政復古政變有著相當關連性（大久保利謙，〈幕末政治與政權委任問題〉，《歷史著作集一》）。此時，現實的權力關係究竟如何理解、如何予以正當化、而國王又是誰？要回應這些問題的知識基礎，即為朱子學的原理，或者說是朱子學在日本的轉用。

尊王思想源流的其中之一就是儒教，也就是相較於以武力所成就的霸道，對於以德性所完成的王道給予高度評價的思維。德川幕府雖然對於朱子學者有某種程度的重視，但是此種儒學教義原本就難以給予德川政權本質性的正當化。德川家康所留的〈武家諸法度〉中明文「即或以法破理，但不可以理破法」（一六一六年），可說毫無採納儒教觀念的餘地。江戶初期仍未脫離戰亂期的武士社會，因此無論是武士習性的行為舉止，或是佛教與民間信仰，都反映出儒教觀念在當時僅止於抽象，並且是形式上的存在而已。

本來，基於霸道的武家政權要直接以儒教獲得正當化就是過於牽強。在此種情形下，山鹿素行直接批評朱子學，而對於湯武放伐論（孔子）與易姓革命說進行修正解釋，主張從「政治能力（德性）」之得喪來正當化王朝走向武朝的轉換。但是，也同時著重以古代王朝的智德確立社會中的上下分際，武朝也遵循對天皇的「勤王」義務，以謀求社會秩序的安寧（《中朝事實》，一六六九年，《全集．思想篇》）。以儒教理論出發而試圖讓將軍能夠成王自立的新井白石，以及相對於將軍的政治能力，從政治效用中理解天皇宗教性的荻生徂徠，都是屬於此種立場。

與典型的政治秩序論不同，江戶初期身為儒學者與神道家的山崎闇齋，則是以臣下個人忠誠的道德觀念作為基礎。山崎闇齋於其《拘幽操》（一六七〇年代，《日本思想體系三一》）中，從唐朝文人所記周文王的名言看出絕對忠誠的展現。姬昌（後為周文王）感嘆自己所侍商朝暴君紂王的虐殺而遭受不滿與讒言，最後被處以幽禁。此際，姬昌仍稱「嗚呼臣下之罪，該當受誅，天王聖明」。此種絕對的尊王理念，連結至易姓革命的否定。山崎闇齋的弟子淺見絅齊，則是貫徹此種立場，否定湯武放伐論，主張萬世一系的天皇擁有不變的正當性。並且，絕對化君臣大義的同時，將將軍定位為天子的代理人。此種定位也正當化家臣對於將軍的服從義務，而將北條氏及源賴朝等視為反賊。在此，德川幕府的存在又該如何理解即成為問題（渡邊浩，《近代日本社會與宋學》）。

皇國與大政委任

淺見絅齊將幕府權威理解為是將軍受到天皇之委任而來，並以此推導出遵守幕府法令的根據，說明大名官員對於人民與國家的政治責任。另一方面，在將儒學視為「漢意」而予以駁斥的國學當中，本居宣長則以天地無窮的神敕為本，將天皇不變的地位作為日本政治的基礎。本居宣長將

《古事記》的內容視為史實，主張日本是「皇統所治之國」，世界各國都應該遵從與信服。此種見解成為尊王風潮而廣泛流傳於當時民眾之間，但該見解本身並未反對幕府。同樣的皇國思想，也在儒學系統的水戶學中有所發展。藤田幽谷應松平定信所求而撰作的《正名論》（一七九一年，《日本思想體系五三》），不採行儒學中的「名」、「實」一致，亦即德性與權限兼具的德治主義（或者說是上述新井白石的立場），卻是主張應該崇敬作為「名」的「君主」，也就是天皇，而作為「實」的將軍則應該落實王道。老中松平定信為求牽制尊王派，稱「日本全國為宮廷所託」，向德川家齊說明大政委任論，並且立基於與天皇的關係以避免政治上的不安定，與此同時也以大政已經委交予將軍為據來正當化幕府的統治。

「國體」的歷史起源

在水戶學派中，開始出現「國體」概念。「國體」在漢字裡有著身為君主手足的重臣、國家的典章與制度，以及國家體面的意思，但就字典上的意義而言，國體指的是國家的統治體制。作為思想的「國體論」代表，當屬藤田幽谷的門下弟子會沢正志齋，其所著《新論》（一八二五年完稿）中論道：「國體為何物，恰如若無四肢則無以為人，國若無國體則何以為國」（〈國體，上〉，《日本思想體系五三》）。《新論》所著時點，正是外國船艦來到日本而幕府發出追放令的時期，寫作動機來自於對西洋的威脅，特別是基督教對於一般百姓滲透（對於佛教）所生的危機感，為求統合人心而高唱「攘夷論」。此種構圖，也顯現於日後穗積八束與加藤弘之的議論當中。對於西洋而來的危機，希冀藉由政教合一以穩定國情，回復幕府的政治秩序，並且強化對外來勢力的自我防禦，以及超越地方藩閥的國內統一。然而，將「祖宗所以開基建國的大體」之「國體」，由祀（民心統合）、戎（軍事）與食（經濟）架構而成，對於開國採取完全否定的會沢正志齋，其現實主義式的主張，就在幕府的對外政策受到鴉片戰爭衝擊而重新轉向時，也給予吉田松陰等人廣泛的影響。但是水戶學派的國體論，與會沢正志齋原本希冀由幕府達成國內統一的意圖相左，反倒是對倒幕派的尊王攘夷論造成影響。大政委任論與名實論，就在情勢轉變下產生截然相反的效果。

水戶學與國學的復古主義至明治維新為止，持續作為眾人所能接受的最大公約數。並且，從明治維新後對於政府內部藩閥專制的批評可見，明治體制確立之際早就與藩閥政府存在著緊張關係。岩倉具視於一八七〇年為表明新體制方向所提出的〈建國策〉當中，認為「由萬世一系的天子所統治之國體」就是「建國之體」。岩倉具視採納國學者玉松操與矢野玄道之見解，抱持與平田派較為接近的立場。不過，岩倉具視為求人才培育而肯定洋學以及認同條約，在此種現實主義的考量下，選擇與國學者保持距離，同時卻又堅持由天皇親自統治的國體方針。岩倉具視所撰〈國體昭明政體確立意見書〉（一八七〇年，《岩倉具視關係文書》）中，可見其國體與政體的二分論。國體政體二分論，早於論道「皇國與外蕃（外國）的國體各不相同，是故政體當然不能不同」的佐久間象山，也就是幕末時期就已經存在。相較於元田永孚的見解（「祖宗的國體不可不永遠確立，歷朝的政體則不可不隨時更動」，一八七五年，《明治天皇記》，第四、六九一頁），岩倉具視的主張則是更為明確地準則化。此架構也顯現在對於參議大木喬任所提立憲制的建議例文中（一八八一年，〈乞定國體之疏〉，《岩倉公實記》下卷，六八九頁以下），而最後則定型為帝國憲法第一條所示意義的「國體」，以及表示具體政治體制的「政體」。

第三節　國體與法理

國體與憲法、教育

另一方面，隨著立憲主義的導入，迸發對於民間逐漸西化而來的危機感，針對儒教教育議題，在元田永孚（〈教學聖旨〉）與伊藤博文（〈教育議〉）兩人之間的論爭不斷延燒（一八七八年，兩者均收錄於《教育敕語渙發關係資料集》第一卷）。相對於元田永孚將儒教作為本來的國教而指摘西化的問題，伊藤博文則是主張天皇所擔憂的風俗弊端只是過渡期的現象而已，並不代表是政府應該策劃的教育有所失敗，日本仍然需要更進一步的文明化與具有實用價值的學術（伊藤博文提到，「政府應該深切留意的歷史、文學、習慣及語言，是組織國體的根本元素」）。伊藤博文與佐佐木高行對於國體相關議論的構圖，在此亦可窺見（參照第三章）。不過，元田永孚的主張並未被直接反映在憲法的制定上，由井上毅所撰的岩倉具視憲法制定意見書，也是在否定國家宗教的立場下定位天皇的親自統治。伊藤博文也未拘泥於「國體」，而是指向確立以內閣為中心的憲法體制。完成制定的帝國憲法中，未提到「國體」一詞。雖說如此，從第一條到第三條以及規範統治權總攬的第四條前段，都被理解為是顯示天皇地位之「國體」，其後的各項條文則屬於政體的相關規定。意味著天皇統治的國體，在對於憲法規範的正統思考模式下繼續獲得維持。「審慎思考，天皇的寶祚（皇位）是自祖宗承襲而來，並傳予後世子孫。其為國家統治權之所存。憲法特別揭示大權並明記其於條章中，並非以憲法表示新說意涵，而是表明固有之國體得依憲法日益鞏固。」（《憲法義解》，二二頁）

相對地，元田永孚與井上毅所共撰的教育敕語（一八九〇年）中，除論道「我臣民，克忠克孝，億兆一心，世濟厥美。此我國體之精華，而教育之淵源亦實存乎此」外，整體而言其所指的國格，也就是非法律學意義的「國體」。因此，井上毅對於「教育敕語」的公布，意圖採取不經由大臣副署的非政治性方式。教育敕語的文部省官方英文翻譯，將「我國體之精華」譯為 the glory of the fundamental character of Our Empire，正是此種理解[26]。此外，美濃部達吉將國體與民族精神等同理解（〈帝國國體與帝國憲法〉，《最近憲法論》，二九六頁），也相當接近此等立場。

國體、天皇即國家與法理

在概念定義上未必一致的「國體」當中，還包含有法律學意義的「國體」概念。此處所稱的國體，原本是用來說明因為各國歷史背景而有不同發展的法律概念。「國體依主權之所在而異，其相異由各國歷史而來」（〈憲法的精神〉，一九〇〇年，《集》，二〇頁）。不僅是如此論述的穗積八束，明治初期的公法學與國家學，也將德國國家學的 Staatsform（國家形式）此種分類概念作為「國體」而整合至理論中。一般而言，在公法實證主義之下，一般國家學或國法學的部分是較少論及的。的確，穗積八束所師事的拉邦德，其教科書雖然也採取同等架構，但是在「授課」中則僅談及國家形式。雖然穗積八束大概是在「主權論爭」（參照第四章）時開始採用國體這樣的用詞，但一般而論，就對於明治憲法學的影響來說，最為原初使用該語彙的情形，應該是源自於拉特根的授課或舒爾茨的翻譯（《國權論》）而來（長尾龍一，《日本國家思想史研究》）。國體的用詞或許是承襲自此而受到確立。

依據穗積八束的見解，此種法理上的國體概念顯示主權者的所在，但在主權者與統治權制定憲法的前提之下，即便統治作用是根據憲法而為，其「本質」仍然無法以憲法變更，而是屬於超憲法層次的。從而，雖然大致上而言國家是具備法律上的人格，但穗積八束與其師拉邦德所主張的國家法人說及國家主權說不同，主權的所在並非國家，而是身為統治權者的天皇，國家當中的主權是掌握於天皇手上[27]。在作為聯邦國家也同時進行民主化的德意志帝國，拉邦德必須將主權

26 原註：該英文翻譯之譯者，包含作成原案的菊池大麓、金子堅太郎、記者出身而後為政治家的末松謙澄、帝大教授同為英語學者的神田乃武、撰有敕語解說書（《敕語衍義敘》一八九一年）的哲學者井上哲次郎、倫理學者的中島力造與新渡戶稻造等人。

27 原註：西村裕一〈關於日本憲法學中國體概念的導入〉。拉邦德的 Das Staatsrecht des Deutschen Reiches, 1876, Bd.1, S.87. 中，將主權擔當者之不同對應於國家形式之不同。此外，在〈國法講義〉（Bernd Schlüter〔Bearbeitet u. hg.〕, Staatsrechtliche Vorlesungen, Berlin 2004）中著有關於國家形式之章節。前者是稱國家權力的擁有者，後者則是稱國家權力的擔任者。另外，與 Staatsform 及 Rgierungsform 對應者為，上杉慎吉〈國體與政體〉一九一一年。《國體憲法及憲政》一九一六年，一一一頁亦同。舒爾茨（木下周一譯）的《國體論》一八八二年（近代digital）第二號七也作為譯語使用。

置於國家並且盡量地迴避主權問題，但在明治國家體制下，則可以直接將主權的歸屬連接到天皇身為主權者的命定。日本的國體在歷史上經常是如此理解的。

此刻，天皇與國家的關係，可說是天皇即國家。天皇即國家的意義，就是法命令說的結論，在命令服從關係中需要有主權者的意思，而在日本，所謂國家的意思就是天皇的自然意思（〈條約法理問答〉，《論文集》，七五七頁）。主權的所在與其構成，形成君主制或是民主制的「國體」區分，以及專制或是立憲制的「政體」區分。「依神聖且不可侵犯之皇位，是我君主國體。以民眾為主權之本，是屬民主國體。稱專制或稱立憲制，則是談及政體末端時之區別而已，與國體之異同無關。」（一八九九年，〈立憲制的本旨〉，《論文集》，四五四頁）

由於以主權之所在而來的分類概念，最後竟與國體此種各有不同緣由的一般用語產生混淆，因此穗積八束（與上杉慎吉）自身也意識到這作為專業用詞並不是相當精確（《憲法提要》（上），一九一〇年，五二頁。此外，上杉慎吉，《國民教育帝國憲法講義》，一九一一年，一二九－一三〇頁）。

穗積憲法學與國體的基礎確立

總而言之，問題即在於「國家形式」也是以「國體」的用語加以表現。穗積八束以及在轉變個人立場後的加藤弘之（其轉變立場之前，則是對國學者所論的國體概念抱持嘲諷的態度）所稱的國體，一方面是指作為分類概念的統治形態；同時，另一方面也是指在各種統治形態中最為優越的日本國體（國體之精華）。「國家主權存於萬世一系之皇位，為我千古之國體」（〈憲法之精神〉，一九〇〇年，《集》，一八頁）。並且，在表現該統治關係（最為優越的）特質中，相當近似道德意涵的日本國體（國體之精華）。

穗積八束是從人類存在的社會性，來說明國體的起源。關於生存的確保，法的本質與倫理是相互一致的。倫理並非普遍性，會因為歷史與國家而各自相異。在社會進化當中，國體存在有優劣之分（《憲法提要》，四七頁）。

關於主權者的定義，奧斯丁提出服從的習慣。穗積八束的國家論即以命令與服從的關係為基礎，而此種命令與服從的關係則是家族內父長所擁有「主力」之延伸。甚至可說，主權者與服從的習慣就是置換為歷史性的千古國體。國體論或是國學認為，皇國自神話時代就定有上下、君臣之地位關係（本居宣長，《葛花》下卷，一七八〇年，《大日本思想全集》第九卷，一五七頁）。穗積八束將萬世一系的國體理解為血族的自然，並非實力鬥爭的產物，而是確立國家權力根本地位的邏輯（《憲法提要》，一三〇頁）。在這樣的理解下，基於「祖先教」（參照第六章）的日本君主制就是從家族所發展而成的，血族是自然超越利害關係的集結，天皇統治著國民，就如同在祖先威靈下家長給予保護一般。這正是因為，皇統是民族同祖的直系正統子孫，而皇室則是國民的宗主（《國民教育愛國心》，一八九七年，一二、三一四頁，此外〈家制及國體〉，《論文集》，二七四頁以下）。

「民法出則忠孝亡」，即屬此種社會觀與國家觀而來的危機感。統治與法的目的，在於保護國民及維持國體。現實的法令又是如何？法令是由威靈所具現的天皇意思而來，因此在定義上不可能存在惡法。未將君王德性視為問題的「國體」，與實證主義共同得出該結論。然而，天皇的自然意思又為何物？是天皇個人的意思嗎？倘若國體也包含上述社會性的內容，那麼也應該成為意思內容才是。這樣的話，不僅在定義上，在實際上表明該意思的手段也屬必要。這些問題，就是立憲主義的「政體」論而來的問題，此與伊藤博文等人在形塑明治憲法體制時所遭遇的課題，是相互牽連的。

第四節　上杉愼吉與美濃部達吉的「國體」論爭

經歷與方法論

上杉愼吉接受穗積八束的邀約，作為其後繼者而留在大學擔任教職。早期的上杉愼吉採取實證主義的立場，認為只有人定法才是法律，在當時則是日後自己所批判的天皇機關說論者（《帝國憲法》，一九〇五年）。在畢業後受任命為助教授的上杉愼吉，自費至德國留學，在海德堡師事耶林涅克。耶林涅克主張法實證主義，同時也採納現實上的各種觀點，可說是多方位的公法學者，其名言「法是倫理的最低底限」以及憲法變遷論等眾所周知。不過，上杉愼吉之後閱讀盧梭、尼采等人著作，不滿足於拉邦德式的條文解釋，而「感受到我國體是世界萬國所無可比擬者」。並且，作為穗積八束正統的後繼者，於一九〇九年歸國。實證主義，逐漸對立於超越憲法的國體法。

另一位主角，美濃部達吉於一八九七年大學畢業後，進入內務省擔任公職。由於本人的希望以及一木喜德郎的推薦，以在職身分進入研究所，開始其比較法制史的研究。一八九九年美濃部達吉至歐洲留學，於一九〇二年回國後擔任大學講座教授。一九一〇年成為行政法講座教授，而至一九二〇年起，擔任前年度所增設的憲法第二講座之教授。就理論而言，美濃部達吉雖然受到耶林涅克的影響，但於留學期間未曾直接在耶林涅克的門下學習。美濃部達吉的法學方法，毋寧是對法律實證主義採取批判的立場，認為將法律解釋學視為法律條文解釋學，完全是因為主權者命令說此種錯誤見解所造成。關於此點，明顯是對穗積憲法學的批判，美濃部達吉認為，伴隨著社會情事的變遷，法也會進化與發展，不僅只有立法者的意思，非實定法（習慣法與法理）也應該都是法源。（〈非制定法小論〉，一九〇九年，《法的本質》、《憲法講話》，一九一二年，五〇一頁以下）。美濃部達吉主張，即便是在沒有發生法律缺漏的情形下，也應該要斟酌法理進行解釋（《憲法講話》，五〇三—五〇四頁）。如此，相對於忠實地解釋帝國憲法的穗積八束，美濃部達吉則是意求自由主義式地解釋帝國憲法。

憲法講習會

一九一一年時，在文部省的主辦下，美濃部達吉於中等教員夏季講演會中展開憲法演講。同一時期，上杉慎吉也受縣教育會的委請而進行憲法授課。作為活動成果，美濃部達吉出版《憲法講話》，而上杉慎吉則出版有《國民教育帝國憲法講義》。上杉慎吉在《國民教育帝國憲法講義》中，有多處違背其先前著作《帝國憲法》的主旨，就此明顯可見上杉慎吉本人立場的轉變。在《帝國憲法》中，上杉慎吉主張國家為人格，而天皇則是展現國家意思的「最高機關」、「直接機關」，稱「將天皇視為統治權之主體，而將國家作為人格，採取此種學說未有明文否定」，不僅在文義上並未排除此種理解，其更論道「即便有明文否定，依從學理所論也應該如此解釋，始合於解釋本義」（同一五五頁）。

但上杉慎吉於《國民教育帝國憲法講義》中卻主張，日本國家是自家族的基礎上發展而自然產生的（同書六一頁），將天皇比擬為家長地位，直言天皇即國家。並且，國家提供臣民保護的相應要求，則是臣民對於國家權力必須予以絕對性的服從，展現其仿照穗積八束主張的立場。上杉慎吉認為，縱使是違反道德，國家仍得為之，就此點雖然與穗積八束有些許差異，但這是因為上杉慎吉主張國家最終是直接地成就道德。關於國體部分，上杉慎吉則是有所批評，認為國體被作為Staatsform、Regierungsform（國家形式、統治形式）而在西歐與政體相互混用（〈國體及政體〉，一九一一年，《最近憲法論》，一一一頁），前述耶林涅克的「國家形式」，也是「純粹形式上的關係」而並未著眼於「政治上的實際勢力」（同第一二九頁）。在國家學與法律學上所稱總攬統治權者人數的概念，與國體的精華，也就是君主國體歷經千年，確立於道德上的基礎而具有道德特色者（同書一六〇頁：上杉慎吉認為不一定與教育敕語具有相同意義），必須清楚區別（同書一二九頁）。此外，帝國憲法藉由確認天皇統治的歷史事實，並將國體形諸文字規範，以表明法律就是天皇的意思，天皇本身是超乎正不正的判斷之外者（同書一五六頁）。為求國體永續，無論是將國體與政體混淆，或是將統治權作為超然的存在，都會危及到國體而應該加以駁斥，更且也需要道德性的基礎。歷代天皇在「民富則朕富」的意義下，就是朕即國家的思維，正因為如此，人民才會如同面對慈父般的敬仰君主（同書一六三、一六六頁）。

國體論爭：主權與機關

所謂的國體論爭，是從美濃部達吉的〈評國民教育帝國憲法講義〉與上杉慎吉的〈關於國體的異說〉，兩者對於彼此的評論（一九一二年，《最近憲法論》）中引爆而來。原本美濃部達吉於其《憲法講話》中表示，即便憲法公布經過了二十年，仍然可見偽裝成立憲主義，但卻稱道「托言國體而一味鼓動專制思想，壓抑國民權利，要求國民絕對服從」，此種「變相專制政治」之憲法論。出版憲法講話的目的，正是要排除此種主張（《憲法講話》序，第一－二頁）。在此，美濃部達吉雖然是針對穗積八束等論者，但是該批評也同樣指向於上杉慎吉的立場。

美濃部達吉自身所採取的立場，就是所謂的天皇機關說。國家是具有最高權力的領土團體，而團體是由共同目的所成立，國家則是其中具有最為廣泛目的者（《憲法講話》，一五頁）。國家雖然必須要依法行動，但無論是國內法或是國際法（條約），這些規範都只是自我限制。由於統治權是「為達到全團體共同目的所存之權利」，因此統治權歸屬於團體本身，也就是歸屬於國家。換言之，國體與政體若以此點上進行區別，則國體通常指的是國家。教育敕語所稱的「國體」，也不過是表達國家的成立而已，並不是表示統治權的所在（同書四七頁）。表示統治權行使主體的概念並非國體，而是政體，美濃部達吉認為應該要避免於此意義下使用國體這樣的用語。並且，若是將君主視為統治權的主體，反倒是違背國體與團體性的自覺。因為，這樣的話就等於是天皇君主為自身利益而行使權利，但此明顯不合日本傳統至今的歷史。

國體與國家形式

美濃部達吉批評穗積八束等論者的是，穗積八束等人藉由作為分類概念的國家形式此種意義，將國體導入法律學當中。美濃部達吉本於上杉慎吉所言國家形式與統治形式的重合，也就是倘若上杉慎吉與穗積八束所稱，作為分類概念的國體與國家形式，是基於憲法與政治組織的不同而來，則應該「相當於普通用語中所稱的政體」才是（〈帝國的國體與帝國憲法〉，一九一一年，《最近憲法論》，二九七－二九八頁；其後針對穗積八束的「國家體制」概念，參見《日本憲法的基本主義》，日本評論社，一九三四年，一五頁以下；此外，川口曉弘，〈憲法學與國體論〉）。更且，就某種意義上而言，如同上杉慎吉評價為「異說」一般，美濃部達吉認為此種概念與日本國體之精華無法徹底區分，將其區別勉強作為保護與服從的絕對性正是問題之所在（「國體觀念絕非單純法律上的觀念」，〈帝國國體與帝國憲法〉，二九六頁）。如此看來，可見美濃部達吉是將國體概念作為日本固有的道德概念，而於憲法學中懸置不論。

美濃部達吉認為，上杉慎吉的〈國民教育帝國憲法講義〉對國民教育而言是不適當的，在該批判中也展現其自身的此種立場（〈評帝國憲法講義〉，《最近憲法論》）。不適當的理由在於，上杉慎吉短線地將國家團體說直接連結至民主主義，並且「誣陷」天皇機關說是將天皇作為「佣人」。此外，僅以天皇的聖意而為統治，這種純粹、完全且毫無缺失的君主國，無論在歷史或現實上都不可能存在，對於議會的過度輕視，「君主國與民主國若非作為國體之區別，則將變成民主國」，這些主張都欠缺根據，可說已經逸脫學術上的分辨了。然而，美濃部達吉卻也同時批評上杉慎吉，「宛如僅因國體區別或是政體區別觀念的異同，就會顛覆此種（對於萬世一系之天皇統治的）確信，這種說法是在侮辱我國國民」（同書第六頁），另外也非難上杉慎吉在過去關於皇統斷絕時提到「憲法的闕漏」，這是暗示著斷絕的可能性，或者上杉慎吉使用「為天皇者」此類用語是相當「不成體統」。

上杉慎吉所著〈關於國體的異說〉中主張，假使國民全體所組成的團體是統治主體的話，則天皇就不得不落為佣人地位，此即屬民主國。君主國原本就不需存在有國會。縱使是有國會存在，日本帝國作為君主國的基礎也未有動搖。倘若不是如此的話，則憲法的發布就等於是變動建國的國體。「大日本帝國由萬世一系的天皇所統治。……主權專屬天皇一人，臣民服從於天皇。主客地位的分離受到確立而未有混亂。……此為我帝國國體之解說。」（同書二〇頁）此立場為憲法第一條所言明而毫無質疑的餘地，同時也超乎至今的「實證主義」，並非是因為憲法的制定而確立國體，天皇統治的國體是「建國之初即已確立，萬古不變」（同書二〇頁）。

其後的回應反駁與再次回應反駁，大概都依循同樣的理路進行。美濃部達吉認為，將統治權的主體定為國家完全合乎法理，也符合日本的國體。如果將統治權作為專屬於天皇一身的權利，則就是統治權的私有，這在歷史上與帝國憲法的明文規範上都無從承認（〈國家及政體論〉，《最近憲法論》，四五一—四五二頁）。所謂的「國體觀念絕非是單純法律上之觀念。具有超乎應該以國法確立之價值」，「國體並非意指國家的政治組織，而是意味作為國家團結基礎的民族精神。」但是，國體與政治組織（政體）之間也不是毫無關係，由於國家政體會影響民族精神，在此前提下國體（民族精神）與政體（國家的政治組織）存有難以區分的關係（〈帝國國體與帝國憲法〉，《最近憲法論》，二九六—二九七頁、二九九頁）。不過，在美濃部達吉所採取自由法論的解釋方法下，即便是非法律概念的國體，也仍存有斟酌的餘地。那麼，此「國體」究竟為何物？

美濃部達吉的權威與事件

國體論爭的結果，看似美濃部達吉獲得壓倒性的勝利。美濃部達吉其後成為憲法學會的權威而君臨學界，但事實上其本人並未否定「國體」，毋寧仍舊相同持續地信奉國體概念。然而，於國體明徵運動之時，法學理論上的天皇機關說在貴族院中受到猛烈批判，該「事件」可說是眾所矚目。在實定憲法規範中，如果所採納的原理是無法從憲法獲得根據時，在憲法學上就難以進行說明，只能作為憲法學的前提而全盤接受。看是要使該原理內在於憲法學，或是超越憲法學而有所不同。在美濃部達吉的情形中，是選擇直接放棄或是懸置關於「國體」部分的說明，最後展開其依循社會發展而來的憲法理論。穗積八束與上杉慎吉則是「實證主義式」地將國體作為憲法原理而接納，並且刻意論述國體及其由來（自建國時即不變的普遍性）。原先於制定憲法之際，羅斯勒對於夏島草案第一條所言「日本帝國由萬世一系的天皇統治之」，就批評其「妄自斷言前途百年將招致神人共怒」，但該條文卻於明治憲法中未有修改而獲確定。羅斯勒的批評所指，正是國體與政體的混同情形。

上杉慎吉與軍方、國體擁護

上杉慎吉其後參與政治活動，尋求機會以實現自己所信奉的「國體」。國體論爭最後使得上杉慎吉的大名為世人周知。更且，由於從山縣有朋與軍方扳倒第二次西園寺內閣起，持續至第一次憲政擁護運動，導致第三次桂內閣倒閣為止的大正政變（一九一三年），以及一般民眾對於美濃部達吉學說的評價，使得陸軍陷於社會不安與敵視政黨的狀態。同年，上杉慎吉藉由一木喜德郎的介紹而接觸到山縣有朋，山縣有朋等人對上杉慎吉給予高度評價，而上杉慎吉則開始走向追求由山縣有朋所帶領的賢人政治。上杉慎吉之後受任為陸軍大學教授，其國體論成為陸軍正統的見解（淺野和生，《大正民主與陸軍》）。並且，上杉慎吉與木曜會、興國同志會、七生社等學生團體，以及桐花學會、經綸學盟、建國會等許多大正時期的思想及政治團體有所關連。興國同志會於森戶事件（一九二〇年）中，抨擊森戶辰男所主張的「克魯鮑特金社會主義思想研究」是「無政府主義」，七生社則是高舉報國與消滅左派團體的大旗，將矛頭對準受到吉野作造影響的新人會，在學校校園內挑起暴力事件。雖然上杉慎吉自身是反暴力主義者，但於其過世之後，上杉慎吉的學生當中竟有血盟團事件（一九三二年）以及神兵隊事件（一九三三年）等恐怖攻擊事件的籌畫者。

皇道與相關連續性

另一方面，除了走向理論性地說明「國體」意涵的社會學研究外，同時藉由與神道相異的全新「皇道」概念，對位居承繼天祖威靈之皇位的現世人神，予以絕對性地位（契機之一則是對後文所提及的筧克彥而來的批評，關於筧克彥，請參照第十一章）。上杉慎吉主張對於天皇只有無需根據的服從，因此穗積八束以祖先教來正當化國體的議論，也成為上杉慎吉批判的對象。上杉慎吉認為，國體是由天皇所定，並非民族的確信，又歷史是以國體為基礎所發展者，因此拒絕國體起源的探求，應該仿效本居宣長所說拒絕「妄言」、「追溯」（《直毘靈》），主張禁止批評或判斷是非善惡的國體法「法實證主義」（〈閱皇道概說＝古神道大義〉，《國家學會雜誌》，二十七卷一號，一九一三年，《帝國憲法述義》，一八三頁以下）。雖然國體是憲法的一部分，但與是否定有憲法條文毫無干係，國體本身就應該作為憲法的前提而存在。

天皇統治的國體，在主張「國家為最高道德」的國家論中，顯現共時性與歷時性人類關係的連鎖，此種連鎖本身即以社會學的相關連續論予以探討。由於某種黑格爾式的相關連續性，個人的「我」與「全體我」（國家）得以實現與完成（《暴風來》，一九一九年，一〇頁以下，《國家論》，一九二五年，六六頁以下）。日本的國體在此種相關連續性中，具有天皇統治的關鍵，可說是「實現最高道德，持續創造國家，得以作為日本人而具相關連續性，共同且永恆地充分發展其本性」（《國家新論》，一九二一年）。並且藉此，「高天原」於日本此一國度中獲得實現。

一視同仁

上杉慎吉自一九一六年開始主張普通選舉（《普通選舉的精神》，此外《暴風來》，一二八頁以下也提及普選制論）。上杉慎吉基於自身在軍方的經驗，與從無產階級立場而來的愛國主張論述連成一氣（〈起身吧，無產階級的愛國者起身〉，一九二三年，《政治上的國民總動員》）。此際，上杉慎吉認為應該要排除資本家、貴族、官僚與政黨等障礙，將無產階級直接連結於天皇。美濃部達吉則是意求藉由議會進行連結，並且對於普通選舉抱持消極立場，正好與上杉慎吉的見解完全對立。兩者事實上，是基於各自對現實認識與社會認識的不同。相較於上杉慎吉的悲觀主義，相信會持續進步的美濃部達吉稱得上是樂觀者。並且，上杉慎吉的悲觀主義，可說是來自於以其宗教本性與浪漫主義傾向（雖多有批判，但仍頻繁援引盧梭思想）為背景，立於絕對性合一與依託的某種烏托邦志向，所生一體兩面的產物。此外，上杉慎吉雖然反對治安維持法的制定與修正（一九二五年、一九二八年）（〈恐怖時代的製造〉，一九二八年，《日之本》），但其本意主要在於，治安維持法將國體變革與私有財產的否認等同並列，以及在國體危急時以死刑應對，「宛如將身為天皇孩兒的我等國民視為仇敵」。並且，上杉慎吉也反省過去自己所組成的國體擁護團體，並沒有意識到相信立場不同者也能夠恢復日本國民原有的素質而應該予以引導。不過，上杉慎吉所提倡的中間勢力排除論，對於前述恐怖事件首謀者等人的思維造成一定影響。此外，陸軍內部的國體論，除了滲透到二二六事件的皇道派少壯將校外，也同時影響到北一輝（關於北一輝的國體論，請參照第十一章）。

（魏培軒譯）

第二部

社會與民主主義

第一部主要處理從江户時代到明治時代期間日本對法思想的導入，尤其是以憲法等公法爲中心。在第二部，則處理爲了使由來於外國的法學影響可以消化吸收，而調適於日本社會的奮鬥時期。於此，我們會看到在現今法律系課程中會學到的重要實定法之形成過程。第六章以民法爲對象，第七章是刑法，第八章是關於成爲日本法基礎之一部分的民主主義、勞動者權利、女性權利等思想，第九章是社會法，第十章則是國際法等等。

或許有人會有這樣的疑問：爲何在日本的大學裡，還要學習外國的法律及判例，甚至是外國的思想和歷史？答案就在這裡：爲了正確地明白現在的法律，理解其變遷是有必要的。

在日本前所未有的制定近代法典的工作，當時是透過學説的對立而推演開展的。學説的對立，並不是以有法典的存在爲其前提後才產生，而是在產生法典時，就已經開始了。首先，我們來看看在近代日本初期，學説對立最爲激烈的民法領域。

（陳明楷譯）

第六章 明治民法學

本章提要

面對時代的變化，我國的民法典產生了巨大的變革。比起其他法規，對規定國民日常生活的民法，有更為強烈的需求，應該符合當時的國民或是國際社會的應有狀態。

從過去由德川幕府的支配到經歷了維新的變革，明治政府開始了新的政治。國民在明治政府統治下開始構築新生活。而政府是如何展望未來，以進行民法典的編纂呢？

第一節 從法典論爭到德國法學

民法典編纂事業

明治政府於一八六九年，也就是新政府設立後，立即開始民法典編纂的工作。最初是由箕作麟祥開始翻譯一八〇四年法國民法典。箕作將法語的 droit civil 翻譯為「民權」（現在翻譯為「私權」），當時就受到批判：「怎麼會說人民居然擁有權」。在日本的傳統社會，並不曾存在相當於西方「私權」、「權利」的概念。

一八七二年來到日本的法國人律師喬治・布斯凱（Georges Hilaire Bousquet）（一八七六年回

國）對箕作提供協助，當時還有一個容易與布斯凱搞混的人物亞伯特．查爾斯．德布斯凱（Albert Charles Du Bousquet）存在。德布斯凱是一八六七年受到幕府招聘而來到日本的一名法國軍人，之後在明治政府時代也以左院御雇外國人的身分滯留日本，於司法省民法典編纂工作時，通曉日語的德布斯凱負責協助布斯凱。

一八七〇年，江藤新平在太政官制度局裡設立了民法會議，一八七一年七月完成民法決議[28]。這個版本幾乎照搬採用了法國民法人事編的一部分。到了八月江藤成為左院副議長，民法典編纂工作也由左院承接。到了一八七二年，江藤成為司法卿而異動到司法省，民法典編纂工作的中心也移到司法省。一八七三年江藤辭任司法卿，大木喬任接任，但是並未繼續進行編纂工作，到了一八七六年才繼續。一八七八年民法草案完成。大木耗費時間，提出了考慮日本慣習的工作方針，然而並未發揮效果，結果只是法國民法的直譯。之後，大木將起草工作託付給從法國聘雇來的布瓦索納德（一八七三年赴日，一八九五年回國）。

布瓦索納德對去到法國考察司法制度的日本人講授憲法及刑法，以此為機緣，經由駐法大使鮫島的懇請後，來到日本。雖然當初布瓦索納德對於要來到這個極東島國也面有難色，結果在日本卻一待就待了二十二年。到達日本後，他在明法寮、法學校擔任教師講授法國法。也在明治法律學校（現在的明治大學）與和佛[29]法律學校（法政大學）等進行講學，培育了眾多的律師與司法官。根據聽過布瓦索納德到日本後初次講課的學生回憶，他的講授方式如下：布瓦索納德到教室什麼東西也不帶，他向學生詢問上次上課最後講到的地方，然後再從那邊繼續講下去；由於他的學識與豐富的話題，講課有時也會脫離主題。相較之下，先到日本的布斯凱比布瓦索納德年輕，會準備筆記來上課，所以初學者比較好理解。若是沒有先上過布斯凱一年半的課，恐怕無法理解布瓦索納德的講課。

回到布瓦索納德立法工作的話題。布瓦索納德於一八八〇年以後，於元老院的民法編纂局負責工作，他完成了相當於財產法部分的草案。另外，相當於家族法部分的草案則由熊野敏三、磯部四郎（巴黎大學留學同期，雙方都在辭去官職後擔任東京律師公會的會長）等人起草。他們也受到布瓦索納德很大的影響。

由於條約修正的條件是日本完成法典整備，外務省希望及早完成，因此於一八八六年在省內設置了法律調查委員會，接手各種法典的編纂工作。但是，有反對意見認為，為了條約修正而被迫編纂法典乃是國權侵犯，因此法律調查委員會在隔年就由外務省移交司法省管轄，在那裡繼續草案審議工作。布瓦索納德等人的草案向內閣提出後，於元老院接受審議、修正等，之後於一八九〇年公布（四月二十一日公布財產法部分，十月七日公布家族法部分）。一般稱此為舊民法典。

日本的法學教育

布瓦索納德與布斯凱等人當初是在司法省所屬的法學校（一八七一年明法寮創立，一八七五

28 譯註：原文雖未加引號，但「民法決議」並不是一個會議的決議，而是一個民法草案。
29 譯註：當時日本習慣以「佛（仏）」國代稱法國，以專有名詞故，原文照錄。

年為司法省法學校，一八八四年移交文部省管轄為東京法學校，一八八五年統合為東京大學法學部）講授法國法。另一方面，東京大學（以下簡稱「東大」）是以英國法為中心。成為帝國大學前的東大法學部是以英國憲法、民刑事法、程序法為中心。創設時期（一八七七年）的學科編成是承襲舊開成學校的方式。在第一年的學科課程之前文裡，除了日本法以外，還有中國法、英國法、法國法的講授。之後在一八八〇年的修正中，將中國法從前文中刪除。隔年，由於明治十四年政變[30]，使得政治上轉向德國法。隔年一八八二年東大法學部進行學科課程修正，廢止了英國憲法講座，設置了國法學。國法學最初的擔任教授是一八八二年從德國來到日本，並從隔年開始講課的拉特根（參照第五章）。

這個時期也是私立大學紛紛設立的時期，司法省法學校的畢業生們設立了明治法律學校、和佛法律學校（不同於那間被統合為東大法學部的另一所東京法學校，與東京佛學校合併成立）、關西法律學校（關西大學），東大畢業生們則設立了東京專門學校（早稻田大學）、英吉利法律學校（中央大學）以及稍晚的日本法律學校（日本大學）。英吉利法律學校於一八八九年十月改名為東京法學院，將英國法的招牌拿下。在日本法律學校的創立者中，有很多德國留學經驗者，其中便有穗積八束。

法典論爭

舊民法典本來是預定在一八九三年施行。但是在這之前，舊民法典遭到了批判。而相對於批判的聲音，也有對抗的主張認為應該按照預定時程施行民法典，此即所謂法典論爭。此外，在民法典的論爭之前，已經發生了有關商法典的論爭，但由於經濟上及實質利益上的理由，並未引起如民法典這般的巨大論爭。修正案的起草，則有在民法典也很活躍的梅謙次郎之參與。

舊民法典的批判者從維持日本固有家父長式的社會結構的觀點，主張法國流近代原理的民法應延後施行。而如同前一章所介紹的，當時正值憲法典之編纂，德國法理論佔了上風。法國法的理論被認為並不適合當時日本的實情。

一八八九年五月，東大法學部出身者所組成的法學士會，發表了〈法學士會關於法典編纂之意見〉，該意見並非反對編纂本身，而比較屬於慎重論：法典編纂工作很困難，所以應該慎重；商法、訴訟法採德國人的，而民法採用法國人的草案，會有不一貫的問題；應該等風俗民情確定後才完成全部的法典。雖然一八八五年設立的英吉利法律學校也是延期派，但是一八九〇年法學士會在英吉利法律學校的校方刊物《法理精華》中，分二回刊載了〈新法典概評〉，對於民法典繼受共和主義的法國民法典這一點，講出了「諸位將不得不拋棄身為日本帝國臣民的觀念」這樣的非難（《法理精華》因為主張過於激烈，同年第三十六號受到了禁止發行的處分）。

隔年的一八九一年，穗積八束在《法理精華》的後繼雜誌《法學新報》創刊號上，刊載了〈國家的民法〉。八束提出了「個人本位之民法使富者愈富、貧者愈貧，得有明證」的意見，惟恐民

30　譯註：一八八一年，支持英國議院內閣制的大隈重信，被支持俾斯麥憲法制度的伊藤博文等放逐出中央權力的政變。

法典的導入，將會造成貧富差距的擴大。接著在有名的〈民法出忠孝亡〉（《法學新報》第五號）中論述道：「我國乃祖先教[31]之國、亦家制之鄉里，權力與法皆由家所生」；更在隔年的〈家制及國體〉（《法學新報》第十三號）中提到：「我國與彼相異之處，非僅擁戴萬世一系不易之君主，兼有賴祖先教端正社會秩序，崇拜祖先之垂訓亦且奉戴民族之宗家即皇室，團結以一國一社會，數千年間得以維持，乃史所罕見」，指出日本社會的特殊性，並攻擊重視個人權利的民法思想。附帶一提，亦有研究指出「民法出忠孝亡」的標題並非八束的提案，而是江木衷（英吉利法律學校創設人之一）的想法。

在《法學新報》第十四號刊載了由英吉利法律學校改名的東京法學院所提出的〈法典實施延期意見〉，在該文中認為自由主義、個人主義的經濟競爭及法律制度，會產生「弱肉強食」的弊害。民法典施行派也沒有沉默，對於上述批判提出反駁。例如法治協會在〈法典實施斷行意見〉（《法治協會雜誌號外》等）（一八九二年）中，主張「弱肉強食」的原因是出於法律不完備。還有梅等人也提出了〈法典實施意見〉（一八九二年）。

另外要注意的是，延期派並非以弱者的夥伴或是社會主義的思想家為限。也有人認為只要能夠延期，不管什麼理由都好。

其後，關於民法施行的議論，從學術層面移轉到政治方面。在一八九二年的第三回帝國議會（第一次松方內閣）討論後，通過了延期法案。這可以評價為：政府的漸進開明主義，屈服於結合保守派與自由民權運動潮流的民黨等的延期派。另外，富井政章也在貴族院進行了贊成舊民法延期的演說。

舊民法雖然因此而無法施行，但是從當時的實際狀況來看，可以知道舊民法之編纂並非徒勞無功。舊民法從草案的時代開始，就被法官引用為「成文化的法理」，在國家考試科目中也被採用。換言之，事實上就是當時的法源之一。正因如此，亦有指出日本最初的民法並非後來被施行的明治民法典，而其實是布瓦索納德法典（譯者：即舊民法）。

於一八九三年，在伊藤博文之下設置了法典調查會，由穗積八束的兄長穗積陳重、在民法學與刑法學（第七章）都留下成績的富井政章、在里昂大學提出的博士論文〈和解論〉至今仍在法國民法解釋論上受到參考的梅謙次郎，三人負責新的民法典之起草（陳重與富井是施行延期派，梅是施行派）。梅與富井是留學法國的，而梅也在德國柏林滯留過一年。富井是沒有德國留學經驗但很重視德國法。延期派的富井批判舊民法太過繁雜，而施行派的梅也認為定義規定不要太多才好。

新草案還需要經過法典調查會的查定委員加以檢討，八束就加入為查定委員的一員。從法典調查會的速記錄中可以看到有趣的情形：幾處八束對新草案的發言，梅都提出強烈的反駁。

向來的研究都認為當時是參考一八八八年剛發表的德國民法典第一草案，然而近年的研究則

31　譯註：祖先教的意思雖然大抵等於祖先崇拜，但這是穗積八束的慣用語，而且暗示了與國家權力的關係。可參見森岡清美，近代日本における「祖先教」の登場—とくに一九一〇年前後を中心として—，中央学術研究所紀要第五號，一九七六年，二四頁以下。

認為，從法典調查會議事錄來看，（特別是總則的部分）也有可能是參照了之後的草案版本（但是不符合的地方也很多）。所謂的德國民法典第二草案，這版本雖然是到一八九五年才發表，但是從一八九一年開始的審議內容，均依序刊載在一八九二年以後的《帝國官報》。

八束的「家」思想

八束在法典論爭結束後仍有發表民法的論文，對自己身為查定委員而參與的明治民法也加以批判。八束的主張是應該要脫離羅馬法的個人主義，構築出有助於人民生存保障的民法。在八束留學時，對德國民法典第一草案的批判已經出現，對於具有羅馬法個人主義色彩的這個草案之不同意見，就表現為援用了日耳曼法團體主義的民法修正（基爾克）。一般認為八束參考了基爾克的論述。

八束將日本文化理解為「祖先教」（日本的家制度），認為這與基督教傳入前的歐洲文化類似，而基督教傳入後的個人主義民法與日本文化並不相容（但是，認為日本文化與基督教以前的歐洲文化類似的這個八束見解，本身就留有疑問）。八束與基爾克在實現社會福祉這一點雖然類似，然而，基爾克是以羅馬法為前提再嘗試加上日耳曼法精神，並重視團體內部的自由；相較之下，八束的家制重視祖先、子孫間以及家長、家屬間的權力關係。規定權力關係的是公法，若依照八束的見解，則親屬法也是公法。

八束與基爾克的相異點反映在：①日德社會的差異。②二者對前近代之認識的不同。對於①

的部分，德國雖然法典編纂較晚，但是已經有以羅馬法學為基礎的私法體系存在，資本主義經濟也已經開始。在②的部分，相對於八束主張前近代所存在的「萬世一系不易之君主」，基爾克則是主張應該將過去曾存在的「Volk（譯者：德語的民族、民眾、人民或國民之意）的自由」之原理，於十六至十九世紀「官僚國家形成之時代」後的現代予以重生（另外，基爾克對於日耳曼法的認識本身，一般認為是一種理想）。

向德國民法學的傾斜

新草案採用總則、物權、債權、親屬、繼承的體系組成，並且是近代財產法與家父長制的家族法之結合。在一八九六年公布財產法，於一八九八年公布親屬、繼承法，並於同年七月十六日施行（法典的條文本身有受到德國以外的影響）。另外在關於財產法部分，有富井與本野一郎（外交官）翻譯的法語版存在（一八九八年）。這個翻譯的刊載正是基於為了修正不平等條約的外交目的，而向外國展示日本的法律整備狀況（在關於家族法的部分也有由外國人翻譯的法語版）。

穗積陳重認為上述一連串日本的法典論爭，與德國的法典論爭（〈自然法學派與歷史法學派的爭論〉）是相同的（《法窗夜話》），但其他論者則認為這只是勢力鬥爭而已。也就是說，東京法學院是比較重視英國法的，擔心以法國法為模仿對象的民法通過的話會讓學校關門。但是，延期派中有陳重那樣的國立東大教授與德國法系的八束，並且東京法學院也有很多代言人、官僚兼任的講師，因此若過於強調勢力鬥爭的層面，無法達到正確的理解。

在這之後，日本的民法學朝向以德國法理論為主流，而繼受外國法的技術也被視為模範；然而，德國民法學事實上也是繼受自羅馬法，所以要小心不要有日本民法典本身是來由自德國法的錯覺。

第二節　德國法典論爭

十九世紀初的德國

前一節裡穗積陳重會提到「自然法學派與歷史法學派的爭論」，那是由於他意識到在此之前的德國也有過關於法典的論爭。

德國的法典論爭，是指海德堡大學的蒂博（Anton Friedrich Justus Thibaut）發表了〈論德國一般市民法典的必要性〉（一八一四年，以下簡稱〈必要性〉），而柏林大學的薩維尼也公開發表了〈論立法與法學的現代使命〉（一八一四年，以下簡稱〈使命〉）來回應。然而，薩維尼〈使命〉一文的內容，與其說是因為蒂博的〈必要性〉一文而觸發，一般認為其實從一八一〇年前後就已經形成了。

由於在一八一四年拿破崙戰爭的勝利，提高了德意志的統一認同感。法典編纂運動即以自然法論為其思想的地基，揭示了以理性的法來制定完美無缺的法典之理想。蒂博對於採取了經過法國大革命而實現的合理規範之法國民法典，給予正面評價。

蒂博

雖然也承認需要付出很多辛勞，但是蒂博仍強調制定統一法典的意義：「我們的民法（這裡我常常想把私法、刑法及訴訟法放入民法的範圍內）有必要進行完全且迅速的修正，為了使德意志人在市民關係中得到幸福，唯有全德意志地區內的政府同心協力，屏除各個政府的恣意，嘗試起草自由的，適用於全德意志地區的法典」。

然而，蒂博對於法典編纂雖然很積極，卻並不贊成由一般市民主導。蒂博否定一般市民的政治主體性，也不認為他們是法典編纂的主體。確實，蒂博或許可以說是當時興起中的德意志市民階級利益之代言人。在〈必要性〉一文中也指出各處官吏的問題性。他提到臣民為了抵抗拘泥於瑣事的顧問官，可以向君主請求協助，而國民的聲音無法壓抑，偏狹的顧問官若是不讓步，則由下向上的時代之力將沛然莫之能禦。

另一方面他認為，具有適合一般性、抽象性立法的能力，即使在官吏或知識份子階層中也很稀少。像立法如此困難的工作，必須要求「純粹的、偉大男子漢一般高潔的精神，與不因錯誤的同情或偏執見解，而對不足為道的事情動搖的、無條件的不屈不撓，以及無限的慎重及知識的多樣性」。看起來蒂博應該是期待實務家於法典編纂工作中的活躍。

薩維尼

在〈使命〉一文中，薩維尼認為，法並非經由人類的理性或目的志向之意思一口氣創造出來的，而是在民族生活的發展過程中，自發而有機地生成的。在法與民族的有機的關係中，「法與民族共同成長，與民族共同發達，最終如同民族喪失自身特性那般的死去」。法首先是習俗及民族信仰，其次才是從法學誕生出來的，而「不是立法者的恣意所產生的東西」。

薩維尼談論到立法給予民法的影響。首先，立法者若有變革既存之法的企圖，大多會有負面影響。另一方面，在個別法規中似乎有疑義之處，像是在消滅時效這種司法上應該必須有明確界線、卻有不確定的情況時，就有立法的可能性。

然而，薩維尼診斷：在自己的時代，並沒有進行立法的資格。例如他提出以下的說法：「不幸的是，德意志在整個十八世紀裡，偉大法學家非常稀少。確實有看到很多勤勉的人，他們在進行相當重要的準備工作，但是超過這個程度的人很少。作為法律家，有以下的兩個感覺是不可或缺的。也就是敏銳掌握各時代及各種法形式的特徵之歷史性感覺，以及理解各概念及各命題與法體系整體是如何活生生的結合、相互形成作用，也就是理解這唯一真實的自然性關係之體系性感覺」。雖然這些感覺比起十八世紀已經好很多，但是薩維尼認為，在他的時代仍距離完美很遙遠。

有趣的是，薩維尼否定以輯錄過去之法的方式制定法典。他認為若將法典編纂當時的學說法固定化，會阻礙之後的法發現及法形成。對此，有必要考慮到以下的事實狀況。薩維尼理解到在強烈期望德意志統一的當時，立法有何等政治上的意義。實現蒂博的主張是有困難的，即使認為法典編纂是可能的，也很有可能變成是在反映封建性的內容。因此薩維尼想透過對羅馬法合理的重編，也就是以法律學來進行法統一為目標，以此來回應市民階級的要求。

雖然薩維尼認為法的生成泉源是民族，然而即使是在他的時代，隨著學問性之傾向的增強，法已變成委由法律專家的手來處理。關於法的主導者之議論，連結他在歷史法學中的民族與教養概念一併討論，會是比較有幫助的。

平野義太郎比較德國與日本

在前一節提到，穗積陳重認為日本的法典論爭與德國的法典論爭是有重合的，但是平野義太郎從馬克思主義法學的立場（參照第九章），對陳重的見解提出以下批判。在日本與德國論爭的背景上，必須具體分析各自的資本主義的發展階段。透過如此分析，就會明白不能將日本與德國的論爭同一視之。德國的法典論爭並「非是否要回復封建法制或封建慣習的淳風美俗論。而是要趕緊編纂布爾喬亞化的羅馬法之普通法？還是要漸進的隨著布爾喬亞的發展、適應德意志的統一來進行編纂？」的論爭。相對於此，在日本則是「官僚的布爾喬亞自由主義派主張以法國的自然法學說為理論，進行布爾喬亞法典的編纂並盡速施行；但絕對主義的官僚法學，則是嘗試想以舊有的封建諸法制、封建的武士階級慣習為基礎，於法典編纂中進行封建主義的重構」（《平野義太郎選集》第一卷，一二九、一三一頁）。

第三節 從鳩山到末弘，從德國到英美

鳩山秀夫的登場

日本的近代法多數學習德國法的結果，是德國法全盛期的到來。在民法學領域的頂點，應該是鳩山秀夫（譯者：政治家鳩山由紀夫、邦夫兄弟的叔公）的活躍期吧。我妻榮曾如此說道：「從明治末到整個大正時期，說到民法就是鳩山，說到鳩山就是民法」。在鳩山的《法律行為乃至時效》（一九一二年）中相當重視解釋學的形式邏輯性。但是鳩山漸漸脫離重視形式邏輯性的立場。從他在留學之後不久發表的論文，已經可以看出如此傾向。

一九二四年鳩山發表〈債權法之誠實信用原則〉，修正過去以來重視條文邏輯性適用的立場，而採用從誠信原則對個別問題實質判斷的立場。會有如此發展的原因之一，是由於刑法學者牧野英一在民法上提出自由法論，強調公序良俗與誠信原則。另外，末弘嚴太郎的批判也很重要。自由法論通常是與概念法學相對立的思想。後者認為法學的任務是探究從實定法條文邏輯上導出的正確解釋，前者則是對此提出批判，強調法解釋的自由。牧野認為，法律解釋的方法論不應只是以成文法的文字為根據，還要參酌社會上的需要與社會理念。牧野在法國與自由法論的中心人物蓋尼（François Gény）有交情，也有參加主張將自由法論帶入刑法的新派理論代表性人物李斯特

（Franz von List）（參照第七章）的刑法演習課程。

在我妻榮的回憶中曾提到，鳩山曾經握著我妻的手泣訴，疲於應接歸國後的末弘的攻擊，苦惱於想要打破因此而產生的自我倦怠。鳩山於一九二六年引退，所以鳩山自己的學說發展沒有繼續實現。根據我妻的說法，鳩山是認為學問如同運動項目一般，失去了一起將德國流的解釋學根植於日本的好對手石坂音四郎（譯者：一八七七—一九一七年）之後，鳩山也失去了研究欲望。

末弘嚴太郎的判例研究

在鳩山之後引導日本民法學的是末弘。由於第一次世界大戰導致外國法律書籍的輸入困難，國內的目光從對德國學說的研究開始將轉向（日本國內的）裁判先例研究。末弘自己因為戰爭的影響而無法到德國留學，但是在美國、法國、瑞士的留學中（一九一八—一九二〇年）看到了歐美社會的騷動。他提倡要發掘存在日本社會中的「實然法」，以此為基礎形成「應然法」，藉此構築日本特有的民法解釋學。

末弘回國後，出版了《物權法上卷》（一九二一年）。其中認為應警惕對於德國的亦步亦趨，而強調對日本的勞動、農村問題進行社會性立法的必要性，並表現出重視裁判先例的態度。末弘與穗積重遠、我妻榮、中川善之助、平野義太郎等人成立民法判例研究會，並創刊《判例民法》（之後改名《判例民事法》）。其中可以窺見末弘思想，認同法院所進行的法創造（但不是每個法官內容相異的創造，而是統一性創造）與判例法帶來的法安定性（預見可能性）。末弘「研究的目的在於了解具體的法律」的這句話，是對於甚至被說成是形而上學的過去的德國流民法學之批判。在末弘的思想中，除了美國法之外，還可以看到奧地利的法學者埃利希（Eugen Ehrlich）的利益衡量論（《法學邏輯》，一九一八年）的影響。埃利希是自由法學派的代表學者之一，他公開發表《法律社會學的基本原理》（一九一三年）時，受到純粹法學的創始人者凱爾森（Hans Kelsen）的嚴厲批判。凱爾森認為埃利希混淆了規範性的法學與說明性的法社會學（然而，雙方對於應然規範的詞彙所具有之涵意，原本就有不同理解）。

民法判例研究會對於學界、實務界都很有影響力。大審院在一九二二年將《大審院判決錄》改名為《大審院判例集》；前者的組成只是單純的資料收集，而後者則是抱持以製作裁判先例為目的之意識下所進行的編輯。民法判例研究會則對其編輯方針提出批判，其影響可以在《判例集》第八卷的變化中看到。然而，之後的裁判先例研究（之發展），遠非僅止於大正一〇年度《判例民法》的〈序〉之中所刊載的末弘思想[32]之繼承而已。

（陳明楷譯）

32 譯註：這是指大正一〇年度（一九二一年）《判例民法》的〈序〉之中，末弘所執筆的，對於大審院的編輯方法之批評。詳可參見小林智，末弘厳太郎の判例研究方法論とその限界，HERSETEC（名古屋大学大学院文学研究科）四卷二號，二〇一〇年，四一—五八頁。

第七章　刑法理論的對立

本章提要

刑法是可能剝奪國民財產、身體自由，甚至生命的法律。立法上本即必須仔細留意，使被告免於不當刑罰之解釋亦屬必要。此即何以在學習刑法時，所要求的是高於其他實定法的嚴格態度。

本章從我國近代刑法的導入開始談起，檢討學問上之對立、有關刑罰之監獄改革之議論。

第一節　「刑法」在日本的導入

從律令式刑法到近代刑法

明治初期，係嘗試從「王政復古」精神，復歸至武家法以前的大寶律令、養老律令。一八六八年制定了暫時刑律（仮刑律）。暫時刑律一方面依據八世紀的大寶律令與養老律令，另一方面參考唐、明、清的法律，採納公事方御定書或熊本藩刑法草書，僅為裁判準則，並未公布，亦未施行。但對於地方所提之諮詢，暫時刑律則用於中央發布指令時之準據。再者，雖然於一八六九年由箕作麟祥開始進行法國刑法的翻譯，但由於江藤新平之失勢與法典編纂事業移管至左院[33]（參照第六章），此一動向隨即中斷。

一八七〇年訂定了新律綱領。新律綱領與暫時刑律相同，係以日本傳統法體系為其基礎。其係具有官吏執行職務準則之性格的法規，並有一、否定罪刑法定主義（容許類推適用、違反情理之處罰、承認溯及效果）。二、基於身分而為差別待遇（華族、士族等封建身分，官吏、有官僧徒或無官僧徒等官僚身分）。三、肯認復仇。四、部分採取結果責任主義等特徵。

一八七三年制定了改定律例。此為新律綱領之補充規則，與新律綱領併予施行。改定律例中，雖然可以看到西洋法的些微影響（第○條此種條文形式之導入、導入懲役、禁錮等刑罰種類來取代笞杖徒流等傳統刑罰），但其根本仍與新律綱領相同，有暫行的措施法之性質。

這些法規皆為中國法系之律令系統，一般認為其與近代刑法之罪刑法定主義截然不同。刑罰會因如盜取之種類（強盜、竊盜或其他行為態樣）與金額而自動確定下來。因為就犯罪類型做了細緻區分，以與被害金額相關之要素決定刑罰，因此並不肯認法官之裁量。刑求或殘虐刑等人犯殘酷的處遇雖為其前提，但亦顯示出律型罪刑法定主義。但是，律型罪刑法定主義僅是科予刑罰之一方的自我規律，對於接受刑罰之一方則並無任何有利之處。這是因為所謂律，係以社會中存在的所有規範皆由國家所掌握為前提，為了規範之維持而肯認國家廣泛權力介入之機會，因此，從人民的角度來看，連些微的習俗違反或單純的事故，皆有可能會被問罪。而近代的罪刑法定主義，則嚴加區別法與法以外之規範，採取的論理是依法預告會被非難之行為，一般認為其守備範圍應該受到限制。

在此同時，亦有強調維新的復古主義面向、以傳統的、東洋法的刑法為目標之動向。如由太政官之一部的左院所制定之「校正律例稿」即是。此並非新的立法，而是企圖就新律綱領、改定律例加以修正，謀求將二者統一之規範。然而，於一八七五年，隨著廢止左院，復古的刑法修正遭受挫敗，自此之後，即由司法省掌握刑法制定之主導權。

舊刑法

所謂的舊刑法典於一八八二年施行（一八八〇年公布）（同年，治罪法〔刑訴法〕施行）。舊刑法是以布瓦索納德與日本人委員協議起草的《日本刑法草案》（一八七七年）為基礎。布瓦索納德係於一八七五年九月成為司法省刑法編纂委員，其以一八一〇年法國刑法典（拿破崙刑法典）為基礎，並參考比利時、義大利、德國等國之規定而做成草案。布瓦索納德在學說上的立場，是其在巴黎大學時代師從奧拓朗（Joseph Louis Elzéar Ortolan）所習得的一般稱為新古典學派（折衷主義理論）（詳後述）的見解。不過，內容亦受到日本人委員所加之修正（如將斬首改為絞首）。再者，在刑法典編纂作業之外，關於刑求之廢止，布瓦索納德亦有貢獻。他在前往授課途中，偶然目擊到法院內進行刑求的場景，受到了衝擊。在布瓦索納德積極向政府要求下，政府於一八七

33　譯註：左院為日本明治初期的立法機構。

九年發出了刑求制度全面廢止的太政官布告。於一八九一年發生大津事件時，其提出司法權擁護意見書一事，亦為重要。

舊刑法典中有「兇徒聚眾罪（兇徒聚眾ノ罪）」（社會運動鎮壓目的）或「對皇室之犯罪（天皇ニ対スル罪）」（天皇等危害罪，有死刑規定），可以說對於做為近代天皇制國家的明治國家之特質，有其對應的一面。但同時亦帶有近代法之特徵。亦即，有①罪刑法定主義之宣言（第二條、第三條第一項）。②就犯罪之成立要件，要求故意、過失、責任能力（責任主義規定於第七十七條至第八十二條）。③廢除刑罰規定中身分上的差別待遇，此三個特徵。

在西歐法律中，法國法在明治時代初期雀屏中選的理由，可以求諸於以下三點：①幕府與法國之間存在著友好的外交關係。②一八一〇年法國刑法典是西歐諸國刑法的母法，亦即，維新政府被課予的使命，是對外獨立與達成國家統一，為此，作成近代的統一法典則是當務之急，在這一點上，拿破崙的統一法典不論在形式面上或在其保守的實質面上，對於當時的為政者而言，皆為適當藍本。③則為法國刑法學所具有之特質。布瓦索納德的老師奧拓朗等人所代表的新古典學派的進步性、中庸、現實主義吸引了日本法律家的心。而且，法國的註釋學與日本傳統的學問（律令學）亦有近似性。

再者，有指出，指導現實的刑罰與政治的並非舊刑法典，而是以報紙條例（新聞紙条例）（一八七五年）為首的特別刑法。依一八八四年太政官布告，制定了爆炸物取締罰則（爆発物取締罰則）（隔年一月施行），該罰則第一條規定「以妨害治安或有害於人之身體財產為目的，使用爆炸物或促使他人使用爆炸物者，處死刑、無期懲役或七年以上懲役或禁錮」。此一時期，發生了加波山事件與秩夫事件，而急於強化取締。

對於舊刑法典，其後有來自馬克思主義法學者平野義太郎等人之批判。其認為舊刑法典並非以人權保障之法治主義為其本質，除為了條約修正而為整頓以外，舊刑法別無其他意義。該部法典壓抑自由民權運動，藉由立基於半封建奴隸制度上之組織性國家權力，來侍奉快速的資本主義發展。

做為舊刑法典之理論基礎的折衷主義刑法理論，亦遭到批評。其謂：舊刑法典及其解釋理論，對於急速增加之犯罪無能為力。做為其急進的先鋒者，是立於新派刑法學（後述）立場之富井正章、穗積陳重。其等否定舊刑法典的寬大化，主張為了社會防衛之目的，將刑法加以嚴格化。就新派刑法理論之導入，則不可忽略勝本勘三郎與岡田朝太郎之功績。

現行刑法

一九〇〇年，制定了治安警察法等，特別刑法增加，在此一方向性上，以配合刑法典的形式，於一九〇八年施行了現行刑法典（於一九〇七年公布）。新法典即使承繼了舊刑法典，但亦受到當時歐洲刑法修正運動主力之新派刑法理論的影響。再配合依照德國法之法制度重新組織而來的日本狀況，參考一八七一年德國刑法典制定而成。其特徵如下：①與舊刑法典相比，新刑法典就犯罪類型之規定，遠較舊刑法有更大的包括性與彈性，亦藉由擴大法定刑的幅度，在犯罪的成立範圍與量刑上，給予法官廣泛的裁量空間。②未遂犯之刑度採取裁量減輕。③緩和緩刑與假釋之條件。④將累犯加重規定嚴格化，使其帶有為了社會防衛而來的保安刑之性格。⑤刪除舊刑法典中原有之罪刑法定主義的條文。

由於第一次世界大戰後的恐慌，勞動爭議、佃農爭議（農民運動）增加，社會主義與共產主義抬頭。對於這些事態，做為由支配者階層所發動刑事政策之防衛的最前線，於一九二五年制定了治安維持法。此法不只是壓制了諸種運動，亦剝奪了思想、信教、學術與結社之自由。

第二節　舊派

在日本，所謂「舊派刑法理論」，如更嚴密地加以區分，可分為前期與後期。以下先從前期理論開始介紹。

在歐洲，自十八世紀後半至十九世紀初期近代市民社會成立的過程之中，舊派刑法理論逐漸形成，而其思想上之主幹則有啟蒙思想。舊體制時期的刑法制度，並未明確地區分法與道德、宗教，有依身分而為處罰的不平等之處。相對於此，受啟蒙主義影響之刑法理論，則主張法與道德或宗教分離、處罰平等、罪刑法定主義、合理的刑罰觀與目的論的刑罰觀。

貝加利亞

首先，應注意的是義大利的貝加利亞。其所著之《犯罪與刑罰》（一七六四年）從社會契約論來論述刑罰權之限制，訴求保障市民行動自由之罪刑法定主義。其又主張犯罪真正的問題是給予社會帶來損害，而非犯罪者之意思，做了客觀主義的主張。其認為「刑罰的目的，是阻止犯罪人對於同伴之市民再施加惡害，使其他人不要再做相同的事情，除此之外不應有其他目的。從而，刑罰及科予刑罰之方法必須保持與已遂行之犯罪之間的平衡，必須要使刑罰對於人心能夠更有效果且有長久持續之印象。對於犯罪者之身體，應該盡可能帶來較小苦痛」（《犯罪與刑罰》，四一頁）。此外，貝加利亞也反對死刑等其他殘酷的刑罰。

《犯罪與刑罰》被認為影響了法國的人權宣言與一七九一年的法國刑法典。在英國亦於一七六七年出版了英譯版，受該英譯版之影響而論述「最大多數人之最大幸福」者，則為功利主義思想家邊沁。在日本，津田真道則在一八七五年於《明六雜誌》上登載之〈死刑論〉中，將死刑廢止做為將來之課題而論及，其中則有言及貝加利亞。再者，貝加利亞所著之《犯罪與刑罰》在日本出版日譯本，則是一九二九年的事情。

費爾巴哈（Paul Johnann Anselm von Feuerbach）

致力於啟蒙主義刑法思想的體系化之人，則是德國的費爾巴哈。費爾巴哈遵從康德哲學，區分了法與道德的領域。但應該注意的是，費爾巴哈欲從實定法學的刑法領域之中排除形而上學的自由這一點。這點顯現在他對人性的看法之上。亦即，他認為「人類自身亦是現象」。受自然的因果律所支配的人類，是不存在自由的。自由是「人類絕對的能力，能夠抵抗感性裡的一切推進力，以自己的力量反於精神的動向，為了義務而為意思決定。但是，這個能力不能為了國家目的來加以利用。其理由在於：本來，所謂自由此一概念，在其不僅否定基於自然原因而來的一切驅動，亦封阻一切外界的強制這一點上，而有其本質。從而不論是誰，皆無法驅動他人之自由，並且，誰都不能決定行使自由之他人的意思決定。在透過對於他人加以驅動，而於現實上決定他人時，該他人正是顯現了無法自由決定自己一事」。在當時，就犯罪者可罰性的議論之中，相對於將該根據置於自由上的論者，費爾巴哈則認為犯罪的原因在於感性衝動，且將其基準置於權利侵害及其危險性。不過，亦應留意的一點是，費爾巴哈並未全然忽視康德的道德人格論。他沒有將自由從刑法領域中去除的理由在於，其恐懼依哲學原理之名，而由法官所為的恣意判斷。

費爾巴哈認為，國家的目的在於維持一種狀態，在此狀態中，市民可以周全地行使自己的權利，受到保護而免於侵害。國家則必須致力使侵害不發生，因此，必須抑制會引起犯罪的感性的衝動（一般預防理論）。由此出發，費爾巴哈欲藉由「將朝向行為的感性的衝動，透過其他感性衝動與之相抵銷」，來防止犯罪。亦即，費爾巴哈認為「比起因為想要犯罪的衝動無法被滿足而產生的不快感，犯罪行為本身會無可避免地帶來更大的惡害，每個人如果了解此事，感性的衝動會因此被放棄」。因為人類是會選擇快樂、迴避痛苦的存在，因此，透過刑罰的預告，人們在心理上應該會被強制不要犯罪。因為這種心理強制的可能性，即有必要預先以法律使一般人知悉犯罪與刑罰（罪刑法定主義）。而且，刑罰必須確實科予，亦即，「法律的執行規定了法秩序不只是單純觀念的產物，亦是現實的產物」。

費爾巴哈一邊立於客觀主義的立場，一邊採取一般預防理論，但當時亦有論者從主觀主義的立場主張特別預防理論。然而，費爾巴哈認為將處罰的基礎謀求於行為人的心情、性格的危險性此種不確實的要件上的做法，混同了法與道德的區分，且欠缺客觀的基準，進而駁斥了此種見解。

新古典學派

啟蒙主義的刑法思想及前期舊派刑法理論，固然為舊體制時期的刑法帶來了巨大改革，但從一般預防的觀點出發追求刑罰功利目的之強烈傾向帶來弊害，亦是事實。特別是相對於反映了法國大革命理念的一七九一年法國刑法典，一八一〇年刑法典則反映了第一次帝政的反動性格，重視犯罪鎮壓目的，強化了刑罰。比起貝加利亞，一八一〇年刑法典受到邊沁的影響反而較強。

在法國，伴隨著自由主義思想的發展，為了緩和因為功利主義式一般預防目的之追求而來之刑罰的嚴峻性，結合了刑罰目的（社會效用）與應報（正義）且採取折衷立場的新古典學派（折衷主義理論）到十九世紀後半為止成為支配性的學說。彼等嘗試折衷之道，認為犯罪是社會惡害的同時，亦將之解釋為道德惡害。此一學派縱然對於前期舊派加以修正，但仍然是自由主義的理論。基於新古典學派的主張，實施了法定刑的降低（一八六三年）與政治犯的特別處遇（特別是一八四八年的死刑廢止）等制度。如前所述，由布瓦索納德所為之新古典學派的立法嘗試，即為日本的舊刑法典。新古典學派理論受到在明法寮師事於布瓦索納德的宮城浩藏（歷經檢察官、法官，就明治法律學校（明治大學）的創設有所貢獻）所繼承。宮城被稱為東洋的奧拓朗，雖然於死刑存廢論上與採取廢止論的老師布瓦索納德保有距離，但受到其學說的影響甚大。

後期舊派理論

一八四〇年代以降，特別是德國的前期舊派刑法理論開始朝向後期舊派變化（在日本被稱為「舊派〔古典學派〕」者，主要為後期舊派的內容）。後期舊派雖然就形而上學的應報思想受到注目，但其中可以看見來自下列思想的影響。亦即，對立於啟蒙主義合理個人主義的浪漫主義、認為法是民族精神之產物的歷史法學派、形上學的康德的絕對應報刑論，與黑格爾的觀念論。

後期舊派理論在德國第二帝政期，藉由與新派的對決，由賓丁（Karl Binding）、畢爾克梅耶（Karl von Birkmeyer）、貝林（Ernst Ludwig Beling）所形成。大略來看，其等的主張有兩個共通點：第一，是就以自由意思所為之犯罪，肯認道義責任。第二，則是作為對於有責之犯罪行為之應報，施加刑罰。依不同論者的主張，有較強調國家主義的側面（如論述刑罰是國家基於對於犯罪者的服從要求權，來維持法的權威者，為賓丁），亦有強調自由主義的側面（如以社會秩序維持目的談論應報，確立構成要件論的貝林）。而畢爾克梅耶則可謂介在兩者之間。

與前期舊派相比，後期舊派理論並未徹底區分刑法與道德，且追究的是道義責任，就此，可謂有其差異。但另一方面，認為犯罪與刑罰之間的均衡性有其必要、採取客觀主義式地建構犯罪理論，則與前期舊派理論亦有共通性。

第三節　新派

龍布羅梭（Cesare Lombroso）的衝擊

貧富差距擴大等社會問題，帶來了累犯或少年犯罪增加的現象。對於這樣的事態，於十九世紀後半，對於後期舊派（應報刑）開始有所批評，認為其無力防止犯罪，而利用當時自然科學的知識見解，運用實證主義方法，則出現了新的研究犯罪的方向。

給予刑法學衝擊的是義大利的龍布羅梭。他在修習醫學之後，從一八六二年開始擔任帕多瓦（Padova）精神病院院長。一八五九年所出版達爾文的《進化論》，亦給予龍布羅梭帶來了影響。龍布羅梭在監獄與精神病院對於精神病患與犯罪人進行了身體的比較研究，於一八七六年發表了〈犯罪人論〉。在其中，他認為，犯罪人在生理、心理上都是特殊的人類類型（生來犯罪人說）。另一方面，他亦創設了另外三種類型。第一，是通常人偶然會犯罪的「偶發犯罪人」。第二，是導因於群眾心理而來的「激情犯」。第三，他同時也創設了「精神病犯罪人」的類型。

龍布羅梭亦共有了一個前提，其亦認為刑罰的任務是防衛社會免於受到犯罪之侵害。但他認為，即使給予犯罪人痛苦，也不會有多大的意義。對於「生來犯罪人」而言，應該判斷透過治療或教育是否有改善可能。如果判斷認為改善不可能，則應該採取隔離（包含死刑）的措施。而較適合做這種判斷的，並不是法律家，而是醫師。再者，重要的並不是「他做了什麼」，而是「他／她是什麼樣的人」。與向來的見解不同，龍布羅梭也將監獄理解為類似於醫院或學校的設施。而從龍布羅梭的思想，亦可導出罪刑法定主義的緩和。龍布羅梭的生來犯罪人說，則於其後的實證研究被認為並無根據。

李斯特

在刑法理論上，應注目的是一八八二年在以「刑法的目的思想」為題的演講上，高傲地批判既存刑法理論的李斯特。李斯特受到耶林的目的法學的強烈影響，主張刑罰必須是「有目的意識的法益保護」。他在刑事政策領域將犯罪原因區分為個人原因與社會原因，並認為刑事政策固有的問題，在於除去犯罪的個人原因（後者之社會原因則委諸於社會政策）。於去除個人原因之際，只有考察「行為」的向來刑法理論受到李斯特的批判，他主張應該處罰的是「行為人」，以行為人的「反社會性格」與基於該性格所表現出來「對於法秩序的危險性」來決定刑罰的種類、輕重（主觀主義）。

李斯特將犯罪人分為「偶發犯罪人」與「狀態犯罪人」兩類，更進一步將後者區分為改善可能者與改善不可能者。其主張對於偶發犯罪人可以以警告的意味加以威嚇（擴充罰金刑、導入緩刑），改善可能的狀態犯罪人則改善之（相對不定期刑）、改善不可能的狀態犯罪人則應予以無害化（終身刑等）。

李斯特這樣的思想，與主張應報刑論的後期舊派相對立。他從意思決定論的立場出發，否定了以他行為可能性為前提的責任、應報概念，主張「刑罰不能也不應是社會防衛手段以外之物」，亦主張社會防衛論。李斯特的議論將重點置於特別預防，亦即透過相應於犯罪者特性之處遇來防止再犯。

然而，如果從李斯特的學說出發，是否可以容許不待「行為」出現即科予刑罰？對於此一疑問，李斯特則論述認為刑法典是犯罪者的大憲章（Magna Carta），確保了現實的妥當性。李斯特的學說作為體系論、解釋論，皆非完全背離舊派的傳統。

再者，對於新派，亦有來自後期舊派的反駁，從一八九〇年代到一九一〇年代發生了學派論爭。特別知名的是二十世紀初期畢爾克梅耶與李斯特之間的論爭。但是，進入一九二〇年代，論爭漸微。其中一個原因，是因為了解到兩個學派之間的歧異點被過度誇大。而且，各國的刑事立法上，新派的刑事政策提案某種程度受到採用，立法上兩個學派的妥協亦日漸成立，也是理由之一。結果，理論上亦可看見兩者相互妥協、讓步。再者，一九一九年李斯特逝世，次年畢爾克梅耶也相繼過世，與論爭逐漸微弱亦有關聯。

第四節　新派於日本的登場

富井政章

如於第六章所見，富井政章是在民法典編纂上活躍的人物，但他從法國留學歸國後的一八八四年，在東京大學擔任講師職務時所擔當的科目卻是刑法。當時日本的刑法學界中，以布瓦索納德弟子宮城浩藏或磯部四郎等人的新古典學派勢力較強。而犯罪者的人數則不斷激增。

一般評價富井所出版的講義用教科書《刑法論綱》，是反映了德國刑法學，而非法國刑法學。在該書中，富井陳述「刑法是維持一國社會秩序安寧的必要工具」，認為「立法者必須經常以維持該社會秩序安寧之必要為尺度來制定法律」（同書一四－一五頁）。對於犯罪從事社會防衛的此一視角出發來建構刑法的富井學說，明顯是批判性的理解新古典學派。

同樣採取新派的立場，牧野的學說則認為為了適合於國家的進化，就刑法亦應柔軟有彈性地加以解釋，但富井則給予舊刑法第二條高度的評價，就類推適用，認為不應容許「於無條文時下有罪判決」（同書二三頁）。

牧野英一

作為將一九〇八年施行的刑法典從新派刑法學的立場加以解釋者，最重要的人物是師事於李斯特等人的牧野英一。牧野被評價認為超越李斯特，將新派理論滲透到解釋學之中。

牧野是從進化論式的發想，主張「應報刑論→教育刑論、特別預防」、「客觀主義→主觀主義」的進展（不過，有評價認為進化論並非經過精密方法論檢證過的理論）。在牧野的刑法學中所探討的問題，在於以教育刑為主體的國家觀。從警察國家，越過法治國家，從「文化國家」的立場來推進教育刑的理念。亦即，國家的任務在於保全、統制國家之中我們的共同生活，使其得以發展、繁榮。犯罪人也是人，應該作為個人而被尊重，即使是最後一人也不應加以捨棄。

根據牧野的見解，罪刑法定主義的條文被刪除的理由，是因為對於刑法的進化（社會防衛、主觀主義、特別預防、教育刑）而言，由罪刑法定而來的制約會成為障礙。但是，牧野也並非全然否定、放棄罪刑法定主義，他的目標是配合著時代來修正、追加內容。換言之，雖然他容許類推適用，但其理由在於，類推是為了讓古老的法律適合於新的社會要求而來的法解釋論理。

依據牧野的見解，「今日的法官司獄官早已非自動器械。是必須依據自己自由之判斷而活動的堂堂紳士，且對於犯罪，必須為了社會而奮鬥之勇敢的戰士。當然，因為新刑法顯著地擴大法官司獄官的職責，因此其工作與向來相較變得甚為複雜且困難，但謂其工作複雜且困難，則必須說是明顯變得尊重法官地位的證據。」比起舊刑法，雖然新刑法的條文變少，但「成文減少而工作增加，其間的落差則是不成文的刑法。而且，這不成文的部分是最重要的部分，時至今日已無須反覆說明」（《刑法學的新思潮與新刑法》，一〇七—一〇八頁）。

再者，牧野雖議論「生存權」，但與現代人權論的生存權有所不同，必須注意其係由來於天皇的言說（五條御誓文[34]「無論身分，官民一體，一同遂行其志，使人心不倦，有其必要」）。在收錄於《法律與生存權》（一九二八年）裡的一九二四年演講中，牧野述及，「保全最後一個人的生存權吧！不能以此作為我們國民的理想，重新往前推進嗎？那樣一來，這不久後，到最後一個人，皆可以使其作為國民的能力擴充到最大限度。——換言之，藉由保全最後一人的生存權，於必要的情況，可以一直到最後的一人為止，使之為國家犧牲。國家藉由珍惜最後一人的生存權，得使之戰到最後一人為止。所謂最後一人的生存權此一原理，包容了使之戰到最後一人的原理，是位於更高層次的原理。——是要使國家更為強固、更為偉大、更有尊嚴的原理」（同書七二—七三頁）。

第五節　舊派於日本的抬頭

大場茂馬

對於新派理論，師事畢爾克梅耶的大場茂馬（其後歷任大審院法官、眾議院議員等）於現行刑法典成立之後，即從後期舊派理論的立場展開論戰。大場重視罪刑法定主義，主張應報刑論。他說明，藉由以法律來支持人們的道德觀念，作為刑法目的的「法律秩序之維持」或「生活利益之保護」即會實現。接續大場舊派理論的，則是瀧川幸辰（京都帝大）與小野清一郎（東京帝大）。

瀧川幸辰

瀧川的理論是從前期舊派理論走向後期舊派理論，而有掌握自由主義的側面。惟於同時，在理論形成期，有受到牧野的影響此點，亦有注意之必要（一九二一年以降，他日漸增強了對於牧野理論的批判色彩）。

雖然擁護應報刑論，但另一方面就一般預防理論，則非難其可能性難以測定，而有積極評價特別預防的傾向（惟其認為此與法治國思想有所矛盾，而未主張教育刑）。再者，瀧川認為，就現行刑法中未有罪刑法定主義的條文一事，通說是採取於明治憲法中已有條文（二十三條「日本臣民，非依法律，不得逮捕、拘禁、審問、處罰」）的說明。但瀧川所謂的罪刑法定主義，僅有將習慣法排除於法源之外，認為不一定要禁止類推或溯及效力，就不定期刑亦未言及。轉變為類推禁止的立場，是在〈罪刑法定主義的再認識〉（一九三五年）這篇論文以降。戰後的〈刑法講話〉（「刑法講話」）（一九五一年）中雖有明示類推禁止，但並未有就溯及效力等的議論。

34 譯註：〈五箇条の御誓文〉是一八六八年明治天皇所揭示的新政府基本方針。

再者，從在昭和初期所體驗到的社會問題，瀧川傾注於馬克思主義，而這樣的態度對於他的刑法理論亦有一定的影響，同時，亦使其自身的命運產生驟變（參照第九章）。

小野清一郎

小野雖亦被評價為屬於舊派的刑法學者，但其學說相當獨特。粗略而言，其特徵在於從大正末期開始，受到東洋思想、佛教思想與新康德學派或新黑格爾主義等德國哲學強烈的影響，以「文化主義的正義觀」為基礎而展開議論此點。並且，在昭和戰時期，強調刑法的「國家道義性」，論述「日本法理」。

小野雖為牧野門下，但於學術成熟期，卻選擇了與老師在學問上對決的態度。再者，亦欲留意其於學者的工作經驗之前，曾有實務經驗。在其幼小時期與父親死別之後，渡過了鎮日苦學的日子，後進入東京帝國大學法科大學法律學科。雖因病休學兩年，但為了在牧野底下研究，得到了助手採用的內諾。然而，因為在學中患病而未受採用，小野則走上檢察官之道。小野自述其理論實踐性的源頭，在於其未滿兩年的實務經驗。

檢察官時期所撰寫的論文成為契機，其於一九一九年開始，成為東京帝國大學助教授，並於同年前往法國、德國留學（一九二二年返國）。這趟留學最大的收穫，是貝林的〈構成要件理論〉及以之為中心的新犯罪論體系。小野於返國後，隨即於大學擔當刑事訴訟法講座，其後亦分擔刑法部分。一九三八年牧野退休後，他又擔任刑法第一講座，隔年亦兼任法理學講座。

由於其在當時的新派大人物牧野之下持續研究生活，小野正式進行新派理論的批判，則是從一九三二年開始。在這年，小野出版了《刑法講義總論》，開始明確表示自己的立場（應報刑論、道義責任論、客觀主義）。小野的應報刑論是對於有道義責任之行為人所為之法律制裁，其內容則是由國家所為的法益侵害，即為惡害。小野的立場基本上是後期舊派理論，比起德國的理論，還要更強調刑法的國家道義性。

小野有關正義的見解，則是前述的「文化主義的正義觀」，這是前述《刑法講義總論》中亦曾出現過的概念，在統整一九二五年開始之連載論文而成的《法理學與「文化」的概念》（一九二八年）一書中有充分的表述。依據小野的見解，作為文化現象的法律是「與正義的實現有關的社會規律或秩序」。正義是法獨自的文化價值、客觀價值，但那必須透過體驗、直觀來發現。在此可以看見小野的東洋思想、佛教思想。在其他的著作中，亦有收錄他論述「無論以什麼樣的理論，皆無法展現正義的全貌，必然會遭遇到否定的契機。在這個意義上，那是在概念上難以限定的概念，亦即是無自性的，是空」（〈刑法的正義〉，《法學評論（下）》，一四八頁）。而依據小野所述，正義的終極原理應該要求諸於文化整體的價值體系，從這個立場來論述刑法理論的問題。

「日本法理」論

小野的「日本法理」論強勢出世，是一九四〇年以後的事。小野的學說帶有以客觀主義與道義責任論來抑制新派處罰範圍擴大傾向的這個方向性，在這個意義上，亦有自由主義的側面，「日本法理」論變強的時期，小野學說則有著濃厚的國家主義、權威主義的色彩。「日本法理」被認為是日本國家的事理、道理，不得偏離內在於萬世一系的天皇制國體、歷史、民族的事理。

一九三〇年代，他陳述「大體上刑法中的政治性之物，其優越是無可否認之事實，而且政治是以其歷史性、流動性為其本質……切合流轉的實相，仔細觀察唯一的真理，貼合歷史，實現超越歷史的普遍價值，才是真正的醒悟」（〈「政治的」刑法學〉，《法學評論（下）》，三四八頁），倡導參照他國理論同時，也樹立日本獨自的刑法學。但是，於一九四〇年，他則談論到「吾人現在正立於必須反省我日本民族精神與歷史的時機」（〈Erik Wolf，〈德國精神史上的大法律思想家〉〉，《日本法理的自覺展開》，三一五頁），或「吾人本即不應徒然地追隨德國或義大利等國的政治體制。但是，其等的思想動向，仍有足資參考之處。作為道義共同體之國家的自覺，現今於刑法中亦應為其中心觀念。吾人的刑法必須是立於吾人日本國家的自覺，明確表徵日本民族的、日本國民的道義」（「日本的道義與政策」，《日本法理的自覺展開》，二一二一—二一三頁）。小野取代了過去的文化至上主義，提出了刑法的國民道義的觀念。

第六節 人犯的處遇問題

監獄行政的困難

江戶時代的人足寄場[35]可以評價為明治以降近代行刑理念的先驅。人足寄場藉由拘禁來防止犯罪於未然，帶有警察行政的性格，再加上其不只是強制勞動的懲戒，朝向再社會化的教育亦為其目的。當然，將此制度與近代監獄相提並論來說明有其困難，但這並非西歐制度的模仿或移植，而是做為我國獨自的制度，應加以注目，再者，亦不得忘記，人足寄場作為固有的法的傳統，對於明治期以降的近代自由刑有所影響。

幕末，因外來思想滲透與因開國而來的社會情事的劇變，萌生對於幕藩體制之批判，隨之而來的監獄制度亦被視為問題。但是，近代監獄的導入並非易事。

明治初期，各地方因襲沿用人足寄場等舊制度、慣習。再者，為了將身體刑轉換為懲役刑，制定了懲役法（一八七二年）等相關措施。但是，為了近代化，則有必要制定因應當時刑法典之新律綱領之刑的執行方法。

35 譯註：由江戶幕府所設置，針對輕度犯罪者與虞犯的自立支援設施。主要設置在江戶石川島。

小原重哉因曾經斬殺新選組成員，而有下獄於小傳馬町牢舍之經驗，並於新政府之下出任司法官僚。他在一八六九年提出改革草案，接著於視察英屬香港、新加坡之後，小原起草並成立了一八七二年的監獄則（在其中亦可見法國法的影響，同時，江戶期的制度亦有納入考慮）。監獄則係為了改善人犯處遇的一部有關設備或教化的基進的、理想性的立法。但從地租改正前政府脆弱的財政狀況來看，監獄則的完全實施幾乎是不可能。在大藏省強烈的要求之下，一八七三年監獄則停止施行。而懲役法亦是如此，在實施困難的情況，仍肯認繼續實施笞刑、杖刑。

但是，因為小原的視察等而花費了大量勞力、費用的司法省則無法接受，同年發出了司法省通達，決定僅在其範圍內使監獄則生效。基此，在預算沒有障礙的限度內，變成容許依照監獄則之精神而為任意實施。但是，實際上，背離監獄則的理念、非人道的監獄營運則仍在持續。再者，由於依據改定律例規定有懲役終身刑，人犯人數激增，放火、集團逃走等問題頻繁發生，明治一〇年代的監獄營運極為困難。

因此，監獄則與一八八〇年公布的舊刑法、治罪法一起在一八八一年做了修正。此次修正中，為了強化監獄的安全管理，而以嚴格的人犯隔離為基本方針，應該可以實現全國性的統一與監獄管理體制的改善。但是，留下了費用負擔與在監者增加兩個問題。因此，於一八八九年制定的監獄則，則在內容上做了大幅修正。此一監獄則配合當時日本往德國法傾斜，受到德國法強烈的影響。

澤巴哈（Kurt von Seebach）

同年，德國監獄學權威克隆內（Karl Krohne）的高徒澤巴哈以內務省獄政顧問的身分來到日本。澤巴哈研究日本監獄則的德文譯本，奔走檢視全國監獄的實際狀況，批評因為監獄構造的不完全而導致逃亡屢次發生，在衛生管理上亦失敗。再者，他指出有些監獄並未徹底依據罪名或性別做區別管理。舊刑法雖然透過條文細緻區分刑罰來限縮法官的裁量權，但在澤巴哈的眼中，在監獄裡似乎無法看見合乎條文的現實。不過，與其說是從與刑法理念的關係上，不如說澤巴哈是從監獄本身的機能觀點來看問題。他認為犯罪如同傳染病，主張若不加以隔離拘禁，監獄將成為犯罪的溫床。

雖然在監獄營運的改善上，有必要克服構造上的障礙，但同時在營運方的能力提升上，亦是處於燃眉之急。因此，在東京集治監內設置了監獄官練習所，於一八九〇年開始授課。由澤巴哈教授德國監獄法講義，由穗積陳重教授刑法講義等課程。然而，澤巴哈在短時間內過度密集地巡迴監獄的過程中，罹患腎臟病、心臟病，於一八九一年逝世。監獄官練習所則因為澤巴哈的死與經費不足而遭到關閉。

小河滋次郎與監獄法

在澤巴哈之後，承繼日本行刑改革者，則是偕同澤巴哈一起巡迴全國的小河滋次郎。小河在東京帝國大學法科大學時，向穗積陳重習得監獄學之道，成為在內務省警保局的青浦奎吾之下工作的監獄行政官僚，在離開監獄行政之後，亦活躍於貧困者救濟上。

在小河的活動之下，於一八九九年修正了監獄則。此次修正，加進了有關外國人拘禁規定的同時，亦試圖從澤巴哈、小河所提出的監獄作業之懲戒、收益主義轉換為教化、職業訓練主義。再者，小河在現行刑法制定以前（一九〇二年），發表了有關刑法修正案之文書，其中包含了死刑廢止論。

一九〇八年，配合現行刑法的施行，制定了由小河所起草的監獄法（此一法律即使進入二十一世紀仍然存在）。監獄法是以一九〇二年普魯士內務省所轄監獄則為藍本而成。當時，英國或荷蘭雖已有獨立的監獄法，但法國、比利時、德國則是未有監獄法的狀態。在這樣的狀況下，誕生了按照新刑法之理念內容之法律。例如，配合刑法所整理之自由刑之種類，來分類在監者之收容場所（一—三條）。其拘禁目的，則是保護社會免於受刑人之侵害，與使受刑人社會復歸。並就過去實務即已實施之教誨，加以明文化（二十九條）。監獄作業雖被認為是促使受刑人社會復歸之手段，但廢止了工錢制度，而採取了作業賞與金制度。作業收入歸屬國庫，作業賞與金則被認為是國家所給予之恩惠（二十七條）。亦即，這並非是對受刑人勞動所給付之薪資，而其用途則嚴格受到限制。但是同時，對於作業中之事故等之補助金支付制度，亦被規定在內（二十八條）。

（林琬珊譯）

第八章　大正民主

本章提要

日本史中所謂「大正民主」時期，事實上與年號「大正」並非一致。雖然不同的論者有不同的看法，但大致上有兩種時期區分，一是從「一九〇五年（明治三十八年：日俄戰爭講和條約反對運動）到一九二五年（大正十四年：普通選舉制及合法無產政黨成立）。另一是從「一九一八年（大正七年：原敬內閣成立）到一九三二年（昭和七年：五一五事件）。

因此，有論者認為應避免「大正民主」這樣的稱呼，認為這個概念阻礙了解析戰前日本民眾思想、行動的複雜性。從這樣的觀點出發，有人提議使用「帝國．民主」一詞。

第一節　吉野作造的民本主義

吉野的思想形成

大正民主期最受到矚目者，毫無疑問應是吉野作造。雖然其所活躍的領域，及吉野本人也明白表示擅長的，是中國論與明治文化研究，但本章我們將介紹他的民本主義思想。此外，依照吉野的說法，民本主義並非他所創，吉野舉出茅原華山、上杉慎吉（參照第五章）也有使用，在當時似乎已有很多人在使用。

吉野二高畢業後進入東京帝國大學法科大學就讀，二高時代受洗為基督徒，大學時代受本鄉教會的海老名彈正之指導。海老名創辦《新人》雜誌吸引學生，吉野曾在此雜誌上刊登文章。海老名基於自由神學，採歷史主義的聖經解釋方法論，這為吉野打下了政治學、歷史學的基礎。因海老名的教導，吉野得將信仰與科學認識連結在一起。再者，海老名神學的基礎中有黑格爾哲學，我們可以看到吉野也受到黑格爾的影響（穗積陳重的演習課中，吉野選擇黑格爾為題目，之後出版了《黑格爾的法律哲學基礎》）。

吉野在大學時修習一木喜德郎的講義課程，也接觸社會主義，但在學問上決定吉野人生的是政治學的小野塚喜平次。吉野在畢業後，進入研究所專研政治史。因生活經濟上的需要，在梅謙次郎的建議下赴清國工作三年。梅謙次郎當時是法政大學的校長，大力推動中國留學生教育（清國留學生法政速成科），深獲中國方面的信賴。梅謙次郎透過開設速成科，而與清國有力人士有一定的關係，吉野就是在這層關係下到中國。此時，小野塚還是助教授，並非吉野的指導教授。前述在法理學演習課接觸到吉野，促成學術出版的是穗積陳重。吉野受到梅謙次郎及穗積的薰陶，也與法制史的中田薰、憲法的上杉慎吉、民法的鳩山秀夫（參照第六章）、刑法的牧野英一（參照第七章）等有所交流。

一九九〇年，吉野回國，成為東京帝國大學助教授。到歐洲留學回國後，升任教授。其在大學講授政治史及政治學。一九二四年辭大學教職，曾擔任報社顧問，仍持續在大學中教課。

民本主義

依照吉野的說法，民本主義是基督教義的政治表現。日俄戰爭從吉野來看，是對抗專制、為了自由的戰爭，因日俄戰爭，吉野認識到民本主義的普遍性、必然性。

吉野認為民本主義是近代憲法的精神基礎。在〈談憲法本義，論完成憲法之方法〉（一九一六年）一文中，吉野提到了近代憲法係以「人民權利保障」、「三權分立主義」、「民選議會制度」為內容，民本主義不論君主制或共和制，都是通用的。

在明治民法下，由國民主權打下民主的基礎（民主主義）是危險的。因此，吉野不討論主權所在的問題，而聚焦於主權行使的問題。「法律上，主權在君主，當主權者在行使主權時，應依據何種主義方針？此時就出現了民本主義。」（〈談憲法本義，論完成憲法之方法〉，六三頁）由議會扮演主權行使的中心角色。此外，在發表〈談憲法〉一文的兩年後，吉野再發表的〈談民本主義的意義，再論完成憲法之方法〉中，主張「人民的自由」並非絕對的價值基準（《選集二》，一〇一頁）。

吉野除了從政治上的觀點來掌握民本主義外，也將民本主義理解成一種人格主義。以個人為目的的人格主義是民主的本質，政治的民本主義亦是由來於此。其認為因為人格主義是由信仰所支持，所以基督教的信仰在社會中就以民主來呈現。在吉野的思想中，代議制也被定位為媒介人格主義及政治民本主義的制度。

此外，吉野雖然認為要將民眾的意思導入政治過程中，但其對於將民眾放到政治的前線一事是消極的。一九一四年的〈論民眾的示威運動〉中，吉野雖然認為民眾示威運動一方面是值得高興的，但另一方面卻給予否定的評價。「今日我國的民眾……我認為具有容易被野心家利用之傾向」（《選集三》，三一頁）。「事實上，民眾運動的興盛意味著憲政的失敗」（同三二頁）。民眾的意思應是透過投票，在議會中實現。吉野認為民眾應是政治最終的監督者，政治就委由政治家會是比較好的。

對吉野的敵意

吉野的民本主義在言論界引起很大的迴響。野村昌靖在憲兵的機關雜誌《軍事警察雜誌》第十八卷第一號（一九二四年）所刊登，名為「廿糟上尉」的琵琶歌中，可以看到對吉野露骨的敵視。野村的琵琶歌是根據關東大地震時，憲兵大尉甘粕正彥殺害大杉榮等事件所撰寫，一方面對甘粕表示讚揚，「祝賀君王萬歲／和平世代大正／時勢所生的新思想／社會主義、共產主義和無政府主義的民主／相繼興起／驚人的傳播力／主導者名叫大過境」（同四二頁），以此表現出新思想的威脅（「大過境」指的就是大杉榮，即其諧音）。接著寫到：「先別焦急上尉大人／只有大過氏夫妻／別想根絕主義者／博士阿久森為首／根除殘徒／其後死也遲了」（同四三頁）（「阿久森」是以假借字和諧音諷刺吉野的文字遊戲，將「吉」以「惡」表示，「惡」又與「阿久」同音，「野」則用「森」表示）。

第二節 民主的思想

民主的思想史

吉野認為民本主義是普遍的原理。他的立場是根源於基督教的人類觀，但構成民本主義精髓的民主，原本是什麼樣的概念呢？（以下，會依照文脈，將民主以「民主制」、「民主主義」來表現）。

民主論一般會溯及到古代希臘哲學家亞里斯多德的《政治學》（在柏拉圖的《政治家》中，已出現以下的分類）。亞里斯多德認為國家統治機關握有主權，其再以一人、少數人、或多數人掌握主權為基準，進行分類。政治者（們）若是為了公共利益進行統治，就是正確的國制，但若是為了自己的利益進行統治，就是不好的國制。其稱以單獨支配、進行好的統治者為王制，少數者支配的好統治為貴族制，多數者支配的好統治為共和政治。亞里斯多德雖然認為一人或少數人能達到卓越的德行，而多數人比較困難，但僅有關於戰爭之德，可在多數人之內找到。此外，逸脫各自支配形態，就變成了僭越君主制、寡頭制、民主制。其認為寡頭制是為了富裕者利益的支配，而民主制是為了多數貧困者利益的支配。

比起支配者的人數多寡，亞里斯多德區分寡頭制及民主制的基準，主要在於「富／貧困」。

其進一步論述：「民主制是自由市民取得主權，寡頭制是富裕者掌握主權，只是事實上前者人數多，後者人數少。」（《政治學》，一八六－一八七頁）。

法國的盧梭是對近代民主有重要貢獻的思想家。他的社會契約中，國家是由人民所構成，由一般意志來運作。作為主權者的人民之意志就是一般意志，不會弄錯選擇。從而，盧梭對代議制是採否定的姿態。

同為法國思想家的托克維爾，見解則與盧梭不同。托克維爾將民主當成社會類型來思考，以此為基礎，與以前的貴族社會不同，民主追求「處境的平等」。這個社會的特徵是「多數人的全能」，依照托克維爾的說法，此會轉變為「多數人的暴政」，可能會對少數人產生迫害。

在民主社會中，中間團體解體，集權國家以監護權力之姿興起。托克維爾也認為代議制是一種自由的威脅。對於該如何調和自由與平等的問題，托克維爾認為最重要的就是透過支持結社及言論自由，強調個人的政治自由，使民主活性化。

英國思想家彌爾也指出「多數的專制」。對彌爾來說，與國家相同，社會的壓力是威脅個人自由的存在。他的《自由論》中提到：「本論文的目的在於主張一個極為單純的原理，社會大體是以強制或統制的方式支配個人的生活，不論使用的手段是以法律上刑罰形式的物理力，或是輿論的精神上強制。而這個原理是人類之所以有權可以各別地或集體地對其任一成員的行動自由進行干涉，唯一的目的是自我防衛」（同二四頁）。此外，「只要其行為與其自身以外之人都無利害關係，個人就不須對社會負責。他人為了自身的利益認為有必要時，可以對他忠告、指示、勸說，以及避而遠之，這些是社會為了表現出對個人行為的嫌惡和非難時，所僅能採取的正當步驟」（同一八九頁）。彌爾主張除非有害他者，否則人有所有行動的自由，稱之為他者侵害原理，在現代仍有重要意義。從彌爾的他者侵害原理，會導出思想・信仰自由的擁護及愚行權。

漢斯・凱爾森的民主論

二十世紀民主論最受到矚目的，是提倡純粹法學的凱爾森，認為法學應排除其他學問的影響或政治的意識形態。凱爾森出身奧地利，曾起草憲法，擔任憲法法院的法官。一九三〇年起，在德國科隆大學擔任教職，因是猶太人，為逃離納粹迫害，一九四〇年移民美國。他的研究不僅有狹義的法哲學，還擴及到國際法。

凱爾森從理論及現實兩面分析民主。在理想上來說，是僅依自己的意見而活的自由。但現實中這是不可能的，而採用了盡可能納入多數人意見的多數決原理。一九二九年出版的《民主主義的本質與價值（第二版）》中，凱爾森指出以多數決原理阻止階級支配是適合的，「此事已可從該原理對經驗上的少數人保護是友善的看出，這是因為所謂多數派，是要以概念上的少數派為前提，故多數人的權利是以少數人的存在權為前提。如此，就可以歸結出由多數人保護少數人的（雖然還無法說是『必然性』）『可能性』。」（同七三頁）多數決原理並非意味著由多數人對少數人進行絕對的支配，而是政治對立的妥協原理、調整原理。事實上，仍存在少數派支配政府的可能性。

凱爾森認為民主制與議會制不同，這一點與後述的施密特相同。凱爾森對於盧梭以自由和直接民主制關係為中心的思想，有很深的研究。依其研究，既然直接民主制是不可能的，僅有議會制是實現民主的唯一可能形態。也就是，民主制理念的自由，結合多數決原理及國家意思形成間接性的分工原理，就會成為議會制。此外同時，作為實現民主制技術的議會制，與民主制理念的自由處於緊張關係，為了解決此問題，凱爾森著眼於國民投票及國民立案、政黨制等。

凱爾森提到：「絕對的真理與絕對的價值，對於人的認識來說，是一種封閉。持有此種想法的人不只主張自己的見解，與其對立的他者見解，至少也會認為是可能的。從而，相對主義才是民主主義思想的前提之世界觀。」（同一二九頁）。

卡爾．施密特（Carl Schmitt）的民主論

與凱爾森活躍於同時期的德國法學者——施密特，又被稱為納粹的幫凶，從入納粹黨（一九三三年）前就已經開始批評自由主義。施密特和凱爾森同樣都將盧梭的《社會契約論》當成是民主的重要作品，但施密特卻是從和凱爾森不同的方向展開論述。

《現代議會主義的精神史狀況》（一九二三年）中，施密特區分議會主義與民主主義，前者是由來於自由主義的制度。「即使沒有稱之為近代議會主義的思想，民主主義亦可能存在，而無民主主義，議會主義亦可能存在。從而，獨裁絕非民主主義決定性的對立物，民主主義也不是獨裁的決定性對立物」（樋口譯，三二頁）。施密特認為當時的議會是代表利益團體的政黨進行交

涉的場所，且其交涉是在國民看不見的委員會中進行。再者，同書的第二版（一九二六年）中，主張「成為民主主義本質者，第一是同質性，第二是——在必要時——排除乃至消除異質者」（稻葉譯，一四頁）。對施密特而言，人民是公法上的概念，故凱爾森將政治上的組織與私法上的組織做相同的處理是錯誤的。

施密特在《憲法理論》（一九二八年）中區分「憲法」及「憲法律」。「憲法律」指的是依照合法的程序，得任意修改的個別規定。而「憲法」則是指政治統一體的具體實存形式。施密特認為可以從作為憲法制定權力、由人民決定的「民主制」國家形態，找出威瑪憲法的政治實存形式。此處的民主制已非程序的問題，屬於憲法的本質。該書中也論及憲法修改的界線，其認為即使「憲法律」可以修改，但「憲法」是不能修改的。而為了守護「憲法」，暫時停止「憲法律」上權利的「獨裁」也是施密特所認為的憲法保障。

《憲法理論》中提到人民時，有如下的描述：「人民直接意思表示的自然形式是喝采，也就是大眾表示贊同與否的叫聲。近代巨大國家中，喝采作為全體人民自然的、必然的、活生生的表現，已改變其形態，以『輿論』來呈現。不管如何，人民經常只是不置可否，僅在只能贊成或反對，關係到自己全體實存的基本決定時，人民的不置可否就愈會變成單純且基本的」（同一〇五—一〇六頁）。民主制的中心概念不是人，而是人民。同書中，施密特提到，凱爾森多數決原理的量上、算數的方向，使民主制的政治意義消失，無視關於民主制實質平等的議論。

一九三二年，施密特出版《合法性與正統性》一書，這是在納粹與共產黨等反共和主義勢力抬頭，對於當時的議會制民主主義價值中立的危機感中，所完成的作品。亦即，敵視憲法的勢力，透過形式上的程序，奪取權力，施密特認為議會制民主無法防止此種「合法革命」是很大的問題。

但是隔年，施密特加入納粹黨。一直對納粹採否定態度的施密特，為何會「轉向」，其動機有多種說法，少數說認為納粹要人對其釋出善意。在納粹期，施密特提出了「具體的秩序思想」，主張扎根於民族生活的具體現實之秩序。

第三節 「美國」的登場

與美國的接觸

對日本而言，「美國」是怎麼樣的存在？最早的經驗大概是裴利與黑船吧。當然，從太平中覺醒，威脅的面向是強烈的，但另一方面，也可以看到美國與日本的共通性。從脫離英國殖民地支配來看美國，可認為其是所謂「攘夷」成功的歷史先例。此種非歐洲先進國的美國圖像，連接到日後作為與德國對立的和平主義國家的美國圖像。此外，也不可忘記美國是海軍國家的這一面向。日本從幕末到明治初年，透過購入船艦、派遣留學生到安納波利斯海軍學校，接受美國海軍的援助。日俄戰爭後，因日本人移民排斥問題，以及關於滿州的美日經濟對立，日本以對美作戰為前提，增強海軍軍力，但一般認為除非處於決定性的對立，否則對美關係是得以妥協的。

此外，還有作為民主主義、資本主義先進國的美國圖像。民主主義國的美國，以華盛頓、林肯、威爾遜為象徵，民眾的政治成熟度也給予日本人很大的衝擊。民主主義國的美國，同時也是資本主義國，甘迺迪、洛克斐勒等為代表人物。這也意味著一面象徵自由主義、個人主義，但另一面是拜金主義、世俗主義。

學問的衝擊

在學問的世界感受到美國的契機，是在明治一〇－二〇年代的日本，流行英國思想家史賓賽（參照第三章）的哲學及社會學。史賓賽的思想廣泛流傳於南北戰後的美國。排除國家干涉、強調自由競爭的必要性及適者生存合理性的史賓賽思想，在美國，不僅是學者，在資本家及政治家中也相當受到歡迎。此種思想導入日本的結果，就是美國以一種「產業型社會」的典範之姿出現。

此外，實用主義的正式傳入也是此一時期。在美國向杜威學習的田中王堂回到日本任教，曾上過田中課的石橋湛山在晚年時曾表示：「我因為老師首次開了人生的眼界。我的經濟學並非從誰或老師，完全是自己讀書開始的，但當時也受到王堂老師有益的指導。……老師的思想很深厚，學問也廣博」（《湛山回想》，七五頁）。「若今日我的思想，有什麼特色的話，這都是王堂哲學的恩賜，這麼說一點也不為過」（同七八頁）。

王堂思想如下面的文章所見，著眼於具體生活。「自己來看的話，生活的價值根植於生活的欲望，生活的意義由實現此欲望的手段而生。人正因為生活中有價值，才得以持續努力，此種努力涉及到種種的方法及變化，於此產生了成為生活意義之物」（《從書齋到街頭》，四三二頁）。從而主張要調整自己的欲望，亦即「人要繼續生活時，須計算其所在的處境與其欲望，使兩者得以整齊或融合，此為繼續生活的必要條件」（同四三五頁）。

文化的衝擊

美國對日本的衝擊也擴及到文化面。特別從第一次世界大戰中到戰後，日本成為世界屈指可數的美國電影市場，透過電影，日本人接觸到更真實的美國。當時因為是無聲電影，所以上映時進行解說的活動辯士非常活躍。但《夫人與妻子》（一九三一年）等，同時具有影像與聲音的有聲電影開始在日本播放後，大多數的活動辯士慘遭失業。橫溝正史的《惡魔的彩球歌》中，主角金田一耕助曾回想一九三二年時當辯士而失業的故事。

隨著工業化、都市化，生活方式也機能主義化。因為這樣的文化傳入，美國的政治衝擊（因威爾遜主義造成的民主主義）更加深入到日本社會。

並非沒有人對於美國民主主義抱持懷疑。例如和辻哲郎以具備如古代希臘的哲學、高藝術的精神性者為「文化」，以此相對於英美，批判實用導向的英美型「文明」。但大正民主的中心人物——知識份子們都認為此是「世界趨勢」。雖然彼此間有程度之差，但都對美國有親近感，外交政策上也主張對美協調主義，進行美國研究。一九一八年，日本的大學第一次進行美國研究講座課程就是由美濃部達吉、新渡戶稻造、吉野作造所開設。此講座是由紐約的銀行家赫本（Alonzo

Barton Hepburn）向東京帝國大學法科大學捐款，設立「美國憲法、歷史及外交」講座，一九一八年二月開始先由美濃部開設美利堅合眾國憲法課程，由三人接續進行課程。

當美國上院否決了凡爾賽和約，威爾遜主義對日本知識份子的影響力就急速下降。惟這並非意味著大正民主的消退。而是表示日本國內政黨內閣已成熟，及合法的無產政黨的開始活動，在國際上則是參加華盛頓體制。隨著這樣的發展，美國對於日本的影響也從思想上轉向經濟上，中心人物也轉變為財政界、官界的親美指導者。

第四節　社會主義、社會運動

日本的社會運動及法規範

一般被認為最早的日本社會主義運動是高島碳坑問題。這是長崎縣三菱礦業高島碳坑所發生的礦工虐待事件，從明治初期已發生過多次暴動。一九八八年《日本人》雜誌討論了此問題，引起廣大迴響。之後一八九九年，新聞記者橫山源之助出版了《日本之下層社會》。橫山曾以農商務省囑託身份，參與《職工事情》調查。一八九一年田中正造在帝國議會中提出了足尾礦毒問題。

說到使日本勞動運動向下扎根的人物時，就不得不提到高野房太郎。他是經濟學者高野岩三郎的哥哥，房太郎從美國寄回的生活費，讓高野岩三郎得以繼續求學（高野岩三郎的弟子是森戶辰男，參照第九章）。高野房太郎在美國學習勞動運動，並將同時期在美國留學的片山潛，從原以牧師為志，導引到從事社會運動。一八九七年其與片山組成勞動組合期成會。其他還成立了鐵工組合及日本鐵道矯正會等勞動組合，勞工越發團結。而片山因治安警察法，急速傾向社會主義，相對於此，高野房太郎固守以勞動組合為中心的運動，兩人間的裂痕也越來越深。一九〇〇年，高野房太郎離開日本赴中國，一九〇四年客死於青島。

對於這樣的發展，日本政府在一九〇〇年制定了治安警察法，限制勞工的團結權、罷工權。另一方面又從緩和勞資對立的政策立場，制定了工廠法（一九一六年施行）。

一九〇一年，安部磯雄、片山、幸德秋水、木下尚江等等成立了第一個社會主義政黨——社會民主黨，但因違反治安警察法而被迫解散。日俄戰前的一九〇三年，幸德與堺利彥等成立了平民社，在《平民新聞》中呼籲反對戰爭。社會主義運動展開了政治運動，一九〇六年日本社會黨成立，隔年也因違反治安警察法而被解散。

女性的勞動環境

此時期，特別是女性勞工的待遇非常惡劣，後述的女性解放運動中，也將此點作為議論對象。一九〇〇年當時，工廠勞工總數約三十九萬人，其中紡織產業占二十四萬人，百分之八十八為女性。多數的女工都是為了幫助貧困的家計，而外出工作的佃農家女兒，因預借薪資及寄宿制度，形同被工廠綁架，在惡劣的環境下，以微薄的薪資，長時間工作。在第九章中所提到的工廠法，也對女工的勞動環境沒有多大的改善。

宮本常一曾說到，走在戰前的村莊時，每戶農家中看到的都是臉色鐵青、彎著腰走路的女性。在城市的工廠工作後，生重病而回到農村的女性，幾乎無人再回復健康。

與女工差不多，甚至處於更惡劣環境的，是在花街工作的女性。一九〇〇年制定了娼妓取締規則，此外，以山室軍平為中心的救世軍所發起的自由廢業運動等，都沒有改善娼妓們的境遇。

第五節　日本的女性解放運動

岸田俊子

在回顧日本的女性解放運動時，不能忽視後述的《青鞜》的角色。然活躍於明治初期的岸田俊子也是重要的。岸田在一八七九年，受山岡鐵舟及京都府知事——植村正直的推薦，以十多歲的年紀，進入宮中擔任文事御用掛，向皇后講授《孟子》，一八八一年辭職離宮。隔年，在大阪道頓堀朝日座的政壇演講會中，演說「婦女之道」。之後投入演講、寫作及教育。雖然現在甚少受到注意，但在美國的近代日本女性史中，岸田為女性運動家的代表。

將岸田定位為「男女同權」的論者，或與體制衝突的民權派，尚須審慎為之。此處所謂的「男女同權」指的是，以男女能力相同為前提的女性參政權，岸田為對抗當時男尊女卑的社會，並無預設男女能力相同，而是用了「與男子同樣之權」一詞。岸田主張改善女子教育，這並非源於西洋的價值觀，而是從日本、東洋的立場所作的建言。

《青鞜》的誕生

如前一節所述，大正民主期勞動環境的改善，對當時的女性解放而言，也是燃眉的課題。但當時的女性沒有推動政治的力量，談論政治的場所也不充足。女性解放運動並非單純的主張權力運動，而帶有從女性之眼，重新檢討人世間的思想運動性格。從而，要有活動家，同時也必須要有思想家。在此之中，刊登多數女性思想家論稿的就是《青鞜》。

《青鞜》登場的時代，與後述的第一波女性主義時期重疊。一九〇七年以後，歐美陸續發生關於女性自主的重要大會及運動，日本的報紙等也開始使用「女性主義」一詞。

《青鞜》的中心人物是平塚雷鳥。平塚雖是受所謂賢妻良母的女子教育長大，但也習得英文、漢文及禪學等知識，在歷經與夏木漱石門下的森田草平殉情未遂的醜聞後，創辦了《青鞜》。

東京帝國大學出身的生田長江組織了「閨秀文學會」，平塚明（也就是之後的雷鳥）等也參加了（平塚與擔任講師的森田是在此認識的）。一九一一年，生田建議平塚創辦女性的藝文雜誌。平塚本身雖然沒有很積極，但因生田的建言及幫助，同年《青鞜》得以誕生。生田建議可以借用國木田獨步夫人及森鷗外夫人等名人的光環。關於利用這些名人的光環一事，在創刊號中平塚曾寫道：不就像是「借他人之光而閃耀，猶如病人蒼白臉色的月亮」。然而，比起現代，文化上、教育制度上，男女都相當不平等的時代，借助名人的光環有其必要。

平塚以其結婚資金作為出版費用的創刊號中，登載了與謝野晶子的詩。平塚去找與謝野當《青鞜》的贊助者時，與謝野雖曾表示優秀的歌稿多為男性所作，但與謝野也吟唱了「所有沈睡的女性，今日覺醒開始動作」。同號中，也刊登了平塚的〈女性原本是太陽〉一文。女性必須自我顛覆，自己突破限制，天才不分男女，性別是屬於在下層暫時展現的我，文中展現了改變女性現狀的決心。受平塚及與謝野精神感動的女性上京，集結於《青鞜》。《青鞜》刊行至一九一六年為止。

母性保護論爭

女性解放運動中，特別受到注目的議論是母性保護論爭。這是指在一九一八年到一九一九年為中心，與謝野晶子、平塚雷鳥、山川菊枝、山田若等人所進行的一連串討論。關於女性解放，有經濟自主與母性保護、社會及國家像等的爭論。與謝野認為由男性來保護或由國家進行母性保護是一種「依賴主義」，強調應從勞動使女性經濟、精神自立。其表示：「我要促成的覺醒的對象，是透過中產階級與無產階級，借重親兄弟及丈夫的財力，總是過著衣食無虞生活的女子們。現在，寄生女子每日的安逸，是一種無根、難看、膽怯的安逸，對內麻痺女子本身的獨立精神，女子依然處於無能無力的地位，使之腐敗至半妾半婢的處境，導致在外讓男子仍然輕視女子，拒絕改變加諸於女子的專制態度」（〈以女子的職業獨立為原則〉，《資料母性保護論爭》，八三頁）。

平塚則是認為生養小孩是國家事業，主張由國家進行經濟扶助的母性保護。平塚對與謝野有如下的批評：「我認為與謝野所說的婦人依賴主義、經濟的獨立等，只是拘泥於名目，而忘記觀察實際的空論。在正確的言詞意義上，我認為所謂母親的經濟獨立除非有特殊的勞動能力者外，是全然不可能的。——尤其這是今日（特別是日本）的社會狀態」（〈母性保護的主張是依賴主義嗎？〉，《資料母性保護論爭》，九〇頁）。

山田認為育兒是社會、國家事業，從母性可以看到婦女的存在領域。山川認為生產或育兒並非是為了社會或國家，女性解放只有在社會主義社會始為可能。

愛倫凱（Ellen Karolina Sofia Key）

平塚及與謝野的論述中都提到了愛倫凱。沒有一個外國人思想家像愛倫凱一樣，對大正期間日本的女性解放思想、運動產生重大的影響。愛倫凱出生於瑞典，其思想一般認為對後進資本主義國德國、日本有很大的影響。「母性」一詞在日本普及的契機，一般認為是與謝野晶子為批評愛倫凱所寫的〈排除偏重母性〉（一九一六年）（對於與謝野的這篇文章，平塚寫了〈給與謝野晶子的母性主張〉一文回應）。

一九一〇年代初期，就有文化主義的哲學者及新理想主義的文學者開始介紹愛倫凱的《戀愛與結婚》。一九一二年，欲將婦人問題作為今後研究課題的平塚，對愛倫凱的思想感到興趣，在一九一三年《青鞜》一月號，開始連載翻譯。

這個時代，因明治民法對女性因襲性的壓抑，以及因產業革命使女性勞工的勞動環境更加惡化，開啟了思想或實踐上的對抗。自由戀愛及母性尊重論，就是作為對此種現實的對抗提案，而傳入日本的。然而，愛倫凱所關心的是孩童的健全成長與發展，並非企圖透過「母性」提升女性的社會地位，對婦女參政權運動也是冷淡的。

第六節 西洋女性主義的展開

法國大革命

以下將從法國大革命（一七八九年七月）來看女性解放的歷史。眾所周知，法國大革命雖然是從巴士底監獄的暴動所開始的，但據說十月五日有七千至八千名革命派女性聚集路易十五世廣場及愛麗舍宮，展開示威行動。因擔心明日的麵包所在的經濟問題，女雅各賓俱樂部成立，積極參加政治。

法國大革命中女性主義的綱領是奧德蘭・德古熱（Olympe de Gouges）所寫的《婦女及女性市民的權利宣言》（一七九一年）。德古熱出身底層，有強烈向上心，在革命時留下評論、創作、及戲曲的人物。但因未受過正式教育，不會書寫，而以口述紀錄。

上述的書基本上完全依照〈人權宣言〉（一七八九年）的架構、語句，僅將作為權利主體的人（homme）置換為「女性（femme）」或「男性與女性」，「市民（citoyen）」置換為「女性市民（citoyenne）」，是女性版的人權宣言。當中論述女性有與男性相同，追求平等的權利及參與，同時也課與平等的責任。這是訴諸近代市民革命的理想信念，即平等理念，透過在男女間都適用，主張女性人權的構造。

為何德古熱採取這樣的論述途徑？這是因為〈人權宣言〉中普遍的人權主體「生而為人」未包含女性。當時所謂的「人」指的是「男性」。

雖然因革命的展開，女性的政治參加有所推進，但到革命尾聲，設立權力機關之時，女性又再度被排除在政治舞台（一七九三年禁止女性政治結社，一七九五年則有禁止參加集會遊行的「家庭復歸令」）。雅各賓派嫌惡女性的政治化。特別因為德古熱的立場為吉倫特派，與革命推進派的雅各賓派對立。一七九三年七月，德古熱被逮捕，十一月遭到處刑。

此時期否定女性政治上權利的根據，可歸結為下列三點：①基於懷孕、生產等身體上差異的「母性強調」。②不論女性的特性與男性的特性，女性不適合政治活動（特性論）。③女性有守護家庭的重要任務（性別角色分工論）。

第一波女性主義

從現代來看，可總結為「第一波女性主義」的時期，約是稍晚於法國大革命的十九世紀後半到二十世紀前半（在十八世紀末，已可看到英國的瑪麗．沃斯通克拉夫特（Mary Wollstonecraft）出版先驅作品《女權辯護》（一七九二年），此書約早一世紀受到評價）。代表此時期的是以「侵害原理」有名的彌爾（《女性的屈從地位》，一八六九年）。一八五一年，彌爾與哈莉特・泰勒（Harriet Taylor）結婚，彌爾曾對規範自己婚姻的法律提出異議，其反對的是法所規定的婚姻關係的全體性質。其理由特別是，法律賦予契約一方當事人，與另一方當事人本人的意思獨立，對妻子的身體、財產、行動的自由有法律權限及支配權。當時的女性一旦結婚，幾乎完全受丈夫支配。彌爾在《女性的屈從地位》中論述，透過女性解放，除使女性自身能力提升外，也可消除男性的不當自大，故社會整體將更加幸福。

德國從十九世紀後半開始，因海倫娜・朗格（Helene Lange）、格特魯・波伊默（Gertrud Bäumer）、米娜・考爾（Minna Cauer）等人的活躍，而展開婦女運動。一八九四年，德國婦女協會聯合會（BDF）成立，整合了多個市民女性團體。BDF關心家族法問題、刑法的墮胎罪問題、及女子教育問題等。

第一波女性主義的目標，在於獲得與男性同樣的參政權與財產權等法律上的權利（參與政治、經濟的公社會）。當時，從「女性劣於男性」等以身體的差異作為基礎的特性論導出男女不平等論、或是從「女性的天職在家庭」等基於性別角色分工論，否定女性權利的論述是根深蒂固的。對此，即使是主張女性權利之一方，在否定性別角色分工的論述也未十分充足。

第一波女性主義是在公私二分論的前提上，追求公世界的平等，且是法律地位、資格的平等，這種形式上的平等，原本就有其限制。此外，對於特性論或性別角色分工論，也未以社會理論切入。

第二波女性主義

繼承前述課題者，是「第二波女性主義」。從一九六〇年代的美國所開始的女性運動，即使基本上已實現了女性參政權及法律上的平等，但仍遺留了社會上、經濟上的女性不平等問題。一九六三年，貝蒂．傅瑞丹（Betty Friedan）出版《女人韻味的神話》，討論當時美國社會中「讚美像女人韻味般的風潮」及定型化的女性形象、對於女性角色的期待等，都對女性們帶來了心理上的壓抑。

女性主義運動與反戰運動、學生運動、黑人解放運動共同合作，擴及到包含日本在內的先進諸國。即使在法律上是平等的，為何現實中女性仍是屈從的地位？針對此問題，參與運動者運用「家父長制」及「性別（gender）」之概念，進行考察。

（陳宛妤譯）

第九章　馬克思主義法學

本章提要

我國過去曾經有大學生或連高中生都會閱讀並討論馬克思（Karl Marx）的《資本論》，並認為這才是求知之道的時期。當時，知識份子之間非常認真地嘗試進行馬克思主義的研究，雖然現在的馬克思主義研究影響力不及當時，仍持續進行著。不過，如果誇張一點來講的話，現在大家逐漸認定，馬克思或者馬克思主義已經是「過時」的思想家與思想。如果限於部分範圍來說，固然英美學術圈的論者有形成所謂「分析馬克思主義」一派，但其與過去的馬克思主義不同，是放入最新經濟學成果的一種社會科學理論。

那麼，為什麼我們必須重新檢視「已經過時」的思想呢？這是因為，這個思想所處理的各種關係層面（階級）在我們的世界裡並沒有消失不見，反而被視為理所當然，這樣的理所當然已經成為無可懷疑且自明之事實。只要馬克思及馬克思主義所欲處理的問題並沒有被解決，其思想就會常常受到矚目吧。本章將會聚焦在馬克思主義中特別與法學有關的議論。

第一節　馬克思主義的形成

馬克思主義誕生的背景

馬克思主義是在下述歷史條件之下所形成的：一八四〇年代歐洲諸國資本主義生產樣式的發展、伴隨而來近代工業無產階級（依賴薪資的勞動者）的形成、階級對立的凸顯、無產階級的政治化等。特別是德國，與英國或法國相比，德國的經濟與政治的矛盾更為嚴重。

馬克思主義係以自然法思想及德國古典哲學、英國古典經濟學、法國社會主義等為思想上的前提。

馬克思的思想形成

馬克思生於一八一八年的普魯士，一個富裕的中產階級家庭。在具自由主義校風的中學求學階段，法國發生七月革命（一八三〇年）。馬克思目睹普魯士懼怕革命在國內上演，因此展開打壓革命勢力的過程。之後，馬克思先至波昂大學，後到柏林洪堡大學學習法學，並且受到黑格爾哲學強烈的影響。當時柏林洪堡大學法學部中，身為黑格爾左派的愛德華・甘斯（Eduard Gans）以及身為歷史法學派的薩維尼之間彼此對立，而馬克思兩邊的課程都有參與。不過，他自一八三八年轉向投入哲學的懷抱，一八四一年於耶拿大學提出論文，取得哲學博士學位。

一八四二年起，馬克思開始在科隆的反對派報紙《萊茵報》投稿，同年十月成為該報主編。不過，隔年三月起，該報就被普魯士政府查禁。馬克思早從在萊茵報時代，即根據黑格爾的法與國家論，對普魯士絕對主義進行批判。不過不久後，馬克思就以哲學家費爾巴哈（Ludwig Feuerbach）為媒介，從黑格爾法哲學轉向到對唯物史觀及共產主義的關心。一八四四年撰寫《經濟學・哲學採稿》（生前並未出版），在這本書中，發展了他的「異化理論」。馬克思在這個理論所要說明的是，在資本主義的關係結構下，現實的人如何從中異化了自身的（透過勞動發展自身能力的）人類本質。現實上的人，亦即受雇用的勞動者，不僅不能自由地使用自己勞動而得的生產物，也沒有辦法控制勞動的過程，這些都是在資本家的支配之下。馬克思認為，藉由實現共產主義，得以讓現實上被異化的人重新回歸人類本質。

與《萊茵報》合作的時期，馬克思認識了恩格斯，自一八四四年開始，二人在友好的關係下接續完成重要的作品（一八四五年《德意志意識形態》、一八四八年《共產黨宣言》）。移居多處後終於落腳於倫敦的馬克思，在大英博物館圖書館中，潛心研究經濟學。一八六七年出版《資本論》第一卷（第二、三卷在馬克思死後，由恩格斯編輯出版）。在這樣的學術活動之外，馬克思也協助了許多促進國際勞工運動發展的活動。

在著名的《資本論》中，是如下述般分析資本主義社會的。在這樣的社會中，分裂成資本家與勞動者兩個不同的階級，前者將貨幣作為資本，把勞動力當成商品來購買；而後者則是不販賣勞動力就無法生存的人。資本家透過雇用勞動力獲得利潤。然而，人們並沒有辦法自由選擇要成為資本家還是勞動者。無論是資本家或者勞動者，都是資本主義下經濟關係所展現的一份子，他們不過是資本及雇用勞動的人格化展現。

附帶一提的是，馬克思或恩格斯關於法律的敘述，其實是非常片段而無體系的。將它們的思想與法學統整在一起成為馬克思主義「法學」一事，其實是後世理論家們的課題。

馬克思與馬克思主義

然而，馬克思本人的思想與馬克思主義是同樣的東西嗎？根據考茨基（Karl Kautsky）及列寧等人所發展的思想來觀察，會發現作為特徵的經濟主義與歷史決定論的內容，已經與馬克思自身的思想有很大的不同。馬克思針對法國的馬克思主義，曾經跟他的女婿拉法格（Paul Lafargue）說過：「如果這是馬克思主義的話，那麼我不是馬克思主義者。」而有人認為，馬克思這番話也適用於大部分的列寧思想。由於現實上馬克思主義已經行不通了，在第一次世界大戰之後，由盧卡奇（György Lukács）、葛蘭西（Antonio Gramsci）、霍克海默（Max Horkheimer）、阿多諾（Theodor Adorno）等「法蘭克福學派」（以法蘭克福大學「社會研究中心」為核心的學術社群）為核心人物，開創出所謂西方馬克思主義的新潮流。

第二節 日本的馬克思主義法學與帕舒卡尼斯（Evgeny Bronislavovich Pashukanis）

日本的馬克思主義法學

一般認為，日本的馬克思主義法學肇始於一九二〇年代中期，亦即自一九二五年平野義太郎《法律中的階級鬥爭》一書刊行起算。不過，在此之前，學術上就已經窺見馬克思主義法學研究上的若干跡象。例如，一九〇二年穗積陳重在法理學演習課中，就曾經出過「社會主義與法律」的課題，當時尚屬學生的吉野作造及牧野英一也都有參與課程。另外，一九二一年河上肇《唯物史觀研究》出版，該書收錄〈於《經濟學批判》序文中所見唯物史觀的公式〉一文。河上氏的唯物史觀研究大幅度地影響了日本的馬克思主義法學之形成。

日本馬克思主義法學的興盛，從某層面來說，確實是來自於俄國革命的影響下馬克思主義急速向法學擴張勢力的結果；不過另一方面，日本的馬克思主義法學，其實與蘇聯的馬克思主義法學的發展沒有直接關連，而可見在大正時期日本獨特的思想狀況下，有著獨樹一格的發展。一九二〇年代後半進入思想箝制期之際，日本的馬克思主義法學大幅地向前邁進；論者積極嘗試著介紹帕舒卡尼斯及卡爾・門格爾（Carl Menger）等人的理論，不過它們也需要面對日本馬克思主義法學固有的課題：絕對主義天皇制的法結構、法意識形態的分析、在階級鬥爭下對諸多具反動色彩之法律的批評等（另外，後述的森戶辰男及恒藤恭，則擔任門格爾理論的接納與引介之角色）。

所有權理論的修正

資本主義財產制度的分析，是馬克思主義法學的重要任務，許多論文分別針對各個不同的論點進行討論。不過，並沒有看到戰前有發展出貫穿整體的理論體系。我妻榮《近代法中債權的優越地位》，以及川島武宜《所有權法之理論》等書，雖然是基於馬克思的分析而來，但我們實難將這些書定位為馬克思主義法學的文獻。

不過，在平野所著《法律中的階級鬥爭》中，可以明確看到馬克思主義法學針對所有權提出何種問題出來。亦即，由於隨著部族的人口增加，糧食供給的必要性提高，部族為求肥沃的土地而遷徙；部族遷徙引發部族之間的交涉與衝突，而戰鬥的結果，產生征服與被征服的關係。「此際，征服者獨占了土地及其他生產機制，而由於該獨占關係需要對土地有排他性的支配，在此就樹立了所有的概念。」（同第七頁）這是階級分裂的起源。這個階級上的差異使得各個階級產生身分意識，隨後由於法律關係的成立，隸屬關係轉變成保護關係，階級的存在本身就成為法律上及道德上毋庸置疑的存在。

階級性的法律秩序如下述方式固著下來：首先，獨占生產手段的支配者階級為了保護自己的優越性，對所有權設定禁忌（與其說這是有意識的行為，不如說這反映了社會事實的存在）。由於禁忌是不得冒犯否則會受到超自然制裁的事物，因此無論任何人都被要求要對禁忌存有敬畏之心。而所有權人本身也要求「人的禁忌」。透過這樣的方式，被支配者階級將會把支配者階級視為不可侵犯的、神聖的東西，如此一來就完成了階級的固著化。「現代當中所謂『獨占生產機制』這種社會統制性的事實，對所有權設定禁忌。這個現象或許比古代更為強力也不一定。——所有權是禁忌。因此，無產階級者絕對不可以觸犯它。……同樣地資本階級也是禁忌。」（同一九頁）

根據平野的論述，羅馬法本意在設定所有權，這卻也讓支配者階級逐步累積其財富。羅馬之所以繁榮，也是因為有剝削與被剝削利益的階級支配存在。所有權不僅只是絕對不可侵犯的權利，也是自生產者剝削其收穫物的權利。

近代邊沁從功利主義思想推導出所有權的不可侵犯，另外法國人權宣言中也確認了所有權的神聖不可侵犯性，不過無論是哪一種，都只不過是保護有產階級者的思想。無產階級者實際上被置於不自由、不平等的境地。與自由、平等敵對的行動，被看做是對人權的叛逆。

「自由且隨心所欲之人的共同形態」

平野主張，社會統合的理想是「自由且隨心所欲之人的共同形態」。「受正義指引的法律唯有將自由且隨心所欲之人的共同形態當作目標，才能體現作為法律理念的正義。」（同一三三頁）在這個共同形態當中，人得以不受他者支配，以實現自我人格為目的來活動，並且這樣的人們不得不為了達成相同的目的而一起協力合作。全體成員成為共同目的的手段，最終會要求成員們徹底投入，甚至到會為了成遂全共同形態而忽視各個人格的程度。在這個階段中，剝削性的支配當然不用說，連勞動全收權也會被否定。

現代的法律是階級的法律。對我們而言，重要的是，將不合理的制度置換為合理的制度、實現共同形態的理想、以及為了實現價值而活動。平野在勞工運動及勞工爭議中看見了階級鬥爭，並且倡議須將階級鬥爭的事實樹立為規範。在此所謂樹立規範，指的是立法與解釋。

帕舒卡尼斯《法的一般理論與馬克思主義》

一九二〇年代是帕舒卡尼斯等蘇聯學者認真拓展馬克思主義法學的時期。如前所述，馬克思及恩格斯關於法律的敘述缺乏體系性，因此，並不能即時因應當時蘇聯所面臨的實務課題。在十月革命沒多久之後，政治領袖及理論家們常從與馬克思主義關連較弱的學說中，找尋立法上的依據。

由於帕舒卡尼斯自己於一九三七年曾被整肅過，所著《法的一般理論與馬克思主義》（第一版一九二四年，第二版一九二六年，第三版一九二七年，以下簡稱《一般理論》）在蘇聯被查禁封殺的時期相當長。必須要等到一九五六年才獲得平反。相反地，在日本該書多次被譯成日文（一九三〇年、一九三三年、一九五八年），受到相當程度的注目。

帕舒卡尼斯的《一般理論》發想自馬克思的方法論，他考察法的歷史特徵，推導出「法律的滅亡」這個以計畫原理取代市場原理的結論。在《一般理論》之後雖然也留下若干作品，一九三〇年代由於政治局勢的轉變，他也不得不開始自我批判，《一般理論》的見解也逐漸褪色。

帕舒卡尼斯在《一般理論》書中處理的是無法化約為心理學及社會學的法的一般理論。他雖然一方面認可純粹法學的提倡者凱爾森的功績，但另一方面也認為凱爾森的理論從一開始就背離了社會生活，並對於規範與物質間的利害關係不抱興趣。帕舒卡尼斯認為，凱爾森這種「極端的形式主義，毋庸置疑是呈現出近來布爾喬亞科學思想沒落的一般傾向。」並且批判：「這種科學思想耽溺於思考完全無用的方法論以及形式邏輯式的策略，誇耀著自己游離於現實的狀態。」（同六九頁）

那麼帕舒卡尼斯所謂的法的一般理論究竟是什麼？他自商品的「交換」考察法及權利主體的產生。商品交換全面化的過程中，原先受有身分上的、經濟以外的強制的人自這些束縛中解放開來之後，人被設想為一個抽象化的商品所有者，是一個具有權利能力的主體。帕舒卡尼斯所謂的「作為一歷史形態的法的形態」擁有一種在得以主張私益的自治主體之間具權利義務關係的形式，而這是透過商品交換的發達下，在法的根基之處所顯現出來的。「法只有在布爾喬亞式的關係完全發展之下，才獲得抽象的性質。」（同一二五頁）在當布爾喬亞法的分類（價值、資本、利潤）消滅，且相應於勞動所受取的等價關係也已完全消滅時，這種觀點下的法將會跟著一起消滅。

帕舒卡尼斯與加古祐二郎

雖然將帕舒卡尼斯的理論帶入日本的是《一般理論》最早的翻譯者山之內一郎，但真正開始進行深入研究的，則是加古祐二郎。加古在〈關於從歷史的存在性質觀察法規範的侷限性〉這篇文章中（《近代法的基礎構造》，二一一—二二二頁），雖然只是註腳內的敘述，但已經說明：「帕舒卡尼斯已這麼看待法與商品的近似性了，這可以說是意義深遠的一件事。」同年十一月十六日他的日記中曾記載開始閱讀帕舒卡尼斯的著作，隔年在書評中提及帕舒卡尼斯。另外，據說以他的老師恒藤恭（參見第六節）為中心的研究會也以加古為首，舉行帕舒卡尼斯的集中研討會。

在一九三三年發表的〈關於作為社會定型的法主體〉這篇文章中，加古肯認帕舒卡尼斯的貢獻，認為：「已經由馬克思打下基礎，進而由帕舒卡尼斯展開經濟範疇與法律範疇的形態分析，可以說是極具劃時代之意義，其基於唯物史觀，針對法的構造展開更深入的分析。」（同一〇三頁）並且希望進一步弄清楚「法的拜物教性質（Fetischcharakter）」。而縱然在一九三四年的〈關於近代法的形態〉一文中，有強調對帕舒卡尼斯的批判，但於〈從法主體性觀察的社會法〉（一九三六年）一文中，承繼了帕舒卡尼斯法主體性的問題意識。很可惜的是，加古因瀧川事件離開京大，前往立命館大學任教，且於一九三七年帕舒卡尼斯被整肅的那年，因病英年早逝。

第三節　日本社會法的登場

勞動法的形成

在日本，戰前的社會法是從國策遂行的觀點而來，並不是從福利觀點出發的；這種福利觀點其實是建基在戰後憲法國民基本人權的理念。

保護勞動者的相關立法，首見於一八七三年日本礦坑法（目的在保護礦山勞動者，規範包含災害預防規定）。一八七九年關於海上勞動者，制訂西洋型商船海員雇用規則，雖然可見關於契約保護及禁止強制勞動等規定，但亦有處罰船員的團結行為、爭議行為之規定等，呈現出保護船主、貨主利益的濃厚色彩。

一八九〇年雖然制訂礦業條例來取代日本礦坑法，但是法制上的缺漏甚多，因此在一九〇五年又制訂了礦業法。不過，礦業法也欠缺完整規範實施上所必要之規定。而以保護海上勞動者為目的的立法，有一八九九年的船員法及商法。而船內的紀律管制關係屬前者法規的範圍，勞動者保護關係則委由後者負責。

而關於工廠勞動者的保護，雖然一八九七年農商務省有提出職工法案，隔年有提出工廠法案，但最後並沒有成功立法。由於日俄戰爭之後產生大量的失業者，在持續發生勞動爭議的背景之下，一九〇九年雖向帝國議會提出工廠法案，但因受到特別是紡織資本家的激烈抵抗，最終仍撤回法案。然而，一九一一年仍由農商務省提出法案並通過公布。這個工廠法於一九一六年施行，由於適用範圍過於狹窄，並且有大幅度的適用例外特例，缺失甚多，因此於一九二三年進行修正。至於工廠及礦坑關係以外的勞動者保護，則有一九三一年公布的勞動者災害扶助法及勞動者災害扶助責任保險法。關於雇用等立法，則有一九二一年公布的職業仲介法，隔年公布船員職業仲介法，同年並批准了失業條約。

在此之後，排除在上述法規適用對象之外的屋外勞動者及臨時工等相關立法，也持續進展中，不過由於日中戰爭興起，日本進入戰時體制，保護勞動者的觀點大幅衰退。與國家總動員法通過的同年（一九三八年），商店法成立，看起來具有保護勞動者的外觀，但例外規定很多，難以認為這部法案對於保護勞動者有實效性可言。

勞動法學與末弘嚴太郎

附帶一提的是，在日本，勞動法的學術起點是末弘嚴太郎。一九二六年出版了《勞動法研究》一書作為其研究成果，其影響延續至戰後。不過，勞動法不像憲法、民法或刑法有一部單一法典，花了一些時間才成為固定的學科分野。一九二一年當末弘正準備開始講授「勞動法」這門大堂課之際，由於並沒有體系化的法案被稱為勞動法，因此在教授會議中課名被改為「勞動法制」。課程名稱一直到一九三〇年，才改稱為「勞動法」。

社會保障法的形成

在社會保障法領域內，在很早的階段就制定了各寮舍雇用之職工及勞役之人死傷賑恤規則（一八七三年）（適用對象為官營事業勞動者，具有少額的補助金給付的恩惠性質）及恤救規則（一八七四年）。而由於恤救規則期待著家族制度或社群裡自然地解消貧困，因此並沒有產生國家所進行的積極照護。在國會審議時，特別是明治三十年前半，雖然提出若干項企圖轉換恤救規則體制的法案，但都沒有成功。

在這個時期的貧困政策中，推動想法轉換的是內務省官僚後藤新平以及窪田靜太郎等人。對他們而言，所謂貧困政策是確保有助於增強國力的勞動者能保持健康，並阻止階級的分裂。以內務省官僚為中心的貧民研究會則於一九〇〇年組成，但他們將貧困看成社會秩序的根本問題。不過，研究會在思想上也並不是像鐵板一塊般毫無其他意見，例如，井上友一認為，國家提供的貧困救濟將有損於鄰人朋友互相協助的精神，獨立自助的精神也會萎縮。井上與國家救濟論者都同樣將貧困理解為社會的重大問題，不過，他主張廢止政府的救濟制度才是適切解決問題之道。

一九〇八年由於井上的緣故，使得恤救規則事實上陷入運作停止的狀態，不過一九〇五年在內務省官僚的主導之下，組成報德會（一木喜德郎亦涉入其中），一九〇八年在內務省主辦下開始了感化救濟事業講習會。隔年，政府開始補助民間私設的慈善事業團體。從國家提供救助轉變到活用民間團體的參與，好處在於可以抑制怠惰國民的出現，也可以阻止貧困與權利意識的結合。

另外，小河滋次郎（參見第七章）在一九〇八年脫離監獄行政，但於一九一三年擔任大阪府特聘的救濟事業指導者。小河秉持著與「將犯罪當作某種傳染病」相同的理念，來看待貧困。亦即，貧困者的增加，是社會生活上的病態現象，「彷彿惡疾傳染一般，會對其他健全的社會份子造成影響，進而阻礙社會國家的進步與運作」。他認為有必要的不是治療貧困的症狀，而是對貧困者本身的對應。為了調查貧困者的生活實態，一九一八年小河所構思者，為地域委員制度。所謂地域委員是指在各個地域中，以無給名譽職之方式任命名望人士。

救護法

地域委員除了肩負掌握貧困者生活實態的任務之外，更想要摸索出對貧困者更佳的救濟策略，於是委員們推動成立取代恤救規則的救濟制度（地域委員所處理的貧困問題，很多是來自於母子單親家庭一同赴死的事件。對這些母子單親家庭訴求自我責任論有其極限）。當時的政府對於這種公家的救濟制度抱持懷疑，並且擔心將會造成預算增加。一九二〇年雖然設置了內務省社會局，但法案卻未通過；一九二七年全國地域委員大會做出敦促新法成立的決議。一九二九年雖然制定通過了救護法，本來預定隔年要施行卻延期，實際施行已是一九三二年的事了。救護法制定後，地域委員為求盡快施行，於一九三〇年組成救護法實施期成同盟會，一九三一年向天皇上奏。

另外，為了補充恤救規則的不完備之處，政府也推動特別救貧法的立法。主要法案諸如傳染病預防法（一八九七年）、罹災救助基金法（一八九九年）、北海道舊土人保護法（一八九九年）、精神病者監護法（一九〇〇年）、下士兵卒家族救助令（一九〇四年）、肺結核療養所法（一九一四年）、軍事救護法（一九一七年）、結核預防法（一九一九年）等。

固然救護法被評為比恤救規則更為先進，但卻仍留有否認保護請求權、採取限制扶助主義等問題點。此外還有以下這些問題。亦即，透過罹災救助基金法提撥的災害支援基金在一九二〇年代後半，多挪用於中長期的生活支援，而非短期性的支出。在一九三二年，罹災救助基金法修正，將基金運用利息的一部分，以三年為限，充當實施救護法的財源。而如先前所述，政府在確保貧困政策的預算充足一事並不積極，將當時資金水位尚屬豐沛的災害用基金充當貧困對策的財源，因此救護法實施的財政基礎其實是脆弱的（一九三二年度依救護法所支出約三百六十萬日幣當中，有一百五十萬日幣左右是罹災救助基金流用而來）。救護法於一九三七年以後，事實上被母子保護法、軍事扶助法、醫療保護法所吸收。

共濟制度則一九〇〇年前後始於民間，最後普及於政府經營之事業。一八九〇年既已制定官吏遺屬扶助法、官吏恩給法、軍事恩給法等，這些法規於一九三三年統合為恩給法，而此時也讓共濟制度得以完備。而由於共濟組合的發達，一九二二年講究勞雇協調的健康保險法制定公布（受到關東大地震的影響，到一九二七年才施行）。

而國民健康保險法（一九三八年）則是將被健康保險法除外的農民階層，納入保護範圍。其立法背景在於昭和初期世界恐慌下，生絲與蠶繭價格崩落、寒害導致作物嚴重歉收、及因不景氣導致百餘萬的工廠勞動者及都市失業者大量回歸農業等原因，使得農村相當窮困。另外一方面，一般也認為這部法案的通過目的也在於確保軍事上的勞動力。此外，一九四一年之際公布、隔年實施的勞動者年金保險法（一九四四年改稱為厚生年金保險法），則是一方面維持社會保險的形式，另一方面充斥作為強化戰時體制手段（籌募戰費）之色彩。

第四節　拉德布魯赫（Gustav Radbruch）與辛茲海默（Hugo Sinzheimer）

在我國戰前就受到注目，戰後也持續有許多翻譯的是德國法學家拉德布魯赫。在此將聚焦檢討其理論中的社會主義傾向。

拉德布魯赫的思想形成

拉德布魯赫生於富裕的商人家庭，中學畢業後進入慕尼黑大學就讀，參與著名的講壇社會主義（Kathedersozialismus）者盧約・布倫塔諾（Lujo Brentano）的課程，對社會主義抱持關心。之後他移往萊比錫大學，在刑法學者賓丁的課堂上獲得思想上的刺激。據說，賓丁在上課時也會批評新派理論的李斯特，而拉德布魯赫聽了這些批判之後回去閱讀李斯特的書，卻成為了李斯特的支持者。另外，他也參與哲學家威廉・馮特（Wilhelm Wundt）的講課。而拉德布魯赫移往柏林大學之後，則參加了李斯特的刑事政策演習。拉德布魯赫對李斯特相當崇敬，他之後的人生也持續與刑法有關。

經歷了一段實務經驗之後，一九〇三年末，他成為海德堡大學的私講師。他於一九一四年曾經一度離開海德堡，不過在一九二六年成為正教授回到海德堡之後，直到逝世前始終在此居住、生活。在海德堡帶給他影響的人物相當多，其中最著名的應該是韋伯。另外，拉德布魯赫在海德堡也與新康德學派之一的西南學派人物拉斯基（Emil Lask）相遇。可以說，拉德布魯赫的法哲學基底——嚴格區分存在與當為、在終極的相對世界觀之下展開法價值論——就是在此成形。另外，對拉德布魯赫而言，在海德堡的生活並不算太如意，不過看來他自己婚姻失敗也是其中一項原因。因康德曾經在此任教而聲名大噪的柯尼斯堡（Königsberg）大學，於一九一四年招聘拉德布魯赫為兼任教授，不過因為該年興起第一次世界大戰，拉德布魯赫參與戰爭而未能成行。

第一次大戰結束後，他前往基爾大學擔任教職工作，由於經歷戰爭的體驗，開始關心勞動者的立場，加入德國社會民主黨，並且參與一些政治實踐活動。一九二〇年卡普政變中，他想要阻止事件演變為流血衝突時，還被暫時拘禁。隔年他成為德國司法部部長，並於一九二二年十月提出刑法修正草案（拉德布魯赫版草案），但最終並未通過立法。一九二三年回到基爾大學，之後又重回海德堡大學。在這個時期，他出版了《社會主義的文化理論》一書。拉德布魯赫於納粹勢力抬頭的一九三三年被剝奪公職，直到一九四五年為止遠離了大學教職。

拉德布魯赫理論的接納

於一九一九年已可見到森口繁治對拉德布魯赫的介紹，不過持續介紹其思想者為木村亀二。另外，小野清一郎對拉德布魯赫的學說雖然抱持肯定立場，但也批評：「若淪落到所謂相對主義的主張，亦即單純任由個人選擇法律的目的觀，而就其選擇不能謂存有某種普遍妥當性的話，不正是法理學的破產嗎？」而常盤敏太於一九二五年直接受拉德布魯赫指導，在日本正面友善地引介了拉德布魯赫的理論。

左右田喜一郎批判性地介紹了拉德布魯赫的《社會主義的文化理論》一書。拉德布魯赫在書中提出社會主義共同體理念，並且提倡在此之中才會實現人格及國民等價值。「共同體分別要求成員自己與其他成員之間具有『朋黨關係』、其成員彼此之間對於共同體本身具有『協力合作關係』、對於成員共同體所創出的東西，亦即對於其作品的關係中，具有『勞動的喜悅』。朋黨關係、協力合作關係、勞動的喜悅，是社會主義倫理的三大基本思想。」（同書一九—二〇頁）左右田對於能否藉由拉德布魯赫所思考的共同體來達成其想要達成的目的，抱持著懷疑的眼光。此外，在同一本書當中，拉德布魯赫主張，相對於現有的私法，新的勞動法不光掌握了抽象的人格，也掌握了現實社會的各種形態。拉德布魯赫在其他作品中也強調社會法的意義。

勞動法之父辛茲海默

辛茲海默與拉德布魯赫同時代，他作為與馬克思主義距離較近的法學者，被稱為「勞動法之父」。辛茲海默生於一八七五年德系猶太人家庭，兄長是在前述布倫塔諾門下的社會政策學者。辛茲海默曾在好幾所大學就讀，而在慕尼黑大學時代接觸到布倫塔諾，受到很大的影響。一九〇一年獲海德堡大學授予學位，二年後在法蘭克福開設律師事務所。年輕時期的摩根索（Hans Joachim Morgenthau）（參見第十章）曾在這個事務所實習，成為辛茲海默的助手，之後取得法曹資格。摩根索後來還曾經幫助辛茲海默長女一家人在第二次世界大戰後赴美。

辛茲海默曾有在柏林大學時代一八九五年參加校內政治團體的經驗，在執業前夕還加入了Naumann的國民社會聯盟。該聯盟逾一九〇三年解散之後，他跑去參加民主聯合，但於第一次世界大戰爆發後就離開民主聯合，加入德國社會民主黨。此外，一九一七年他被選為法蘭克福市議會議員，一直到一九三三年三月逃亡前為止，都是擔任這個職位。另外也曾經短暫擔任過法蘭克福市警察機關的首長。在檢討威瑪憲法草案的制憲國民議會中，辛茲海默盡力促成一五一條以下的規定，成功放入了生存權及勞動者經營參加等規定。也有人稱一五一條以下之規定為「辛茲海默條款」。

一九一四年以後，辛茲海默一邊在夜間勞動學校授課，一邊發表論文、發行勞動法雜誌，並投注心力在設置法蘭克福大學附設的勞動學院及其營運上。他還與拉德布魯赫一同成為一九二五年創刊的Justiz雜誌編輯。然而，在希特勒政權出現的一九三三年三月上旬，他被法蘭克福警察所逮捕。雖然三月底被釋放，不過在釋放當天的傍晚即離開了法蘭克福。於同年十月成為阿姆斯特丹大學法社會學特聘教授、一九三六年二月成為萊登大學勞動法特聘教授。不過到了一九四〇年五月德軍攻入荷蘭，荷蘭投降，一九四二年八月，辛茲海默在蓋世太保的指揮下，被荷蘭警方所逮捕。雖然幸運的是馬上被釋放，但之後再也沒有回到教壇，活至七十歲。

辛茲海默的學說

辛茲海默的勞動法理論，如前所述是受到布倫塔諾，以及（參見第六章及第十一章）基爾克的影響，而被評價為屬於集團主義的理論體系；這一點清楚地呈現於他在日本廣為所知的勞動協約論上。辛茲海默亦有受到拉德布魯赫的人類形象論的影響。

辛茲海默認為勞動法與一般關於勞動的法規不同，是制定、約束受雇者諸種關係的單一法律。他認為：「勞動不僅僅不可自個人或個人之中分離，亦不可自全體或全體之中分離。為行為之人是他自己的生活及社會生活的自然條件。因此，若我們將行為人置於其存在的最重要基礎之中來考察的話，人不僅僅是存於對他自身的關係中，同時也存在於對全體的關係之中」（《勞動法原理》，一六－一七頁），並且指出，行為人的勞動會進到他人處分權的概念之下。這是辛茲海默的從屬勞動論，亦即：「勞動並不僅是單純在經濟上、社會上或者技術上的從屬關係中所給付的東西。所謂從屬勞動論是認為，（勞動是）勞動者在一個法的權力關係下所給付的」（同一七頁）。至於自由人究竟是如何變成從屬？針對這個質疑，他回答如下：「從屬勞動的基礎是所有權。生產手段的所有權產生出從屬勞動，而這就是決定從屬性的處分權」（同三三－三四頁）

辛茲海默學術上的方法論，乃揚棄過去以來法實證主義的立場，而採取法社會學的方法，因此受到當時法實證主義法學者的批判。

第五節　森戶事件與瀧川事件

森戶與大逆事件

一九二〇年發生著名的「森戶事件」，亦即對東京帝大（以下簡稱「東大」）助教授森戶辰男所著論文進行打壓、攻擊的事件。事件內容是森戶在《經濟學研究》創刊號中刊登一篇關於無政府主義者克魯鮑特金（Petr Alekseevich Kropotkin）的論文〈克魯鮑特金社會思想的研究〉被認為是危險思想，因此受休職處分，同校另一位助教授大內兵衛由於是該雜誌的責任編輯者，因此也予以休職，與森戶一同被起訴，並被判決有罪（參見第五章）。

森戶的思想可以追溯到大逆事件。舊刑法第七三條規定「對皇室之犯罪」，一般將該罪理解為是悖於人倫、大逆不道的「反叛罪」。而大逆事件是，幸德秋水等二十六人因疑似謀議暗殺天皇之計畫被捕，在預審後，經過為時甚短的非公開審理（大審院一九一〇年十二月十日—一九一一年一月十八日），約半數的被告被科處死刑。因為這個事件，使得片山潛移往美國，日本的社會主義運動、勞動運動進入寒冬時代。另外，一九六一年，坂本清馬以及被處死的森近運平的妹妹，向東京高等裁判所聲請再審被駁回，再提出特別抗告，也被最高裁以大法庭判決駁回。

森戶在第一高等學校（簡稱一高）時代，於大逆事件判決後（一九一一年），邀請德富蘆花演講。德富蘆花在面臨幸德氏等人的死刑判決下，曾訴求停止執行桂太郎的親信德富蘇峰（譯按：德富蘆花的兄長）的死刑。蘆花的演講日剛好是死刑執行的八日後，二月一日。蘆花在演講中說明，正義與忠誠的判準會隨著時代改變，大家關於幸德秋水等事件需要冷靜地思考。而文部省認為這場演講大有問題，最後演變到檢討當時一高校長新渡戶稻造是否要下台以示負責（最後僅以譴責處分結案）。新渡戶在一高的全校集會上以國族主義的觀點提出批判蘆花的演說。而蘆花演講會的風波，也讓森戶深刻意識到無政府主義。

進入東大法科大學、成為研究者的森戶持續關心社會問題。他參加吉野作造、牧野英一、高野岩三郎等人的研究會，重新評價大逆事件，並且於其中關注幸德秋水的思想淵源克魯鮑特金的思想（幸德曾翻譯《麵包的掠取》一書）。

克魯鮑特金研究

一九一九年，經濟學部自法科大學經濟學科獨立出來，刊物也與《國家學會雜誌》有別，新創立《經濟學研究》作為經濟學部的學報雜誌。創刊號所登載的文章，就是本節開頭所述森戶的論文，以及櫛田民藏所節譯之《共產黨宣言》。

《經濟學研究》創刊號出版的時間是一九一九年末，文部省因為東大內部學生右翼團體興國同志會的指摘而開始動作。結果，不但取消了隔年森戶的留學計畫，大學還對森戶做出了休職處分。

森戶認為，馬克思主義主張沒有必要接櫫社會理想一事是不正確的，相反地，應正面評價馬克思與恩格斯的人道（humanistic）思想。森戶重視帶有理想一事，亦即，「人生終極的目的存於『自由的人格』」，因此，理想的社會狀態是能夠讓「社會各成員得以是『自由的人格』的狀態」。

依照森戶的說法，當時通往「自由的人格」的道路是閉鎖起來的，而原因出在政治自由及經濟自由的不足。這個障礙起因於國家主義與資本主義。然而森戶本身反對使用暴力手段實現無政府共產制度。他充其量不過是追求合法的改革以趨近理想狀態。不過，森戶的論文被控該當於報紙法（四十二條）之「紊亂國憲」罪，起訴並上至大審院，最終仍維持有罪判決（第一審認定不該當「紊亂國憲」，而以違反第四十一條為由判決有罪，而東京控訴院、大審院皆認定該當第四二條之罪）。

瀧川的托爾斯泰演講

一九三二年，瀧川幸辰在中央大學進行一場關於「透過《復活》考察托爾斯泰刑法觀」的演講。他在演講中介紹了托爾斯泰的思想，而被人認定是無政府主義者，因此引發軒然大波。

為什麼只不過是一場講托爾斯泰的刑法觀的演講，卻會變成跟無政府主義的問題有關呢？理由可能是瀧川的客觀主義刑法理論對治安維持法制來說，是除之而後快的眼中釘。這是因為，瀧川的客觀主義站在治安維持法的運用的對立面，亦即，反對重視思想而非犯行的制裁、反對僅憑法官對「轉向」或「非轉向」之心證來量刑等作法。

一九三三年四月，瀧川出版的《刑法講義》（一九二九年、一九三〇年改訂）、《刑法讀本》（一九三二年）皆基於出版法之規定被查禁。前者是因為書中關於革命者的敘述以及通姦罪廢止論，令人有馬克思主義的聯想，內務省認為屬「不穩妥之處」（另外，同書還有以下的敘述：「生活的不安是來自於社會組織的不合理。現在的社會中存有無產階級與資本階級二者的對立，前者除販賣勞動力之外沒有其他生活上的保障，後者則是購買勞動力剝削剩餘價值（Mehrwert），引起階級鬥爭的漩渦。」（瀧川，《刑法講義》，三六－三七頁；改訂版三三－三四頁亦同。）而《刑法讀本》則是因為瀧川針對刑法究竟防衛何種社會、教育誰等問題，採取了有產者與無產者對立的觀點，而其他被舉出屬「不穩妥之處」的各論點中也採取了這樣的敘述方法，而被認為有問題。當時的瀧川雖然在其他文章中也使用了馬克思主義的用語，但並非獨樹一格，牧野英一及木村龜二的文章中也看得到這樣的用法。當時，知識份子間就算對馬克思主義沒有共鳴，仍然有可能使用這樣的用語。

五月文部省（鳩山一郎文部大臣）對瀧川做出休職處分，最終演變為瀧川等數名教授辭職的結局。其中包含了恒藤恭及加古。

瀧川事件的背景

文部省做出休職處分的書類中載明，漸漸左傾的瀧川講授其左傾思想，發表被查禁著書的舉止，已經違反大學令所揭示、教授應予留意的「人格的陶冶及國家思想的涵養」義務，因此有必要命其休職。而在附件「調查書面」中臚列了散見在瀧川著作當中所呈現的馬克思主義式用語。同時期發生司法官赤化事件，共產黨員及持同樣論調的法官、職員都被舉報。

為什麼文部省的鳩山會盯上瀧川呢？可能有以下幾點理由：①瀧川的言行舉止是很容易處分的。②東大也有牧野英一、末弘嚴太郎、有沢廣巳（經濟學部助教授）曾經在一九三三年二月一日第六十四次帝國議會眾議院預算委員會當中，被政友會的宮沢裕議員指摘為「赤化教授」，但東大是鳩山等文部省官僚的母校，無明確赤化的證據，很難迫使學校做出處分；而且相對於東大有三人，京都帝大（簡稱京大）只有一人，處分後者相對容易。③京大自京都學連事件（一九二五年，日本本島首次適用治安維持法之事件）以來就是赤化的大本營；一九二八年辭職的河上肇，於一九三三年一月曾被檢舉違反治安維持法。④自一九一三年起至隔年為止，發生沢柳校長與學部教授會之間的人事權內部紛爭（沢柳事件）以來，京大是大學自治的始祖，對於掌握大學人事行政的文部省大臣來說，京大是眼中釘。

瀧川事件與東大

東大法學部對於瀧川問題的回應，相較於之前的沢柳事件顯得消極。東大校長小野塚喜平次在沢柳事件時，努力為京大說話，但一般認為，這次事件他與鳩山文部大臣達成秘密協約：「只要東大的學部教授會不表明支持京大，就不會對東大的赤化教授動手。」其中美濃部達吉與横田喜三郎清楚表明其態度。美濃部表明其立場「這不只是京大的問題」，而横田則是嚴厲批判政府的態度，發表追究鳩山文部大臣責任的文章。

第六節　恒藤恭

在法學留下豐富多彩的業績的是恒藤恭。在此我們將介紹他的思想中與馬克思主義相近的部分。

恒藤的思想形成

一八八八年，生於島根縣的恒藤，雖然擁有文學天分，但也因為生病，花了三年時間與病魔戰鬥。另外，他在中學時代與基督教相遇，也曾出席聖經研究會。他的家人已入教，但恒藤自己卻沒有。

恒藤康復之後，於一高就讀，同時也持續文學活動。此外，他在這個時期也與芥川龍之介、菊池寛、山本有三成為好友，特別是他與芥川的友情廣為人知。在學中接觸到關於大逆事件裁判的相關報導，於是開始閱讀克魯鮑特金的自傳。只不過，即使恒藤對克魯鮑特金理論有一定程度的好感，但他似乎對於國家對大逆事件首謀者所進行的處置，並沒有抱持疑問。另外，他也曾聽了在一九一一年德富蘆花所進行的「謀叛論」演講。

一九一三年一高畢業後，進入京都帝國大學法科大學政治學科就讀。恒藤看到芥川的才能，感覺自己沒有專做文學研究的能力。不過，他在一高所就讀的課程要進入東大法科實屬困難，可能因此，恒藤才從過去以來對社會、勞動問題的關心，選擇了有河上肇（當時經濟科尚未從法科獨立出來）的京都的法科（選擇京都的其他理由也可能是家庭因素）。

恒藤於一九一六年進入大學院就讀時，是專攻國際法。不過，關心的議題漸漸轉移到法哲學。另外，受到河上肇的影響，他也進行馬克思主義的研究。他在河上與佐佐木惣一的關照下進入同志社大學就職，之後轉往京大經濟學部，留學回來後在法學部講授法理學與國際公法。然而因為前述的瀧川事件離開了京大。一高時代的同窗好友菊池寬邀請他去文藝春秋社，但他最後選擇前往大阪商科大學赴職。在那個時候，恒藤的弟子、著名且優秀的帕舒卡尼斯研究者加古祐二郎離開了人世（一九三七年）。

恒藤如先前所述在大學院時代進行法哲學的研究。先以歷史法學作為研究的出發點，不久後就將關心焦點集中在新康德學派。一九二一年刊登《批判的法律哲學之研究》。不過這是討論馬堡學派的魯道夫．施塔姆勒（Rudolf Stammler）與西南學派的拉斯基的論文集。相較於理論偏向形式主義的施塔姆勒，恒藤更關注拉斯基的法學方法論（同年拉斯基的《法律哲學》譯本出版）。另外，同時他也對康德哲學抱持關心，與他人共譯之方式出版康德的《法律哲學》。

恒藤與馬克思主義

恒藤同時也是以馬克思主義研究打響名號。恒藤的馬克思主義研究中，河上肇所扮演的角色相當重要。河上為學生所開設的《共產黨宣言》讀書講解會，恒藤有出席之外，在同志社任教時為了備課，恒藤還申請將河上從京大圖書室借出的《資本論》與《共產黨宣言》等馬克思的原著轉借給他。留學歸國後，恒藤出席與河上有關的社會科學研究會，此外，恒藤也出席了河上命三木清為助教而開始的「德國・意識形態」讀書會。

也有人指出，恒藤受到加古的影響也很重要。加古在〈關於從歷史的存在性質觀察法規範的侷限性〉一文（參見第二節）當中認為，在康德的二元論之下，存在與當為的綜合是不可能的，即使要從黑格爾這邊找出綜合的可能性，黑格爾哲學僅止於現實的歷史存在性質從「冥想式的」角度予以理解、掌握而已。

恒藤在一九二一年河上的勸進之下，出版格奧爾基・普列漢諾夫（Georgi Plekhanov）的《馬克思主義基本問題》。此外，恒藤在他自身所著《法律的生命》（一九二七年）中表示：「現代的資本主義社會中，法秩序漸漸無視其要確保無產者生存權的使命，這是極為明白的事實。若我們可以認為，所有的法秩序只要能滿足生存權的要求，就具備正義之價值的話，那麼要求透過某種方式對現在的法秩序予以變革一事，就必然是為了要讓法律秩序充分地具有存在的意義。而階級鬥爭中，無產者的立場或許可以說是體現要求那種正義的立場、是擁護法秩序之普遍妥當價值的立場。」

（謝煜偉譯）

第十章 國際法與國際政治

本章提要

歷經兩次世界大戰的二十世紀縱使告終，但是我們仍然無法不去畏懼暴力的恐怖。因為不僅是國家之間的戰爭，在此之外，武裝勢力所進行的恐怖活動依然持續對和平造成威脅。對應戰爭而發展至今的國際法，也面臨著此種艱困局面。

在思考戰爭之際，必須時常銘記在心的是，即便交戰主體限定於主權國家，或者是非屬國家的武裝勢力也握有交戰權，但在戰爭中受害最深的，還是無力的一般人民。縱使能夠免於戰禍而苟活，但戰爭也對這些人日後的人生，投下黯淡的陰影。

第一節 戰爭的思想史

正戰論

當國家之間發生紛爭，首先是去尋求能夠不動用武力的和平解決方式。不過其前提是，必須要認識到有所謂違法戰爭的存在。此種戰爭違法化能有真正的組織性進展，則必須要等到第一次世界大戰後的國際聯盟。但是在此之前，原先的戰爭觀又是如何？

在歐洲，將戰爭區別為正義與不正義的思考，從相當早期就已經存在，首先對此點進行確認。於古希臘的亞里斯多德以及羅馬的西塞羅（Marcus Tullius Cicero）等著作中，都論有上述的區別。在羅馬的慣例中，僅有基於被稱為 jus feciale 的法律，並由祭司舉行儀式認定為正戰時才能開戰。不過，正戰論在此階段還不能說已經完全的理論化。西塞羅認為毫無原因而進行的戰爭屬於不正，但如果是出於對敵人的復仇與抵禦，則此種戰爭就能夠受到肯認。

將正戰論加以理論化，主要是出自中世紀基督教神學者之手。在基督教原本的教誨當中，並沒有積極肯定戰爭的思想，多數議論認為到西元三世紀為止，戰爭仍然是違背基督教教誨的。但是，由於君士坦丁大帝的轉意，使得基督教成為羅馬的國教，其後羅馬教廷也逐漸承認基督教徒成為士兵的情況。此外，當時正值羅馬帝國對抗北方威脅之際，因此產生了要與基督教教誨不生矛盾，而在一定條件下正當化戰爭的必要性。奧古斯丁（Augustinus Hipponensis）主張僅有在欠缺其他手段，且有正當理由的情形下，才得以容許戰爭。奧古斯丁的論述與西塞羅相似。湯瑪斯．阿奎那（Thomas Aquinas）在其《神學大全》中也提到正戰論，但其見解仍與奧古斯丁相同。

在近代初期，也就是國際法的萌芽期，正戰論仍是延續中世紀的討論而發展。一六二五年，格老秀斯在巴黎出版《戰爭與和平法》。本書其後於各個時期與地區不斷再版，並且在國際法學者之間受到廣泛研究閱讀。格老秀斯的著作不僅具有學術上的意義，同時也持續影響實際的國際社會與其規範形成。由承認共通價值與制度的各國所組成的「國際社會」，以此概念作為理論核心的英國學派國際政治理論家布林（Hedley Bull），即稱之為「格老秀斯的傳統」。

無差別戰爭觀

格老秀斯舉出自我防衛、財產的回復與處罰，作為戰爭的正當理由，若是為了求取更豐厚的土地而發動戰爭者，則屬不正義的戰爭。近代初期的各個國際法學者，並非從基督教的層面切入，而是展開法學上的議論。此外，近代時期已經不再以像羅馬教皇一般的上級權威作為前提，而是正視具有對等立場的君主（國家）之間所迸發的鬥爭，並且予以問題化。也就是，當事國雙方對於自身的正當性都互不相讓時，正戰論的嚴格適用就越發困難。倘若無法想像還有比主權國家更為上級的評斷者，就不得不同時承認雙方的正當性，則正戰論最後逐漸地從正當理由的問題，轉變為是否依循國際法所定程序進行戰爭的合法性問題。在此，可窺見「無差別戰爭觀」的萌芽。進入十八世紀後，瑞士的國際法學者瓦特爾（Emer de Vattel）等人全面高唱無差別戰爭觀。此種思想是將戰爭視為主權國家之間的決鬥，也推導出未參戰的第三國應該對交戰國維持中立立場的觀念。

然而應該注意的是，無差別戰爭觀並不是積極肯定戰爭的思想。其根本思維在於，僅承認戰爭作為國家自助的手段。不過就結果而言，在國際法上尊重主權國家意思的前提下，戰爭走向一般性的合法化，實定化的努力則轉而朝向戰爭開始的程序，以及交戰法規的制定。

戰爭的違法化

早在第一次世界大戰以前，就已經有試圖限制以武力解決國際紛爭的傾向，但真正將戰爭違法化擺上檯面者，應屬國際聯盟。國際聯盟盟約設有關於限制直接戰爭之條文（第十二、十三、十五條），但這些條文仍然不算徹底。對於戰爭的限制僅止於程序性的規範，而且也存在法律漏洞，並未成功達成戰爭的原則性禁止。

一九二四年第五次國際聯盟總會中提出《和平解決國際爭端議定書》（日內瓦和平議定書），以試圖填補國際聯盟盟約中既有的缺漏。但是該份議定書的內容過於理想性，雖然經過總會的採納通過，但批准國卻僅有捷克斯洛伐克，而未正式生效。日本對於該份議定書也抱持消極態度，雖然為了推動自己所提出的修正案而在總會中投下贊成票，但始終沒有批准。

一九二八年，在國際聯盟之外，各國締結非戰公約。一九二五年洛迦諾公約成立，保障德國與法國，以及德國與比利時之間的國境線維持現狀，一九二六年德國加入國際聯盟。由於此一發展經過，在歐洲內部瀰漫穩定的氛圍，而受此影響所成立的非戰公約，才得以在戰爭限制的議題上，展現其徹底性的內容。亦即，除自衛戰爭等例外情形，所有戰爭都受到原則性的禁止。但是，非戰公約本身並未對違約者設有任何制裁規定。此外，即便是將戰爭予以違法化，但卻沒有相對地設立能夠判斷合法或非法的國際機關。更且，由於非戰公約是規定「戰爭」的禁止，因此對於能否進行不採取戰爭形態的武力行使，仍舊留有疑義。實際上，與身為非戰公約締約國的日本有所關聯，而於一九三一年發生的滿州事變中，也有主張認為因為沒有正式宣告開戰，所以不算牴觸非戰公約的禁令。

差別戰爭觀

尚且，戰爭違法化論是基於二十世紀實定法規範，目的在於秩序的維持，而另一方面，正戰論則是由經院哲學與自然法論所構成，肯定基於正當理由而來的戰爭。因此，戰爭違法化論不能草率地連結至正戰論的復活。國際法學者田畑茂二郎理解到兩概念所具有的差異，在此前提下，利用區別戰爭意義下的「差別戰爭觀」此一上位概念而為承接，以之對應「無差別戰爭觀」。

此外，「差別戰爭」的用語是出自於施密特的「差別戰爭概念」，但施密特的論述其實是關於交戰者的地位。亦即，施密特談到從相互承認彼此「正當敵人」地位的近代主權國家之間所生的「無差別戰爭」，轉換為對於無可承認此種地位的「非正當敵人」所進行的「差別戰爭」。施密特認為後者的情形，終將招致殲滅戰爭。因此，應該留意田畑茂二郎使用該詞彙，是在與施密特不同的意義之下。

更且不可忽略的是，此處所稱的國際法，是以歐洲為中心而強烈影響著近代日本的法規範。早在十九世紀末，歐洲的法規範就幾乎擴及整個地球。但在此之前，伊斯蘭世界與東亞都存在關於國際關係的獨自規範（伊斯蘭家族、戰爭之家、共存家族、華夷思想等等），因此必須要留意，這些各自的規範體系將造成何種程度的相互影響。

第二節 國際聯盟

和平組織的思想

超越國家層級而出現組織性的結合，其實是從悲慘的戰爭體驗中所生。例如，法國的克呂瑟（Eméric Crucé）著有《新基尼亞斯論》（一六二三年），聖皮耶（Saint-Pierre）著有《永久和平論》（一七一三年）。此外，英國的邊沁雖然是創造出「國際法」這個詞彙的思想家，但更為重要的是，邊沁所著《國際法原理》（一七八六－一七八九年），特別是該書第四章列出了「普遍且永久和平之構想」共十四條。邊沁認為戰爭已是落伍之物，也是「最大規模的弊害」。軍備減縮、解放殖民地與設立共同法院等，這些邊沁所提出的前衛議論，可說意義深遠。

然而，在和平思想當中最為受到矚目者，應該是康德晚年的著作《論永久和平》（一七九五年）。作為預備條款，康德提出廢除常備軍隊與禁止對他國武力干涉。另外，第一項正式條款中，為避免國家輕易地就決定開戰，康德認為必須要有民主的國家體制。雖然沒有具體討論到國際組織，但是在構思如何設立力求和平的國際組織上，該著作也提出相關的重要提示。康德所提出廢除常備軍隊的見解，也深深影響內村鑑三。

十九世紀的運動

進入十九世紀後，部分的和平運動者在歐美開始倡議國際組織的設立。一八二八年，在美國設立美國和平協會，該民間團體於一八三〇年代中期，懸賞邀集有關「世界會議」的研究論文。在當時，此種世界會議被想像為接近現在的聯合國總會之組織。不過在此之後，由於美國爆發南北戰爭等情事，對於世界會議的關心程度逐漸淡薄，而轉向針對軍備限縮與仲裁裁判。

十九世紀後半，相較於會議形式的協談，更有希望的是設計制度性的解決方式，因此仲裁裁判制度與國際法則順勢發展。所謂仲裁裁判，是指除紛爭當事國外，另外再加入立於第三人地位的他國代表，以共同合議的方式解決既有紛爭之制度。當時，由於仲裁裁判被認為在阿拉巴馬號事件中能夠有效地解決紛爭，因此順應眾人對仲裁裁判的期待，國際法學也隨之發展。一八七三年，國際法研究相關的學會正式設立。此外，在歐洲內部國家之間也建立起合作關係，召開許多國際會議。一八六二年出版《索爾費里諾回憶錄》的杜南（Jean Henri Dunant），也於同時期開始如國際紅十字會，此種由民間發起的國際組織所進行的相關活動。

十九世紀各種思潮的匯集點，即為一八九九年所召開的第一次海牙和平會議。該次會議，是由憂心大國間所生軍備競賽的俄羅斯沙皇提議召開的。總計共有二十六國參加，最後通過國際爭端和平解決條約等事項。一九〇七年由美國總統羅斯福召開第二次會議，共有四十四國出席參加，通過戰時國際法條約。美國在這兩次會議中力推常設仲裁法院的制度化，也獲有一定成果。

國際聯盟的誕生

至此為止的國際關係架構受到嚴重的動搖，其契機就是第一次世界大戰此一總力戰。第一次世界大戰中，軍人與平民合計共有九百四十五萬名死者，這樣的犧牲加深人們不再讓戰爭爆發的念頭，也促成組建國際組織的行動。在戰爭時期中已經有民間團體的設立與知識份子的奔走，這些和平運動的最終目標就是國際聯盟。

第一次世界大戰爆發初期，仍然試圖保持中立地位進行和談斡旋的美國，最後則在一九一七年四月宣布參戰。一九一八年一月，美國總統威爾遜發表十四點和平原則。其中提到軍備限縮與民族自決等事項，同時在最後一點明言戰後國際組織的設立。威爾遜的十四點和平原則，在條文數量與精神上，都可說是仿照邊沁的提案。

一九一八年十一月德國投降，隔年一月召開巴黎和會。當初，該會議是為了商討向德國、奧地利與土耳其提出的賠款請求。但是作為巴黎和會主導機關的五大國會議（英國、美國、法國、義大利、日本），則決議於巴黎和會中共同協商國際聯盟一事。四月二十八日在巴黎和會的會場，通過了國際聯盟盟約（該盟約於一九二〇年一月十日生效）。

然而，美國卻因為參議院的否決，未能參加將總部設置於瑞士日內瓦的國際聯盟。美國參議院決議不加入國際聯盟時，威爾遜總統曾說「不希冀得到即便是勝利，卻不能說是正義的勝利。縱使失敗，如果是最終能夠主張正義的失敗，此種失敗也甘之如飴」。雖然威爾遜自一九一九年後半起身染重病，在一九二一年退下總統職位，但由於威爾遜本人對於設立國際聯盟的重大貢獻，而成為諾貝爾和平獎得主。

國際聯盟與日本人

在國際聯盟設立之初，擔任事務次長的是新渡戶稻造。新渡戶稻造就任事務次長，其實是在與後藤新平等人共同赴英期間，駐英國大使經由後藤新平而向新渡戶稻造所提出的。新渡戶稻造之所以會被拔擢為事務次長，有下述理由。首先，新渡戶稻造因為著有《武士道》（英文著作，一九〇〇年）一書，而在國際上擁有一定的知名度。其次，新渡戶稻造自留學美國時期，就結識威爾遜。同時，針對巴黎和會中所提出威爾遜十四條和平原則當中的民族自決理念，新渡戶稻造有相當程度的理解，並且也對於國際聯盟貢獻世界和平的使命有著充分的熱情。在新渡戶稻造之下，柳田國男也成為常設託管委員會委員而進到國際聯盟。柳田國男著有《遠野物語》等書，為我國民俗學的創始者而富有盛名，同時也身為官僚，在出任公職之初即擔任貴族院書記官長。

新渡戶稻造推選柳田國男的主要原因在於，過去兩人就對於國際聯盟有一定的意見交流，並且對於日本政府在殖民地統治方式上所採取的同化主義，都抱持否定的態度。柳田國男最後由於語言問題、常設託管委員會的實際情形（背離保護原住民族的理想），以及日本政府的不配合態度而辭去委員職務，比新渡戶稻造更早離開國際聯盟的工作。由於此事，新渡戶稻造與柳田國男之間斷絕了往來。

同一時期，民法學者鳩山秀夫（參照第六章）則於一九二二年出席國際聯盟盟約修正委員會，此外也作為日本帝國代表團成員而列席國際聯盟總會，在一九二二年發表〈從日內瓦〉，一九二三年發表〈國際聯盟的政治事業〉等文章。

雖然國際聯盟被稱為是歷史上第一個國際和平機構，但也仍有論者批評國際聯盟實際上就只是第一次世界大戰的戰勝國，用以支配戰敗國的機關而已。此種主張特別常見於在戰敗後嘗盡苦楚的德國論者。

第三節　橫田喜三郎與凱爾森

橫田喜三郎接納凱爾森思想

橫田喜三郎是日本代表的國際法學者，戰後擔任最高法院院長，同時也是積極採納凱爾森思想的支持者。橫田喜三郎在一九二三年翻閱凱爾森的著作《主權問題與國際法理論》（一九二〇年），其後就對凱爾森思想深深傾倒。一九三四年凱爾森出版《純粹法學》，於隔年橫田喜三郎隨即將之翻譯為日文版本。

橫田喜三郎受到凱爾森的重要影響之一，就是國際法優位於國內法的見解。橫田喜三郎對於凱爾森思想的理解，被評價為過於理想主義。然而，橫田喜三郎本身也承認，自己或許不能說是忠實地解釋凱爾森學說。「在這些論爭（與美濃部達吉及牧野英一的論爭）當中，我所說明的純粹法學，是我自己所理解的純粹法學，也是我認為應該如此的純粹法學。或許與凱爾森本人所認為的純粹法學，存有許多相異之處。但是，我自己則是相信我所認為的純粹法學。」

純粹法學

那麼，橫田喜三郎所提到的國際法優位說，其內容究竟為何？在此，必須要先了解凱爾森思想當中最為重要的概念——根本規範。凱爾森僅僅關注於法的認識，嚴格地將無法稱之為法的一切要素，都排除於其認識對象之外。所謂無法稱之為法的要素，在凱爾森的理解中，即為自然法與道德性的思考、政治性的意識形態，以及社會學與經濟學的觀點。凱爾森所稱的純粹法學，就是此種嚴密的形式主義。此外，對於從數個解釋中選出唯一正確結論的法釋義學，凱爾森也抱持否定立場，其主要理由在於，法釋義學將政治性的價值判斷偷換為學術上的真理。法學的解釋，只是去推導出某個法規範所可能涵括的各種解釋而已。

若從靜態層面對法進行觀察的話，法就是強制秩序。亦即，將特定的違法行為與特定的制裁相互結合的一種社會技術。這種社會技術形成社會現實，也同時改變社會現實。此種法規範在嚴格意義之下，其首要並不是為了一般人民，而可說是為了法官與執行機關而存在。

法的動態層面，則能夠回答法為何妥當的疑問。依據凱爾森的見解，某項法規範之所以妥當的理由在於，其上位的法規範賦予該當法規範妥當性。那麼，若要問上位的法規範為何具有妥當性，則是因為存在較其更為上位的法規範。如此，妥當性的連鎖關係能夠延續下去，但是在此一連鎖關係無法終止於特定點的情形下，將會陷入無限的後退。故在此，設想有「根本規範」的存在，以作為所有法規妥當性的根源。然而必須注意的是，根本規範完全是假設性的想像。

如此，凱爾森所主張的法階層構造模式，在以憲法為頂點的國內法下，能夠將憲法設想為賦予妥當性的根本規範。國家即為法秩序，並且在不存在更為上位的法秩序時，國家主權就受到完整的承認。

凱爾森的國際法學

不過，考量到國際法與國內法的關係時，問題就變得棘手。橫田喜三郎所注目的《主權問題與國際法理論》中，就特別處理這個問題。凱爾森本身認為，在理論上國內法與國際法的二元架構是可能的，但凱爾森實際上仍是回到一元論，而駁斥二元架構。雖然有國際法優位的一元論與國內法優位的一元論，但凱爾森自己是採取國際法優位一元論的立場。主權國家在國際法上失去其至高性，直接受到國際法的拘束。依照凱爾森的想法，國內法優位的一元論是對應帝國主義，而國際法優位的一元論則是合於和平主義的。

凱爾森認為國際法的主體並非國家，而是個人。換言之，在受到國內法補充之下，國際法得以適用於個人。並且，與國家自身的意思無關，甚至在違反國家意思的情形下，國家也仍然受到國際法的拘束。

確立一國法體系基礎的根本規範，在國際法體系中就是授予政府統治權的實定國際法上之原則。關於國際法的根本規範，凱爾森早期是將「合意產生拘束（pacta sunt servanda）」的法理視為國際法的原初假定，但是之後凱爾森將該法理當作是習慣國際法的一部份，取而代之認為根本規範為「各國（亦即各國政府）於相互關係中，應該合於國際間的習慣而行動」，甚至「對於其他國家的強制，國家必須依從國際間的習慣，以其所定方式行使之」。

並且，對於將「合意產生拘束」法則作為國際法上根本規範的學說，横田喜三郎則是如下述所論，更加徹底地主張：「觀察國際社會中妥當的多數法規範，首先，這些法規範都是基於相同的根本法規範，皆屬由該法規範而來者。條約自不待言，習慣國際法也是基於合意而來，但是基於合意的條約或是習慣法之所以有具有拘束力，其根本就是在理論上必須假定有『合意產生拘束（pacta sunt servanda）』此一規範。並且，國際間的法規範不是基於條約，就是基於習慣，因此所有的國際法規範，就結果而言，都是基於『合意產生拘束』此一相同的根本規範，從這個根本規範而來的」（横田喜三郎，《國際法的基礎理論》，三〇—三一頁）。

凱爾森對國際聯盟的評價

認為國際法有助於建設和平的凱爾森，並未否定國際聯盟的存在意義。凱爾森認為，從形式意義來看，國際聯盟類似聯邦制的設計。此外，對於認為國際聯盟盟約並非是法律文書而是政治文書的批評，凱爾森也主張國際聯盟盟約的政治性質不會影響其法規範的特性。同時，凱爾森也提示法律技術上的修正，更且表明設立常設性維持和平聯盟的構想（不是如國際聯盟一般以理事會為中心，而是以法院為中心，並且是具備強制管轄權的法院）。

凱爾森所追求的，可說是藉由國際裁判以達成世界和平的漸進性發展，以及伴隨而來國際共同社會的組織化。

第四節　作為現實主義者的施密特

施密特與國際法

國際政治學有別於傳統外交史與國際法學，其誕生可追溯至第一次世界大戰後，國際政治學的特徵在於，將國際關係比擬為國內關係來理解。如果在國際社會中也貫徹「法的支配」之理念，並設立國際性的和平維持機構，就應該能夠實現國際和平。這樣的嘗試早在十九世紀末的海牙和平會議中可見一斑，這也是國際聯盟最為重要的成果。然而，國際聯盟的實效性備受質疑，隨著第二次世界大戰一觸即發，國際聯盟已經沒有介入的能力。如果將仰賴建置法規範與國際機關以求樹立和平的思想稱為理想主義的話，則不寄望於理念，而是藉由分析國際間現實的權力關係以求維持和平者，可稱為現實主義。

與其他被稱為「主義」的思想相同，現實主義也會因為論者不同而有多樣的內容。現實主義源自於古希臘的修昔底德（Thucydides），其脈絡可連結至義大利以《君王論》聞名的馬基維利（Niccolò Machiavelli）、英國的霍布斯，以及德國社會學者韋伯。如果再將時代序列向後推展，則還有後文中會提及的摩根索，與凱南（George Kennan）、季辛吉（Henry Alfred Kissinger）等人。身為二十世紀最受爭議的思想家，並且曾與納粹政權保持強烈關係的施密特，倘若將其見解於國際政治學中定位的話，就施密特本身對於普遍主義式的國際法制抱有高度懷疑來看，應該可劃歸為現實主義。

施密特拒絕將普遍性的道德要求帶入國際政治的場域。施密特認為，以主權國家為中心的體制在進入二十世紀後將告瓦解。不過，施密特仍然對國際法有所堅持。相較於摩根索在批判普遍主義式的國際法制後成為權力理論論者，施密特仍舊希冀全新的國際法秩序。

施密特對於國際聯盟的批判

施密特雖曾於第一次世界大戰時入伍服役，但經歷德國戰敗與巴伐利亞革命，使其認為最為關鍵的就是國家於維持秩序中所承擔的任務。德國戰敗的結局，使德國在凡爾賽條約下肩負片面的戰爭責任，而此喚醒了施密特內心作為民族主義者的感情。施密特關注於以法的名義所進行的帝國主義式支配。然而，施密特不僅僅是批評凡爾賽條約與國際聯盟，也同時試圖構思非普遍主義形態的國際性聯邦。

在一九二六年所著《國際聯盟的核心問題》中，施密特質疑國際聯盟不過是維持凡爾賽體制此種現狀的機關。聯邦制必須以其成員國具有一定的同質性（Homogenität）或是同種性（Gleichartigkeit）為前提。國際聯盟並不是以假想敵為前提所組成的同盟，如果要成為具有法秩序原理的真正聯邦，則必須要有民主主義此一正當性。並且，為求保障民主主義此種同質性，就必須進行基於民主主義正當性原則而來的內政干涉。但是，國際聯盟卻是採取不干涉主義，因此無法成為能夠維持成員國同質性的真正聯邦體制。在施密特的理解下，國際聯盟是希冀走向空間的普遍性，而能夠包容異質的多數國家。於其著作《憲法理論》中，施密特也主張由於國際聯盟並非聯邦，而只是國家之間的關係，因此無從作為主權的主體與擔當者。

施密特也在其他研究論文中，批判國際聯盟的觀念看不到明確的志向。「因為國際聯盟在應對與全世界和平有關的問題上，欠缺現實的可能性，再者原本其義務也不是受到公認的」（施密特，〈國際聯盟與歐洲〉，一七六頁）。更且，施密特認為雖然美國沒有正式加入國際聯盟，但仍然間接地在經濟上支配著國際聯盟。

大空間秩序

一九三八年所著《差別戰爭概念的轉換》中施密特主張，看似國際聯盟盟約所導入的戰爭違法化論，雖然沒有創造出全新的秩序，但卻是否定了在歐洲內部至今都具有妥當性的無差別戰爭觀，結果反倒升高戰爭的危險性。更且，在一九三九年所著《伴隨禁止領域外列強干涉的國際法大空間秩序》中，施密特提出以「帝國（Reich）」為主導的「大空間」概念，作為替代主權國家的另一國際法基礎。依據施密特的見解，真正的大空間原理是指「政治上覺醒的國民與政治理念之間，在政治上受該理念支配，而排除外來干涉的大空間結合」，「帝國（Reich）」則是「其政治理念遍及於特定大空間內，並且為了該大空間，能夠根本性排除大空間外列強所為的干涉，具有指導地位與保障實力的強國」。

不同於以強化國際聯盟而使國家逐漸相對化，同時再度建構國際法而走向普遍主義式世界法的見解，施密特則是試圖以其他方式直指國家概念的克服。至今的國家概念都具備普遍性的基準，相對於此，施密特所稱的「帝國」則是具體的秩序概念，是與羅馬帝國或帝國主義都截然不同的概念。此外，雖然是擁有秩序形成能力的「民族」來承擔「帝國」，但是施密特所提的大空間秩序構想，在人種與生物學的觀點上，並不能說是與納粹的意識形態完全一致，其地政學的意義層面也不應該忽視。作為大空間秩序構想的先例，施密特舉出過去自己所採取否定立場的美國門羅主義。施密特所主張以「帝國」為中心之「大空間」能夠多元並存，對於施密特的此種構想，納粹陣營的法學者深表不滿。

第五節　摩根索

從國際法學到國際政治學

在國際政治學領域與施密特並列為現實主義者代表的，則是主張國際政治就是主權國家間的權力鬥爭，以此立場著有《國際政治》（一九四八年）一書，德國出身的摩根索。由於自身的猶太人血統，所以於一九三七年選擇逃離納粹政權而後移居美國的摩根索，與美國國防部保持密切關係，並且在大學講授國際政治。此外，晚年的摩根索對國際法抱持消極的見解。然而，摩根索自己的學術起點仍是國際法，在理解摩根索的思想時，若能留意其與前述所提到的凱爾森之間的關係，則會更有助於掌握。並且，對於將摩根索置於現實主義脈絡下予以理解的立場，近年來也出現重新檢討的趨勢。

摩根索最早於法蘭克福大學攻讀哲學（一九二三年），但同年就轉學至慕尼黑大學法律系。其後至柏林大學就讀，再回到慕尼黑大學，最後返回法蘭克福大學，並且在該處取得博士學位。自一九二八年起的兩年期間，摩根索在位於法蘭克福的辛茲海默（請參照第九章）事務所中任職。據摩根索本人的回憶，辛茲海默是傑出的社會民主派知識分子，同時其刑事辯護的功力也相當高超。摩根索經由辛茲海默，結識法蘭克福學派的知識份子。然而，摩根索本身雖然從馬克思理論中學習甚多，但仍無法忍受教條主義式的馬克思主義者。

《國際司法》

摩根索最早發行的著作為《國際司法——其本質與界限》（一九二九年），本書受到施密特極高的評價。施密特於一九二七年出版《政治的概念》，其中主張構成政治本質者為「敵友關係」，相對於此，摩根索則是以主體對其對象的執著程度（強度）來判斷政治的要素。假使既有的國際法與實際上國家之間的實力關係不一致的話，就會產生緊張。當此種緊張影響到國際紛爭時，由於該紛爭帶有政治性質，因此國家不會有將該紛爭委交給國際裁判處理的合理動機。此際摩根索認為，必須要以「富有彈性的規範」（動態的國際法）補充靜態的國際法，來防止緊張的產生。藉由此種「動態的國際法」增加國際裁判受到利用的可能性，這當然是讓國際法對於權力平衡的變化給予法的外觀形式，也因此開拓了消弭戰爭之道。摩根索即從「動態的國際法」觀點，支持凡爾賽條約的修正。

摩根索將國際法視為國際政治的附隨現象。然而，這並非認為國際法與國際政治毫無關係。也有研究表示，摩根索的國際法理解，是受到辛茲海默的法社會學取徑之影響（在形式上的法與經驗上的現實兩者產生齟齬時，必須對應後者的實態訂立新法）。此外，施密特也尖銳地直指此種齟齬，摩根索同樣受到施密特的影響。

在《國際司法》之後，摩根索的關注轉移到政治理論上，在該時期為尋求一般性的理論基礎，開始鑽研文化人類學與心理學，特別是精神分析。雖然嘗試採取佛洛伊德的見解來建構政治理論體系，但終告失敗。以還原主義式的理論所呈現的單純程度，是不可能說明複雜的政治體驗。

摩根索與凱爾森

一九三三年以後，摩根索不再提及「動態的國際法」。過往的研究都認為，這主要是因為滿州事變的發生，以及公然否定凡爾賽條約的納粹政權上台，日本與德國相繼退出國際聯盟等國際法秩序所生的重大動搖，使得摩根索不再相信動態國際法的有效性。但是，近年也有研究注意到，摩根索對於凱爾森的規範理論抱持著正面評價一事。摩根索嘗試將凱爾森的根本規範理解為道德規範，而國際法秩序最終就是以道德規範始能獲得保證。為求形成安定的國際法秩序，就必須形成國際道德的規範不可。此種見解，與其亡命美國後所著《國際政治》中，將權力平衡在功能上轉變為超國家的「道德共識（moral consensus）」有著相同意義。摩根索本人將自己從傳統國際法學跳脫出來的方法論，命名為「法現實主義」。

此外，摩根索抨擊施密特，認為施密特所刊行的單行本《政治的概念》（一九三二年）是剽竊自己於《國際司法》中所提出的強度理論。但是，對於施密特的此一批評，事實上與摩根索本人對凱爾森的評價有所關聯。另一方面，摩根索於一九三三年向日內瓦大學法律系提出教授資格請求論文，曾一度不被受理，但在受到當時擔任高等國際研究所教授的凱爾森高度評價之下，最後終於獲得接受。摩根索日後回想提到，若非凱爾森，自己作為研究者的經歷可能在那時候就結束了。凱爾森在一九四〇年移居美國後陷入生活困頓，而摩根索則於此時對凱爾森伸出援手，也將自己的著作呈獻給凱爾森。

第六節　國際社會中的日本

不平等條約的問題

擺脫德川幕府體制下受限的海外交流，而躍上國際政治舞台之際，我國則是以「不平等條約」而接觸到國際法。最早在一八五四年，與美國締結的日美友好條約當中，包含最惠國待遇的賦予（也與英國、俄羅斯及荷蘭簽訂相同條約）。一八五八年締結日美修好通商條約，該條約定有領事裁判權，此外也不承認日本的關稅自主權（同樣條約也與荷蘭、俄羅斯、英國與法國締結）。明治政府對於近代法典編撰的苦心傾力，也是企圖使對方國家同意修改對日本片面不利的各項條約。不平等條約的問題，最後則是在半世紀後的一九一一年獲得解決。並且，關於國際法的概念，由於一八六五年翻譯惠頓的《萬國公法》，因此在相當早期的階段就以「萬國公法」的稱呼而為人所知（參照第一章）。其後，一八八一年在東京帝國大學（以下稱「東大」）的學科目中採用「國際法」的課程名稱，結果「國際法」一詞逐漸普遍，在中國與台灣也同樣以「國際法」稱呼。

由於出兵台灣而來的交涉，大久保利通身為全權處理大臣前往清國（一八七四年），布瓦索納德則作為顧問隨同。布瓦索納德謁見明治天皇，承明治天皇旨意輔佐大久保利通。本次隨行者還有名村泰藏，之後再加入井上毅。大久保利通從布瓦索納德處聽聞萬國公法理論的重要性，決意讓布瓦索納德陪同至北京。大久保利通在船上也向布瓦索納德請教，此外在北京的交涉期間也經常徵詢其意見。在結束交涉返國後，布瓦索納德也對大久保利通所關注的琉球歸屬問題，提出其意見書。因為出兵台灣交涉時的重要功績，布瓦索納德獲賜勳二等旭日重光勳章，及兩千五百日圓。

此外，關於不平等條約，由於井上馨外務卿所提出的修正草案，定有在法院中安插外國籍法官的條文，而使政府受到猛烈批評時（一八八七年），布瓦索納德也提出意見書。該份意見書的內容，是支持日本在面對西歐列強時，仍應堅持獨立之地位。結果修正草案未獲通過，井上馨也隨之辭職，布瓦索納德在本事件中明確表達自身對於日本的看法，而對此也有不少人深表感謝之意。

大東亞共榮圈

雖然日本自國際聯盟設立之初就持續參與，但因為抗議一九三一年關於滿州事變所作的李頓報告書，最後選擇在一九三三年宣布退出（退出的正式生效為一九三五年）。

日本籌畫大東亞共榮圈建設的開始，可見於該滿州事變（一九三二年滿州國成立）。一九三八年，近衛文麿首相發表「東亞新秩序」之聲明。一九四〇年十一月三十日，日本以日華基本關係條約承認汪兆銘政權，該條約之目的，在於收攏自一九三七年所引爆的日中戰爭。同日發表的日滿華共同宣言中，揭示「於東亞建設基於道義的新秩序之共同理想」。其內容除了如地理上的鄰接性與文字、人種的同一性主張外，未見積極確立亞洲區域主義基礎之理念。

雖然在一九四〇年七月二十六日內閣會議決定「基本國策要綱」，當中即可見「大東亞新秩序」的用語，但「大東亞共榮圈」一詞，則是在說明該要項時，松岡洋右外相於談話中首次使用。「大東亞」的地理性延伸，隨著戰爭進行而有所變化（不過，當時日本的指導階層就以受到歐美帝國主義的迫害經驗為大東亞的共通點）。

大東亞共榮圈，是所謂「八紘一宇」此種日本傳統家族主義思想，投射於國際關係所生之產物。此外，在大東亞共榮圈概念中，也包含具有階層秩序的華夷思想要素（可見日本為父，中國為母，其他亞洲各國為子的論述）。雖然在得到國際社會的了解上仍有困難之處，但是大東亞共榮圈並不是指向舊有秩序的單純復辟，也同時意味著走向共榮圈內，各國經濟發展的大空間地域經濟圈。

大東亞國際法

對於大東亞共榮圈在國際法上的根據基礎，前述施密特的大空間秩序論就擔負起重要的任務（施密特本人也關注到亞洲門羅主義）。大東亞共榮圈也同樣傾向批判以歐美為中心的既有國際法制。不過，第一次世界大戰的戰敗國德國，與戰勝國日本，兩國在凡爾賽體制下的國際地位截然不同，未必會走向相同道路。

安井郁（戰後遭剝奪東大教職，其後為法政大學教授）則論道，在從歐洲中心主義秩序解放而出的新秩序中，大東亞將會是以日本為中心所構成。此外，依照松下正壽（立教大學教授，一度於戰後被剝奪教職，其後成為立教大學校長）的見解，大東亞共榮圈是以國家的生存權與領域主權的完成為目的，並不是在對等的國家之間以條約所形成的結合，而是超乎自發意思的命運性結合。位居共榮圈的最上位而負有維持共榮圈義務的國家，就是指導國。指導國位處共榮圈的內部，卻也同時超越共榮圈，立於此指導國立場的即為日本。雖然共榮圈內的國家相互開放自國領域，但是日本保障這些國家能夠持續生存，而承擔起調整權利之任務。

並且，戰爭期間中的田畑茂二郎雖然也曾說過「真正的平等」就實現於共榮圈的思想當中，但是田畑茂二郎認為，對於身為指導國的日本，仍舊必須設下一定的限制，或是主張共榮圈的法關係是依照各國意思而形成等等，這些見解與前述的松下正壽仍有相異之處。田畑茂二郎的議論，可說是存在於大東亞共榮圈的內部，且能帶來變質與解體的契機。

（魏培軒譯）

第三部

兩段昭和

或許是因爲極權主義、軍國主義的性格過於強烈使然，戰前昭和時代的法思想往往受到輕視。然而，這個時代的法思想對於形成戰後日本的基礎而言具有重要的意義。而這個時代絕對不是只有極權主義或軍國主義妝點而成。只要我們重視明治維新以來的歷史及連續性來鳥瞰這個時代，便可發現，這是凸顯了近代日本諸多矛盾的時代。亦即，明治維新打從一開始就内蘊了「接納西洋以近代化」以及「回歸幕府政權以前的傳統」這兩項相互悖反的要素。明顯的例子像是明治時代以來的立憲體制，帝國憲法本身並存著「立憲主義」與「天皇親政」這兩項相互矛盾的特徵。而戰前昭和就是凸顯著明治維新以來矛盾與對立的時代。

若將這樣的矛盾與對立予以一般化，便是「近代化」與「傳統」之間的對立，這種對立並不是只發生在日本。例如，在同時代的德國，施密特及斯門德（Rudolf Smend）也致力去面對要如何克服「西洋近代化」這樣的課題。在第三部中登場的日本法學家們屢屢提及他們的理論，絕非偶然。

在第三部中，我們將以上述的矛盾與對立爲前提，概述戰前昭和的法思想。首先，我們先概述代表性的國粹主義者的思想（第十一章），接著再説明自天皇機關説事件（第十二章）、總動員體制（第十三章）、戰時體制（第十四章），一直到敗戰後新憲法制定（第十五章）爲止，這段時期的法思想。

（謝煜偉譯）

第十一章 國粹主義的法思想

本章提要

本章首先要來討論昭和時代法思想的特徵，然後再討論戰前昭和法思想當中，具代表性的國粹主義者筧克彥、北一輝、蓑田胸喜等人的法思想。他們的思想常常被錯誤歸類為是不具合理性的絕對主義或軍國主義而遭揚棄。不過，這樣的誤解來自於對他們的思想欠缺正確的理解。其實，他們在汲取了西洋思想之後，試圖克服西洋思想的矛盾與界限。在理解他們的思想之際，必須同時留意到這一點。

第一節　從「歐化」到「國粹」

「歐化」與「國粹」

昭和思想的第一項特徵是，外來思想與傳統思想二者間關係上的逆轉。日本思想的發展過程中，無論喜好與否，如何應對外來思想一直是重要的課題。像是對古代中國傳來的律令制度及佛教思想、近世儒教思想採取積極接納的態度，或者像是如鎖國時代一般採取拒絕外來思想的立場，日本總是與外來思想相互對峙著。

這一點在明治時代以後也同樣如此。日本當時以「文明開化」與「富國強兵」的名義，積極汲取西洋的思想。如此積極接納西洋思想以促進日本的西化與近代化的動向，就是所謂的「歐化」。歐化思想重視自由及民主主義的要素，歐化的目的在於讓立憲主義及自由主義等西洋立憲主義思想能夠在日本扎根。而相對地，與歐化思想相反，規諫過度西化、近代化、重視日本「古老而美好」的傳統思想其實也存在著。這就是所謂的「國粹」。國粹思想（雖然尚有許多不同的類型）強調天皇的神性與絕對性，也強調日本思想上及文化上的獨立性與優越性。在日本，積極導入外來思想的「歐化」，與強調在地思想傳統與意義的「國粹」，這兩股相互矛盾的勢力自古以來就持續對立著（正確來說，在近代以前不能稱之為「歐化」，應該稱為「漢化」、「儒化」）。這可以說是日本的宿命：在地理上、文化上位居於邊陲，總是需要直接面對更先進的文化、法律或制度。

不過，無論是歐化思想或者國粹思想，幾乎不存在單純要排除相反思想的主張。即使是歐化思想，也時常意識著其與日本精神上或文化上的獨自性的矛盾要如何克服與接續，而國粹思想也不是單純的復古主義，而是以實現「得以克服、超越西洋」的「國粹」為目標。因此，被視為歐化主義者的思想家當中，也有帶有根深蒂固的國粹要素的人（例如第十二章將要討論的美濃部達吉），相對地，被認為是國粹主義者的思想基礎，實際上也帶有西洋思想的色彩（例如本章所要討論的筧克彥）。並沒有單純的歐化或國粹思想，同樣地，也沒有單純的歐化主義者或國粹主義者。所有的思想家都同時並存著歐化的要素以及國粹的要素。而昭和（特別是戰前昭和）與其他時代相比之下，是一個歐化與國粹間衝突矛盾特別激烈的時代。

從「歐化」到「國粹」

明治以後的日本，向來都是歐化思想居於優位。明治期的「文明開化」、「富國強兵」可說是舉全國之力所進行的歐化計畫。而歐化思想優位的傾向，在所謂「大正民主」的時期迎向了高峰。這樣的時代下，歐化思想完全凌駕了國粹思想，兩者間的對立並不顯著。

不過，進入昭和時期，這種歐化思想的優位地位開始變了調。由於世界恐慌及國際協調體制的動搖，不僅是日本，全世界都浮現了政治及經濟上的矛盾。而這是西洋近代帝國主義體制的界限，同時也是「西洋」與「近代」的界限。日本在面對這樣的危機下，為了克服「西洋」、「近代」的界限，重新開始注目國粹思想。亦即，人們開始反思：擁有千年以上歷史與傳統的日本，不早就已經（在好好地吸納當時海外先進思想之下）獨力發展了屬於自己的文化與思想嗎？我們難道不能以這個日本獨自的文化與思想，來作為解決內外危機的處方嗎？這樣的發想，逐漸以「國體明徵」、「國體之精華」這樣的形態出現，進而成為驅動政治的原動力。簡單來說，就是國粹思想以象徵著日本傳統與天皇神聖性的「國體」作為武器，開始對歐化思想進行反擊。

戰前的昭和時期，國粹思想推翻了過去以來的歐化思想優位地位，確立了自己的主導權。作為其象徵者，就是天皇機關說事件（參照第十二章）。從天皇機關說事件一直到戰敗為止的這段期間，國粹思想明顯壓過了歐化思想。

一九四五年八月的戰敗，同時也代表著國粹思想的敗北。直到敗戰前仍頌揚「我世之春」的「國粹」隨著戰爭敗北，也跟著一百八十度轉變為「歐化」（更精確地說是「美國化」），且現在仍持續中。在此意義下清楚呈現了兩段截然相異的「昭和」時期，亦即帶有濃厚國粹色彩的「戰前昭和」與帶有歐化色彩的「戰後昭和」。

本書所能討論到的戰後昭和，僅限於剛敗戰沒多久的時期。然而，這個時代卻造成許許多多的問題，而這些問題仍持續影響到現在。本書將以這樣的「兩段昭和」的想法下，留意戰前與戰後之間思想的連續與斷裂，展開接下來的討論。

第二節　從個人商號般的國家轉向如大企業般的國家

個人商號式的國家

昭和思想的第二特徵，是國家的統治機構從個人商號式的國家轉變成為官僚主義、如大企業經營般的國家。如久野收、鶴見俊輔貼切的描述：「伊藤（博文）以明治天皇為中心所打造的明治國家，怎麼看都像是一個精采的藝術作品。」（《現代日本思想》，一二六頁）。久野、鶴見所關注的是，國家體制如何能夠一邊確保天皇作為統治者其支配的絕對性，另一方面汲取被統治的國民的能量，同時又能巧妙地從國民獲取支配的正當性。不過，本書所欲關注的，是帝國憲法於統治機構的巧妙之處；更具體來說，是統治系統中元老及內大臣等居間折衝者的角色。

首先，帝國憲法的統治機構是極為分權的。帝國憲法是採取將所有權限都集約在天皇一處的國家體制。這意味著只要天皇對統治沒有出言干涉，國家機關各部門可確保擁有極為自律的權限與行動力。當然，天皇也曾有過自己為國家意思決定的時候，但除了這種情形以外，為了彙整、統合各個自律進行活動的國家機關，必須要有代替天皇實際進行國家意思統合的人。而這人正是不具憲法上機關地位的元老及內大臣。他們代替天皇來擔任實際彙整統合的工作。應該說，他們是所謂「天皇代位主體」的存在。

其次，帝國憲法（特別是關於統治機構）採行了僅確立原則及方針的大綱主義，更具體的細則，則以法律或敕令的方式加以規定。像這樣的大綱主義，存在著各部權限內容及行使程序不明確的缺點，但另一方面也能夠彈性對應各式各樣的政治情勢。因此，憲法的「解釋」就非常重要。而負責擔任「解釋」工作的核心人物就是元老。若能這樣想的話，我們也就能夠理解當時伊藤負責執筆，並刊登明治憲法公認解釋書《憲法義解》的意義與重要性（雖然一般認為實際上應該是由井上毅所寫）。

以上所述，曾為明治維新功臣的元老及內大臣以其權威作為後盾，於外於內活躍地進行政策推進及調合的工作，而成就了明治期的日本國家體系。為了要讓這種個人式（欠缺明確法律上的權限之意）的權威者能夠充分發揮其制度外政策推進與調和者的角色，支配層（所謂具維新經驗或所謂藩閥）中必須要存在共通的政治文化，而且支配層勢必要是小集團才行。就此意義下，明治、大正期的日本國家是如個人商號般的國家，其中元老及內大臣等人，就像是在個人商號裡不可或缺的大掌櫃般的存在。

轉變為大企業般的國家

原本屬個人商號般的日本統治機構，在進入昭和時代之後，無論質、量都產生了變化。在質的層面上，在確立日本作為一近代國家的過程中，各種出身背景的人才得以進入支配階層，而這些人基於所謂「維新」的共通經驗所產生的連帶感逐漸消失，同時，所謂「藩閥」這種相對閉鎖且可共有的政治文化亦不復存在，政治支配層的同質性逐漸降低。此外，進入昭和之後，那些對明治維新有功勞的元老，也不再居於統治機構頂點的側近（以天皇代位主體的身分）調合鼎鼐。從量的層面而言，第一次世界大戰後，日本好不容易躋身大國之林，其國家機構急速肥大化。這是由於殖民地增加導致疆域擴大，以及由於邁向福利國家、行政國家的呼聲導致行政機構的擴大所致。在這樣的傾向中，國家機構擺脫過去由元老進行個人層次的調整與統治的作法，改為以作為一個系統自律地運作。附帶一提，日本的國家機構因此由如大掌櫃掌管的「個人商號般的國家」，發展、蛻變成官僚體制式的「大企業般的國家」。

然而，要以所謂「伊藤的藝術作品」的明治憲法體制有效對應「大企業般的國家」已然是不可能的事情。這是因為，明治憲法體制所設定的前提是在大綱主義式的憲法基礎下，大掌櫃作為天皇代理，巧妙地經營宛如個人商號般的國家。例如，針對憲法內閣總理大臣的任命方法及內閣的責任，由於明治憲法僅設有大綱性的規定，因此導致了政權短命，並賦予了軍部因閣內不一致所產生的實質上的否決權。此外，軍政權與統帥權的範圍不明確也成為如「統帥權侵犯問題」等政治問題的原因。簡言之，因為憲法已無法再適切對應「大企業般的國家」，這可以說是造成了戰前昭和期政治的迷走，並容許了軍國主義的抬頭，而成為敗戰的原因之一[36]。

第三節　筧克彥的法思想：「惟神」之國的法思想

本節關注作為國粹主義者筧克彥的法思想。眾所周知，筧氏建立起以神道為基礎的復古主義法學。他甚至會在研究室裡供奉神壇、在要上課時雙手拍掌敬神，並創作「日本體操」（神道體操）等等，被當時的學生們嘲諷為「醜聲遠播、被神靈附身的學者」（中島健藏，《昭和時代》，一一一頁），避之唯恐不及。然而，筧氏的復古主義，並不如其表面及評價般像是「被神靈附身」的主張。他的思想不但建構在西洋的知識土壤上，更試圖對西洋的近代主義提出批判，進而克服。在這個意義下，他的思想可以說是國粹思想的範例之一。

筧氏於一八九七年自帝國大學法科大學畢業，隔年奉文部省之命，以成為行政法研究者為目標，負笈德國。筧在留學時並沒有進行行政法的研究，而是埋首於基督教的鑽研。原本預定三年

36　原註：參見植村和秀《昭和的思想》，講談社，二〇一〇年，一一頁以下。譯註：將明治期日本國家稱之為「個人商號般的國家」，將昭和期日本國家稱之為「大企業般的國家」，之後此稱呼成為定見。

的留學期限延長至六年，筧氏雖然除了法學之外，也廣泛涉獵哲學與宗教學等領域，但最終是在深受狄爾泰（Eilhelm Dilthey）、基爾克學說的影響下歸國。一九〇三年回國後，筧氏擔任東京帝國大學（以下簡稱「東大」）法科大學教授，講授「行政法」、「國法學」及「法理學」。

基爾克的國家論

筧氏赴德國留學，最初師事的對象即為基爾克。基爾克認為自己是主張「法自民族精神所生成」的歷史法學派的繼承者。不過，基爾克雖然與薩維尼以及普赫塔（Georg Friedrich Puchta）同為歷史法學派，但基爾克並不與他們一樣，主張要從神聖羅馬帝國與羅馬法當中找出德國的民族精神，而是認為，以日耳曼民族習慣法為主體的日耳曼法才是德國民族精神。羅馬法以對等個人之自由意思為前提，而從這個前提推導出所謂私法自治原則、契約自由原則等法理論的諸種原則。基爾克認為，這種羅馬法式的發想流於形式主義，相較之下，自歷史、文化層面生成的日耳曼民族習慣法才是符合德意志社會實情的法制度。一般認為，基爾克堪稱是這種日耳曼法研究者（日耳曼學派 Germanisten）中「最後的大師」。

基爾克的研究中最著名的是團體理論。基爾克在其著書《德國團體法》的一開頭便言：「人之所以成為人，在於其結合」，他自家族或國家等社會裡各式各樣的「團體」當中找出人類社會生活的本質。在羅馬法中，將「團體」視作個人有意識地擬制、虛擬而成的產物的想法（擬制說）蔚為主流。然而，根據基爾克的看法，這樣的理解是錯誤的，社會當中的各個團體其實是一種超越單純擬制、實在且具固有存在意義的有機體（有機體說）。而國家也同樣是社會性的有機體。亦即，國家是以權力遂行國家成員（國民）之共同意思的公共有機體，是一種「總體性的人格」。而法律就是規定作為「全體」的國家與作為「個別」的國民之間的關係。不過，作為全體的國家並非將所有作為個別的國民悉數吸納進去。國民既是全體的一員，同時也是具有個別意識的個人。從人類本質的角度而言，國民固然具有調和於國家的傾向，但並不是無條件地與國家化為一體。因此，國家與個人也有可能產生爭執。而整序其爭執者即是法，藉由法律來界定國家與個人的關係。如上所述，基爾克從團體論出發，排除帶有羅馬法色彩的個人主義及帶有自然法色彩的社會契約論，將國家描繪成依照其構成員，也就是國民之意思，而成立的有機體。

基爾克的法思想是反羅馬法的思想。羅馬法以個人為前提，相對地，基爾克的法思想強調團體的意義。在這個層面上，基爾克的想法含有和在羅馬法基礎上成立之近代法思想相互對立的意涵（Antithese）。這樣的特徵如後述所見，由筧氏的法思想所承繼。筧氏企圖超越單純追逐歐化的近代法，並就此構築獨自的日本法理論。想要在西洋裡克服羅馬法的基爾克，跟想要克服整個西洋的筧氏，兩者在論述層次上固然相異，但在「想要克服近代西洋法」這點上，卻具有相同的意識。或許，當筧氏敲了基爾克的門的時候，就決定了其法理論的方向性吧。

狄爾泰的生的哲學

除了基爾克之外，筧氏在留學時，還深受狄爾泰學說的影響。狄爾泰的哲學被稱之為「生的哲學」。所謂「生的哲學」，是為了克服笛卡爾的身心二元論或者克服康德式的感性／悟性、內容／形式二元論，所提出來的哲學，其重視生，更甚於理性。生是作為一「根本事實」，無法再向上追溯的根源，而哲學必須要從這裡出發開展。這是因為，理性無法賦予其基礎，相反地，生才是成為理性的基礎。因此，「體驗」作為生的具體形態，受到重視。而體驗乃藉由語彙、表現活動等方式加以「呈現」，並藉此得以具體形態向他人傳遞，這樣的具體形態可促使他人的理解。進而，這個他人的理解會產生新的體驗，而新的表現與理解又會從這個體驗中產生……。透過上述般反覆循環的行動，能夠促使相互的理解，並產生共通的意義理解與價值。這稱之為「解釋學的循環」。

狄爾泰認為，透過如此以生為基礎的解釋學循環反覆操作之下，可以釀成人與人之間共通的理解與共同精神，而這將會成為共同體內共通認知的「客觀精神」。應注意的是，這個客觀精神會根據不同時代或共同體而有所差異（在此意義下，狄爾泰的「客觀精神」與黑格爾的版本並不相同）。無論如何，除了斯門德的統合理論之外，狄爾泰提出的生的哲學，也對解釋學及現象學帶來非常深遠的影響。

作為「普遍我」的國家

筧氏又是如何理解國家與法律呢？他認為：國家、領土、法律等等乃國家的構成要素，而這些東西本身並不是國家。國家是彙集性地呈現出上述這些構成要素的「普遍我」。「所謂普遍我，是指根本的一心同體。詳言之，是指遍及不同時空多數個人所存在的唯一大生命。」（《國家之研究》，二一五頁）亦即，國家＝普遍我是人類集團的單位，是生命體，是表現的單位（將國家看做是一個生命體這點，可看到受基爾克國家有機體說的影響）。

進而，個人（個我）即使是內心的作用上，也可以彙集性地呈現出與國家（普遍我）的同一化。根據筧氏的說法，「自我」的意識可以廣泛也可以狹窄。日本軍戰爭打贏時，國民就像是自己贏了一般慶祝，而國民到了國外會稱自己為「日本人」。這是擴張個我而與國家一心同體（普遍我）的例證。另外，各個國家透過歷史、文化、風土氣候等，展現出獨自的、與其他國家相異的民族性或國民性。而這是各個國家（普遍我）作為獨自的存在，藉以與他者相區別的單位。

雖然國家是普遍我，但並非僅是讓國民隸屬其下的存在而已。當然，只把國民當作支配對象的國家，在理論上也是有可能的。不過，國民雖然是所謂國家這個普遍我＝全體的一部分，卻不僅止於一部分。國家與國民，或者國民之間的關係，是一方面互相保持自律性，一方面各自發揮自己的角色，時而對立，時而同調而成立的。這是因為，各個國民具有相應於自己社會角色的「權限」。各個國民得以善盡自己職業及社會的角色，自由行使各自的權限。此際，一方面會與作為全體的普遍我相互調和，另一方面由於各個人得以自由行使權限，因此也會與普遍我產生對立與矛盾。這當然是無可厚非的。因為，只要作為個我的個人，與作為普遍我的國家，能夠維持著作為同一的存在而可以相統合的關係，那麼最終仍舊得以歸趨於國家＝普遍我。這樣的國家與個人、個人相互間的相互依存、相互呈現的關係，是筧氏將狄爾泰的解釋學循環應用在國家與個人關係之上的產物。但是，現實上的國家未必全能維持作為普遍我的統一性。若分離、離合的要素很強的話，該國家不久也將會面臨崩壞、分裂的危機吧。在能夠持續維持統一性的國家裡，理應存在著強力的統合原理才對。

惟神之國，日本

筧氏對日本做出如下敘述：「日本是以自然的家族為中心，由此擴大出去而成為日本國。伴隨著這個生理上自然的『我』的擴張，日本的思潮制度本身也具有這項重要的特徵。」（《佛教哲理》，四〇頁）。日本國本身就是家族。自古代以來，在日本始終是支配者與被支配者一起居住在同一個地方，在此意義下，得以完整維持社會的單一性、同質性。亦即，將個我擴張到日本國家全體，並處於容易同一化的情境之下。「各個我生來就逐漸與普遍我處於趨於同一的關係中。」（《國家之研究》，二二六頁）日本人生來就在這樣一體的環境當中成長，很容易就與國家化為一體。而這個「一體化」並不是單純意味著個體消失而被全體所吸收，而是意味著全體與個體是個別存在著的。個別的個我（個人）基於自己的「權限」，各自自由地行動。

這個理論包含著共同體統合的要素與分離的要素兩者。若分離的要素太強，則國家將會瓦解、分裂。為了防止這種事情發生，必須要有統合的力量或原理存在。而這就是天皇。各人雖然擁有自己的「權限」，但天皇的權限得以統合日本。筧氏認為，天皇是「國家統治權的總攬表現者」（同一六頁），而天皇的任務就在於「將這御一個全部擴張至普遍我，且消滅同為御一個的我。」亦即，天皇並不是為了私利、私欲，而成為統治國家的支配者，而是作為普遍我的國家之統合原理本身。

根據筧氏的說法，擁有天皇的日本，即使與西洋諸國相比，也是模範的國家。原本所有的國家都應體現普遍我才對，但現狀卻做不到。在這些國家當中，日本格外具備前述理想國家之體裁（作為普遍我的國家）。即使與他國相比較，「皇國一步一步以模範之姿發揚著國家的本質。」（同二一四頁）

筧氏與歐化思想

如前所述，本來的國粹思想並不是單純的復古主義，而是以日本的古神道思想為手段，嘗試要批判性地突破、超越現存西洋文明的界限。筧氏認為：「現在日本國當中，法律或權利義務或國權等解釋，都是自外文翻譯而來的說明，並不該當於真正日本的精神」（同一八五頁），並批判那種單純翻譯過來的西洋化。不過，他另一方面又說：「皇國自建國以來，就成功地發揚國家的本質，關於這一點，日本應成為國家中真正的國家、萬邦的模範。因此，外國的優點也毫無遺憾地有得以輸入的餘地，……（日本）是一個擔心著能否毫無遺漏地接受外國一切的美的國家。只要我們綜覽皇國古今歷史，就可以徹底明瞭，我想，在此根本毋須贅言。雖然到了今日，不會再有口中一邊說著：『這是外國的法理，這是外國的文明等等』，這種一概排斥外國的人，我們也不希望這樣的錯誤之後還會發生。」（同第二頁）

筧氏輸入了國外思想的優點，並在此基礎上想要明瞭日本的國情。而且，筧氏所參照的是對當時法學或哲學主流派唱反調的日耳曼法研究者基爾克，以及生的哲學者狄爾泰。因此，筧的國家論並不是單純拒絕西洋文明，而是在自己之中接納西洋文明，再予以批判性地超越，想要摸索著日本獨立的歷史意義與角色，而呈現出近代日本國粹思想的範例。

第四節　北一輝的法思想：純正社會主義思想的法思想

北氏的生涯

北一輝生於一八八三年，身為在新潟佐渡經營釀酒業名店的長男。自幼患有眼疾，並因這個原因在舊制佐渡中學留級，之後中輟。其弟進入早稻田大學就讀後，北一輝也一起跑到東京，成為早稻田大學的旁聽生，參加了穗積八束及有賀長雄的演講課，一邊學習憲法學，一邊廣泛地以自學方式涉獵社會科學的古典文獻。

由二十三歲的北一輝主筆的《國體論以及純正社會主義》一書，於一九〇六年出版。然而由於這本書批判天皇制度，僅僅販售了五日，就被處分禁止販售。至此之後，北氏就變成「特高警察」（特別高等警察）眼中的危險份子而成為監視對象。而且，由於這本書的緣故，北氏與以支援孫文一事聞名的亞洲主義者宮崎滔天等人相識，並且參加革命評論社及中國同盟會等組織。一九一一年辛亥革命發生後，北氏即以國家主義團體黑龍會的特派員記者名義前往上海。歸國之後，以辛亥革命的經驗撰寫《支那革命外史》，之後再一次遠渡上海，撰寫《國家改造案原理大綱》一書（這本書後來增補修正成為《日本改造法案大綱》，以下皆稱之為《大綱》）。

一九一九年，受到國家主義者大川周明及滿川龜太郎的勸說，於是返國加入猶存社，參與國家改造運動。一九二三年，北氏因與大川氏意見不合而解散猶存社後，便出版了《大綱》一書。這本書對陸軍青年將校們產生極大的影響，這些將校們引起二二六事件（一九三六年）後，北氏儘管不是軍方人士，卻仍被認定為幕後指使者，而受特設軍事法庭之審理，一九三七年以叛亂罪首謀者為名，被判處並執行死刑。

社會民主主義與純正社會主義

北氏的思想於《國體論》的開頭便清楚地呈現出來。在《國體論》序言第一頁當中是這麼說的：「欲將社會民主主義樹立在所有的社會科學，亦即經濟學、倫理學、社會學、歷史學、法理學、政治學、以及生物學、哲學等統一性的知識之上」。亦即，北氏打算綜合人文社會科學，在此之上確立「社會民主主義」這個符合自己理想的國家體制主張。在這邊所謂北氏的「社會民主主義」，並不是今日所使用的「社會民主主義」，毋寧說是比較接近原本意義下的社會主義。北氏是社會主義者。

一般提及社會民主主義，很多時候是指：一方面致力於維持議會制民主主義，另一方面又謀求解消與緩和資本主義矛盾等這種社會主義的主張。不過，北氏的社會民主主義與此並不相同。

所謂社會主義，原先是指將生產手段納為社會所有（簡單來說，可以想成是「把企業國有化」），問題在於方法。例如，德國社會民主黨的主流派考茨基等人就認為，應該要透過議會，亦即在議會形成多數，合法地將資本主義轉變為社會主義。（另一方面，藉由暴力而非形成議會多數派的方式來實現社會主義的是共產主義〔參見第九章〕）在撰寫《國體論》時，北一輝的「社會民主主義」係參考考茨基所構想的理念，亦即透過在議會形成多數派，合法地進行社會主義革命。

或許我們會覺得很奇怪，被認為是二二六事件理念指導者的北一輝，竟然主張要透過議會多數派的形成來實現社會主義，不過，他信奉社會主義這件事情卻是事實。實際上，年輕時的北氏也曾關注幸德秋水及堺利彥等人的平民社。但北一輝與當時社會主義者不同的是，一般的社會主義者以勞動者們在國際上的串聯（Internationale）為前提，最終目標要達到「國家的滅亡」；而北一輝則不否認國家的存在，他認為，縱然最終要達到世界聯邦的構想，但要實現社會主義，國家的存在是必要且不可或缺的。

北氏主張，透過資本（企業）與土地的國有化，可以節省生產過程的無謂浪費，讓生產效率化，這麼一來，就可以讓國家及全體國民富足。北氏所期望達到的是富足的社會主義，而不是清貧的社會主義。他說：「社會主義並不是主張要均貧地分配，而是相應於不同性質的公共財富給予共產式的利用，讓社會大眾獲得滿足為其理想；並非將上層階級拉下來，而是讓下層階級晉升為上層。」（《國體論》，六一頁）北一輝批評那些學者們所倡議的「黑板社會主義」以及官僚主導的計畫經濟，是「四不像的社會主義」。而稱自己所主張的社會主義為「純正社會主義」，並定義為：「純正社會主義，是承繼了對個人主義的覺醒，以賢明的選舉法，讓少數且平等的監督者成為社會的機關。」

北氏的歷史觀：明治維新與國體論

為了達成北氏主張的社會主義，個人主義的發展即屬必要。在此之上，作為個人的國民與天皇將直接連結起來。「如果不讓組成社會部分的個人認識其權威，將無法成遂社會民主主義。特別是像是日本這種沒有經歷如歐美般個人主義的理論與革命的國家，需要先充分發展個人主義，以作為社會民主主義的前提。」（《國體論》，序言第一頁）因此，首先必需要實現普通選舉。透過普選而形成的議會將直接把國民與天皇連結在一起。而議會與天皇一起成為國家的最高機關，承擔主權。換句話說，「天皇並非總攬統治權之人」（《國體論》，二三〇頁）。帝國憲法第五條針對立法權，規定：「天皇受帝國議會之協助行立法權」。因此，天皇與議會共同組成立法機關，兩者共同承擔立法權。此外，針對美濃部達吉等人所倡議的天皇機關說主張「天皇是國家的最高機關」，北一輝也表示不同意見。所謂最高機關，係指具有最高權限，亦即憲法改正權限之機關；帝國憲法規定，於改正憲法的時候，天皇必須以敕令將改正案交付帝國議會審議（七十三條）。因此，大日本帝國憲法的最高機關，並不是只有天皇單獨，而是天皇與帝國議會。北氏批評採取天皇機關說的美濃部氏是「一面斷言『君主並非總攬統治權之人』，然另一方面卻依然主張立憲國之君主為一人所組織之最高機關，明顯存有矛盾」（《國體論》，二三三頁）。這個批判尖銳地指出了天皇機關說所具有的妥協性格。在這個意義下，北一輝的主張可以說比美濃部的天皇機關說更加徹底地將天皇「機關化」。

北氏根據上述的討論，指出將君主政體與共和政體二分的政體論是錯誤的。英國或日本這種立憲君主制當中，君主與議會合體成為最高機關，而這樣的政體既不是君主政體也不是共和政體，而是居於兩者中間的第三種：立憲君主政體。「所謂立憲君主政體，是以平等的多數人與特權者一人作為統治者，而形成的民主政體」（《國體論》，二三二頁）。而所謂「特權者一人」即指君主，在日本即意指天皇。

如上所述，北氏主張立憲君主制是形成君主與國民直接連結的民主國家，而於日本即是天皇與帝國議會共同構成最高機關。這樣的論述一方面是相對提高議會的地位，一方面否定天皇的絕對性。北氏認為，只要實施普通選舉而讓社會主義政黨取得議會多數，日本就可以在天皇制底下實現社會主義。

北一輝的這種想法建基於他的歷史觀。他把明治維新定位為革命，是實現社會民主主義的第一步。換言之，明治維新原本的意義，正是在於天皇與國民共同實現社會民主主義。然而，在資本家及地主、官僚及政治家們追逐私利私欲之下，使得作為明治維新原本意義的社會民主主義無法實現。因此，北氏認為，如果能夠不要讓資本家或地主等人介入，實施普通選舉讓國民真正的聲音得以反映在國政之上的話，應可實現明治維新原本的形貌：社會民主主義。

《日本改造法案大綱》

然而，北一輝在《國體論》當中揭示透過普選自然實現社會民主主義的想法，於其後卻改變了見解。改變想法的契機在於辛亥革命。他實際體驗了辛亥革命後，認識到要讓革命成功，需要的不是普通選舉，而是實力，亦即軍隊。而這樣想法上的變化，具體展現在一九二三年出版的《大綱》一書中。

「今日大日本帝國內憂外患紛沓而至，面臨史上未曾有的國難。」（《大綱》，二九一頁）這樣的一句作為《大綱》的卷頭語。根據北一輝的看法，為了回復明治維新革命原本的意義，並將財閥與官僚逐出政權中樞，有必要由國民引發政變（coup d'État）才行。而藉由政變停止憲法施行三年，並發佈戒嚴令。在此期間，應實施成年男性普選，召集國家改造議會，實行憲法改正。並且應廢止貴族院與華族（特權貴族）制度，而治安警察法及報紙條例、出版法等限制國民表現自由的法律亦應廢止。

針對經濟社會的改革，北一輝揭櫫了社會主義式的政策。例如，個人不能擁有包含土地等一定規模以上之財產。禁止勞動爭議或罷工，勞資爭議由新設的勞動省裁決之；另一方面導入讓勞工亦能參與企業經營的機制。如此一來，我們應可認為北一輝雖然高舉社會主義式的經濟政策，但對私有財產的限制程度大幅緩和，實際上是一面維持資本主義，一面添加社會主義要素的主張（例如針對私有財產限制，北氏在《大綱》中認為「日本國民一家得以所有之財產以一百萬為限」

（二九八頁）。而當時的一百萬日圓若以今日的價值計算，約十億日圓左右，這樣的限制對一般市民沒有任何影響）。

北氏的影響

最初對北一輝採取肯定態度來理解的久野收及鶴見俊輔認為：「北一輝才是切斷明治時期的傳統國家主義，進入昭和的超國家主義之思想源頭。」（《現代日本思想》，一三九頁）。北一輝的思想給予戰前昭和期國粹主義者莫大的影響。這是因為如下述幾點讓國粹主義者心嚮往之。第一，北氏並沒有將國民當作統治的客體，單純視為「臣民」，而是構想國民與天皇直接連結的「國民的天皇」論。「國民的天皇」論意味著要把那些財閥、政治家或官僚等所謂特權階級者們，當作是「君側之奸」排除出去，因為他們妨礙了應由國民與天皇共同創建之社會民主主義的完成。而這樣的主張吸引了那些崇拜、尊敬天皇，並認為透過天皇更積極參與統治，得以打破現有政治社會危機的人們。對這個「國民的天皇」論有強烈共鳴的，是大川周明及滿川龜太郎等所謂日本主義者們，他們與北一輝共同參與了猶存社的活動，倡議由天皇主導之國家改造。

北一輝的思想吸引人們的第二個理由，是其社會主義式的平等主義、弱者救濟主義之思想（社會民主主義）。北氏欲限制私有財產，並主張生產手段的社會化。這樣的想法，對於那些苦於社會經濟矛盾、摸索如何突破困境的人們，是相當具有吸引力的。這個「社會民主主義」具有與「國民的天皇」論相異的方向性；「社會民主主義」深深具有救濟社會弱者與窮困者的要素。這影響了特別是一九二〇年代末期橘孝三郎等農本主義者，他們為了挽救深受世界性大恐慌與地主橫收暴斂所苦的農民，欲透過農村復興與再生來進行社會改革。（不過，北一輝與橘孝三郎的思想具有不少差異之處）這些農本主義者後來主導了五一五事件。

而受到北一輝思想的感召，欲透過軍事政變實現「國民的天皇」，實現社會民主主義社會的陸軍青年將校們，引發了二二六事件。北一輝參與二二六事件的程度有多深一事，尚有不同之議論，不過北一輝的思想成為事件首謀者思想的支柱這點，是毫無疑問的。

第五節　蓑田胸喜的思想：戰鬥的國粹主義者的否定思想

作為批鬥者的蓑田

丸山真男回顧自助手升為助教授的一九三〇年代後半，大學，特別是東大法學部受到國家主義日益強烈的壓力，對此，丸山稱之為「史上最惡劣的受難時代」，並且做出了如下陳述：「談到『原理日本』與『帝國新報』等團體，往往會想像如同現在在附近電線杆張貼宣傳單的極右團體一樣。可是，關於這些團體深沉的背景以及其與權力中樞的結合這一點，幾乎無可比擬。」（《丸山真男集》，一〇卷，一八二頁）

而正是蓑田氏創設了令丸山畏懼的「原理日本社」。蓑田氏與原理日本社的成員將批鬥的對象鎖定在戰前昭和期帶有進步思想的知識份子，特別是大學教授。例如東大的美濃部達吉、宮沢俊義、田中耕太郎、横田喜三郎、末弘嚴太郎、南原繁、河合榮治郎、京大的瀧川幸辰、西田幾多郎、田辺元、法政大的三木清等等知名學者皆成為批鬥對象。另外北一輝及大川周明也都被批鬥過。而蓑田氏及原理日本社的成員，在像是瀧川事件當中、在下一章將會說明的南北朝正閏事件，以及天皇機關說事件等等批鬥反國粹思想事件當中，扮演著幕後推手的角色。正因為如此，受到當時大學教授們的恐懼。

原理日本社與原理日本

蓑田氏私心仰慕詠歌人三井甲之，於一九二五年和三井一起成立「原理日本社」，並且創辦《原理日本》雜誌。蓑田氏自此開始批鬥大學教授。而為何蓑田氏會批鬥這些大學教授呢？根據蓑田的說法，對日本而言，共產主義思想或民主主義思想是「異端邪說」，不能夠讓它們存在。然而，這些思想卻在日本蔓延開來。蔓延的原因正是因為大學教授支持共產主義及民主主義，對學生講授這些思想，讓最高學府的大學成為這些思想的溫床。因此，蓑田認為，批鬥大學教員、整肅大學，才是將共產主義與民主主義從日本一掃而空的重要手段。而蓑田特別重視對東大教授的整肅。帝國大學對社會的影響力很大，因而帝大，特別是東大的教授，就成為主要的打擊標的。

蓑田一旦鎖定了批鬥目標，就給予徹底的打擊。與蓑田為同鄉故友的新聞記者細川隆元轉述，蓑田曾道：「批！就是批！批鬥惡必然可以產生好的、真正的東西。」（〈《日本麥卡錫》始末記〉，一九頁）而蓑田常常掛在嘴邊的口頭禪是：「不貫徹原理日本的訴求，就什麼事情都做不好呢。大家盡是笨蛋，正因為如此，我才要攻擊惡的人事物。」（〈《日本麥卡錫》始末記〉，二六頁）亦即，蓑田認為唯有能夠挺得住徹底批鬥、批判的事物才會是真理。在此借用對蓑田進行縝密研究的植村和秀的話：「蓑田就是持續的批鬥。蓑田以所謂異端份子審問官為己任，持續批鬥著許多與他同時代的人物。」（《有關日本問題的鬥爭》，一二六頁）

對美濃部達吉之批判與作為「護憲派」的蓑田

蓑田持續批鬥著大學知識份子，在此當中特別成為批鬥對象的是美濃部達吉。蓑田強烈抨擊美濃部的憲法論，認為那是國體變革思想。這在下一章將會檢討，美濃部在解釋憲法的時候，肯認法理與習慣法屬不成文憲法，並且承認這種自然法與習慣法具有得以改變成文憲法的、強的規範性。而蓑田從美濃部的不成文憲法論當中解讀出「單以改變憲法解釋之方法達成修憲目標（解釋改憲）」的危險性，並予以強烈的批判。蓑田認為，特別危險的是「法理」的要素。所謂法理，是指「為人們所接受的理念」，而根據美濃部的說法，能夠具體解釋、推理這個法理之人，是法律學者。這意味著，蓑田所忌諱的大學學者掌握著修憲或廢憲的權限。蓑田認為：「（美濃部的說法）等同是宣稱如美濃部氏這種一介臣民、一介法律學者，就能夠事實上無條件地、無限制地擁有帝國憲法的改正權，這是嚴重紊亂國憲的妄語。」（《美濃部博士對大權的蹂躪》，第九頁）

某程度上而言，蓑田是頑固地擁護帝國憲法之人。蓑田追求的是基於帝國憲法的規定，由天皇真正總攬統治權的天皇親政政治。帝國憲法並沒有要求基於憲政常道的政黨政治，亦沒有要求如大政翼贊會般的一黨支配。但是，如果按照美濃部所提倡的方式，讓憲法學者所解釋的法理得以修憲或廢憲的話，不管是民主主義或是自由主義，豈不是會讓帝國憲法解讀出各種價值？美濃部氏曾強烈非難政府以治安維持法對共產黨進行打壓，而蓑田根據此事，說明了以下的憂心：「由於共產黨運動彷彿讓日本全面赤化般地盛行，共產主義基於美濃部氏的『法理』原理，不須『仰賴立法者的制定』即可促使日本『一般國法基礎精神之變遷』，依照『其社會意識自然而然地』排除帝國憲法，最終坐上日本國法的王座。這是美濃部氏的『推理』、『解釋』之內容，是他凶惡且大逆不道之思想。」（《美濃部博士對大權的蹂躪》，一三頁）蓑田認為，若承認法理具有修廢憲的強大力量的話，將會招來革命；對蓑田而言，美濃部的憲法理論正意味著這樣的革命思想。蓑田的解讀，某種程度上是正確的。如下一章所見，的確，美濃部的憲法解釋論在理論上潛藏著「解釋改憲」或共產主義革命的可能性，不過，這充其量只是理論上的可能性而已，實際上要美濃部參與革命根本是不可能的。（美濃部在不成文憲法中所強調的與其說是「法理」，不如說是「習慣法」。請參見下一章）

然而，對於蓑田而言，不管現實上有無可能，理論上存有可能性就已經是問題了。而批判這樣的「惡」，真理才有可能出現。而對於蓑田而言的真理，就是「原理日本」。根據《原理日本》雜誌創刊號的「宣言」（綱領）內容，所謂原理日本，是「全展開與總關連中的日本國民生活」，是「我們人生價值批判的綜合性基準」，是「要捍衛祖國日本的實行意志、一向專念[37]地相信『日本不滅』的信仰」。即使看了這些說明，「原理日本」的內容仍舊不明確。不過，蓑田基於捍衛日本的信仰，認為有必要守護帝國憲法。在這個意義下，蓑田是帝國憲法強硬的「護憲」派。

（謝煜偉譯）

37　譯註：佛教用語，出自《無量壽經》之「發菩提心，一向專念」。所謂「一向」指的是一個方向或一個目標，而在佛教中，教義方向定在西方極樂世界。

第十二章　天皇機關說事件的法思想

本章提要

本章將討論天皇機關說事件。過去，一般理解的天皇機關說事件，為天皇主權說攻擊美濃部達吉的天皇機關說。但是，天皇機關說事件的法思想，不該理解為天皇機關說與天皇主權說的二元對立，也必須考量到第三方的國體憲法學派。所謂國體憲法學派，是突破天皇主權說與天皇機關說兩者，欲實現適合日本國體統治的勢力。因此，圍繞於天皇機關說事件的法思想，是擺盪於天皇機關說、天皇主權說、以及國體憲法學三者之間，必須以此進行思考。本章就是基於這樣的觀點，分析天皇機關說事件中的法思想。

第一節　事件的開端

菊池演說

天皇機關說事件的開端是，一九三五年二月十八日，陸軍中將菊池武夫在貴族院所進行的演說。菊池對美濃部的天皇機關說有如下的批評：日本「在憲法上，統治的主體為天皇」，美濃部的天皇機關說主張「統治的主體並非天皇，而是國家」，這是從德國所輸入的學說，「是慢性謀反，顯然是叛亂」。因此，菊池批評美濃部是「學匪」，對於以美濃部為首的天皇機關說論者，政府必須採取堅決的處置手段。菊池從天皇為統治權主體的立場，非難美濃部所主張統治權的主體為國家、天皇為國家最高機關的說法。菊池會進行這樣的演說，比起菊池與美濃部間思想上的對立，目的其實是基於政治上的理由，也就是菊池等人欲驅逐包含美濃部在內的自由主義派。

美濃部的「自我辯駁」

美濃部針對菊池的批評，二月二十五日在貴族院進行了著名的「自我辯駁」演說。美濃部對於天皇機關說有如下的說明：「所謂機關說係指，國家本身是一個生命，是有目的之恆久團體，以法學上的用語來說，相當於一個法人概念。天皇處於國家法人的元首地位，代表國家，總攬國家的一切權利，天皇依照憲法所為之行為，就發生國家行為之效力。」

美濃部對於菊池的非難做了兩點澄清。第一是天皇「統治大權」的法律性質。依美濃部的學說，天皇總攬的統治權不應認為是歸屬於天皇個人的「權利」，而是天皇基於國家元首的地位所享有的「權能」。「權利」係指為了自己的利益，得行使權限之意。日本的君主制並非西洋絕對君主制的「家產制」，將國家或國民視為君主的私物、財產，將統治當作是君主的「權利」，而是作為「統治天下的大君」，天皇為全國、全國民進行統治。因此，「天皇的大權不是屬於天皇自身的私權利，而是天皇以國家元首，所行使的權能。使國家統治權運作之力，也就是統治的所有權能都賦予天皇最高的泉源。這當然不違反我國的國體，我堅信也是符合我國國體者。」（關

於將統治作為「權利」的西洋思想，參照第二章）

第二，是關於「天皇大權是無限制萬能的權力？抑或須依照憲法條文有限制的權能？」之問題。美濃部表示如下：天皇的大權並非不受國家的一切制約，非「絕對無限制萬能的權力」，至少必須基於憲法條文來行使。亦即，是憲法限制下的權力。依美濃部學說，君主具無限制、萬能的權力的思想「完全是西方的思想」，日本舊有的思想，如同帝國憲法的上諭或第四條所示，天皇大權是受憲法的限制。

美濃部充滿熱血的辯駁約進行了一小時，結束時，據說貴族院裡罕見地響起掌聲。

對於「辯駁」的反應

最初，政府首腦對於事態抱持樂觀態度。這是因為經過思路清晰的美濃部「辯駁」，政府認為事態已經開始沈寂。對於學術上的論爭，岡田首相在貴族院中曾答辯道：「只能委由學者，此外別無他法」。

然而，事態並非如此發展。因為菊池（及其背後的國粹主義者及軍部）並非從理論、學理的觀點，與美濃部進行論爭。菊池等人真正的目的，不在於確認天皇機關說在思想上是否符合國體，而是為了排除美濃部背後的樞密院議長一木喜德郎及法制局長官金森德次郎等位居政府核心要職的自由主義者之影響力。因此，美濃部的「辯駁」未能讓事件落幕。菊池等對美濃部的「辯駁」表示強烈不滿，進一步要求政府要採取「強硬措施」。在國會中，也受到他們以明確國體為後盾，強硬不退讓態度的影響，三月貴族院通過「關於刷新政教之建議」，眾議院通過「關於國體之決議」，要求政府必須「明確國體的意義」。

接到建議及決議的政府，也不得不進行處理。內務省在四月時，對美濃部的《逐條憲法精義》與《憲法撮要》做出禁止出版販賣的處分。但國粹主義者，特別是在野者，要求明確國體的聲浪日益升高，岡田內閣於八月時發表了「明確國體宣言」，政府也不得不明確表明致力於明確國體運動。另一方面，美濃部的學說被以該當不敬罪告發，司法省檢察當局以辭貴族院議員為條件，讓美濃部換取緩起訴處分，美濃部因此而辭任貴族院議員。金森法制局長官、一木樞密院議長也分別在一月、三月各自辭職。就這樣，作為政治抗爭的天皇機關說事件，以國粹主義者「完勝」的結果畫下句點。

《國體的意義》

一九三七年文部省刊行《國體的意義》一書。如該書在前言所述：「明確國體，有鑑於涵養及振作國民精神為當下的首要課題，因而編纂此書」，這是對於「國體是什麼」問題，表明文部省官方見解的書籍。（關於「國體」的歷史起源，參照第五章）

該書表示了「國粹」思想的最大公約數。同時，在不違反個別編輯委員的意向，及文部省的方針範圍內，由文部省官僚作成該書，其本質可說是一種欠缺趣味的官僚作文。但該書不僅發放到從小學到大學的全國各種教育機構，其內容還成為大學預備科及師範學校的入學考、文部省中等學校教員考試檢定、各府縣小學教員考試檢定的考試內容，全國共發行了二百萬本以上。從此點來看，就不可忽視該書的影響力，可說是最簡單可理解此時代的「國粹」思想之例。

《國體的意義》中有如下之論述：日本自古以來吸收中國、印度等外來思想。明治以後，則積極吸收西方的文化思想，西方思想的根本為個人主義，不僅是自由主義、民主主義，社會主義、無政府主義、共產主義中，也包含個人主義思想。然而，日本卻毫無批判地吸收這些思想，因此造成混亂，即使在西方，個人主義也已走到盡頭，極權主義及法西斯抬頭。也就是「個人主義的終焉，不管在歐美或在我國，都造成思想上、社會上的混亂，及轉換時期的到來」（《國體的意義》，第六頁）。在此種危機情況中，日本應該怎麼做？不是去模仿社會主義或全體主義，亦非排除西方思想。而是吸收真正的西方文化。因此，「在吸收消化西方文化時，首先必要追究闡明西方文物思想的本質，若未如此，明確國體只是抽離現實的抽象之物」（《國體的意義》，一八四頁）。

從而，明確國體不是單純的復古主義，也不是拒絕西方思想，也與極權主義思想做出區隔。而是分析外來思想（此處係指西方思想）的本質，透過吸收消化成為自己的東西，創造新的日本文化。當然，此處並未提示明確國體的具體內容，只不過表示了明確國體的步驟。在此意義上是沒有內容的。但是，今天我們講到明確國體運動時，總容易與復古主義或軍國主義的極權主義聯想在一起。惟須注意，本書並不將作為文部省官方意見的確認國體論當成復古主義或全體主義，而是欲創造超越過去西方思想的新產物（當然，其意圖是否妥當，需要另外檢討）。

第二節　天皇機關說事件的遠因

大學的弱化

天皇機關說事件最大的原因是政治的抗爭。是國粹主義者為了將歐化主義者從政權核心中驅除，所計畫之事件。美濃部在倫敦軍縮會議時，因侵犯統帥權問題及「陸軍傳單」問題等，與陸軍特別是皇道派產生嫌隙。因此，國粹主義者將自明治末年的「國體」論爭以來，近三十年占通說地位的天皇機關說再次問題化，以此驅除美濃部、金森、及一木等歐化主義者。

然而，此事件中成為問題的，是天皇機關說的適當與否。即使是牽涉到國家的統治機構，然而單一個學說在議會中成為問題，議會或政府特別發表聲明，官方地否認該學說，這也不得不說是一種異常的事態。在此意義上，天皇機關說事件表示容忍政治介入、干涉學問，即使是純粹的學術性討論也被置於國家統制下——不容許違反國家方針的學問——的事件。

依此觀點應注意的是，這之前發生了可稱為天皇機關說事件的前兆事件。第一是瀧川事件（關於瀧川事件，請參照第九章）。因為此事件，否定了過去實質承認的大學自治、教授會自治，大學中的政治自由消失了。

天皇機關說事件中，政府兩度提出「明確國體之聲明」的結果，造成各大學也受到國粹主義者的壓力。被視為支持天皇機關說的學者，無法開設憲法學、國法學課程，也被排除在司法考試或高等文官考試出題者名單。如此，（雖然天皇機關說事件當下，美濃部已從東大退休）否定天皇機關說能夠成功，很大的原因在於大學自治早已受到限制。

南北朝正閏事件

第二是南北朝正閏論事件。所謂南北朝正閏事件，係指南北朝時代，南朝（吉野）與北朝（京都）兩個朝廷並立，何者為正統的問題。此問題約明治末年時，在帝國議會成為問題，最後決定以南朝作為正統王朝。與國體論爭相同，都是二十年前已經解決的問題又再次被提出。事件的起源是一九三四年（昭和九年）二月，齋藤內閣的商工大臣中島久萬吉在十三年前所寫的「應再評價北朝足立尊氏」為內容之文章，被認為不合於輔佐天皇之大臣身份，而在貴族院遭受批評。興風點火者與天皇機關說事件相同，也是菊池及其背後的蓑田胸喜，此最終導致中島辭任商工大臣。

此事件有幾點成為天皇機關說事件的前奏曲。第一，如前所述，事件主導者為菊池及蓑田，是與天皇機關說同樣的人物、勢力，從他們的角度來看，可說在南北朝正閏事件獲得勝利，挾此勢力，將天皇機關說問題化。第二，南北朝正閏論爭可說是牽涉到權力的歷史正統性問題，是一種歷史學學術上的問題。將此事件化，就變成不是學者間認為歷史事實正確與否，或解釋是否妥當的問題，而是社會倫理上妥當與否的政治問題。亦即，在此事件後，意味著即使是單純的學術事實認識問題，若被認為在政治倫理上不適當，主張者就會被政治或社會批評、攻擊，學術或科學失去了其政治的獨立性。

因瀧川事件，對政治的大學自治及自律大幅退步，其結果就是，大學自治所保障的學術獨立性也受到威脅。從而，因南北朝正閏事件，學術失去了政治的自由。在此前提條件下，而發生了天皇機關說事件。此事件以後，日本的學術及言論界失去了對政治的（相對）獨立性，完全從屬於政治。

第三節 過去關於天皇機關說事件的分析架構

目前在考察天皇機關說事件的思想史意義時，常會被政治抗爭的架構所影響。在此，我們將概觀戰後長期占有通說地位的家永三郎、久野收及鶴見俊輔的解釋。

對於「自由主義者」美濃部之理解

家永縝密且全面性地對美濃部的法理論進行研究，其認為美濃部的法思想是「大正民主中最好的精神，為有良知的知識份子的學術研究成果」，自由主義思想正是「美濃部法學的精髓」（《美濃部達吉的思想史研究》，二二九頁）。從而分析道：天皇機關說事件是「從其主義與主張，必然會產生之物，如此的看法應該是正確吧！」（《美濃部達吉的思想史研究》，二四七頁）。亦即，家永認為美濃部的法思想帶有自由主義的性格，故與帶有非民主的、君主專制性格的明治憲法體制相衝突，也是歷史的必然，這就是天皇機關說事件。如此，天皇機關說事件是美濃部（等於自由主義）與明治憲法（等於絕對主義）在構造上必然的對決，這樣的看法一直以來佔多數。

帝國憲法中的「顯教」與「密教」

此外，相較於家永從美濃部的法理論來看，久野與鶴見則是從支持明治憲法體制的社會思想觀點，分析天皇機關說事件。久野與鶴見將依帝國憲法所建立的立憲體制，比喻為伊藤博文的藝術作品。這是因為，一方面，不僅將天皇作為統治的絕對存在之政治決定主體，在宗教倫理的領域中被描繪成絕對的存在（此與西方其他絕對君主國家相同），另一方面，原本完全是統治客體的國民，因輔佐天皇，國民變成為自主地參加天皇統治，將這樣的結構模式系統化，納入統治機構中。透過此一結構，將國民的能量自主且主體性地納入統治體系中，同時也可看到了這是以抑制被支配者國民的反抗、暴動、革命等反權力傾向為目的。

為了實現此目的，而提出「顯教」與「密教」的雙重統治系統。「所謂顯教，是將天皇解釋為具有無限權威和權力之絕對君主。而密教則解釋天皇的權威和權力是會受到憲法之限制君主。明確來說，使全體國民信奉天皇為絕對君主，動員國民能量於國政上，運用國政的秘訣在於，採用君主立憲說，也就是天皇最高機關說。」（《現代日本的思想》，一三二頁）在中小學或軍隊中，「表面」上徹底灌輸絕對君主制，要達到精英階層的登龍門之大學或高等文官考試之階段，始闡述作為「預先說好」之立憲君主制，也就是天皇機關說。從而，畢業於帝大的精英成為官僚或政治家後，巧妙地區分運用「表面」與「預先說好」，支配國民。以伊藤為首的明治開國元勛所苦心建立的明治國家，一方面抑制被支配者（國民）的離反，另一方面從國民獲取統治的能量，更進一步也得以取得支配的正當性，是相當精巧的「藝術作品」。

然而，軍部卻未納入此「藝術作品」中。天皇機關說事件就是支配層中，一直保持唯一顯教的「表面」之軍部，進行密教討伐（也就是明確國體運動）的結果。久野及鶴見之說明，巧妙地掌握了明治立憲體制中結構的矛盾，將天皇機關說描述、評價為此矛盾達到極限之結果，此見解在戰後長期受到支持。

第四節 「國體」問題

國體憲法學派與天皇主權說

如同前一節鶴見及久野之分析，一般都將天皇機關說事件，在「天皇機關說對抗天皇主權說」的圖示下，理解成天皇主權說驅逐天皇機關說之契機。但近年，川口曉弘與林尚之提出了修正此理解的研究成果。他們的研究著眼於國體憲法學派獨立的理論，透過分析其意義，嘗試重新定位美濃部的天皇機關說與天皇主權說。以下，將依照他們的研究，比較分析圍繞於天皇機關說事件之國體憲法學派、天皇主權說、美濃部憲法學三者間的異同。

國體憲法學派係指，突破天皇機關說與天皇主權說兩者的對立，嘗試確立合於日本國情的新憲法學說，成為明確國體運動的理論支柱。里見岸雄是國體憲法學派的核心人物與提倡者。里見是宗教團體日蓮宗系之國柱會創立者田中智學的三男。其以理論分析國體，為確立「國體的科學研究及天皇論的理論構成」，而致力發展「國體憲法學」。「引用過去觀念上國體論的主張，嚴厲批評其非社會性、非現代性」，與此同時，里見出版了以「挖掘作為無產階級唯一盟友之國體」（序文）為目的之《天皇與無產階級》（一九二九年），成為銷售超過一百萬部的暢銷書。里見之後成為立命館大學法學部教授，當文學部成立國體學科時，其成為主任教授。

里見在天皇機關說事件發生時，提出「要攻擊機關說，應一併攻擊天皇主體說」的口號，從理論上突破天皇機關說，同時也批評天皇主權說。事實上，里見批評在政治上屬同陣營的天皇主權說攻擊天皇機關說，是一種「幼稚的觀念論，感到遺憾，不具備受近代研究者愛戴的實力」（《國體憲法學》，五一一頁）。

里見反而對論敵美濃部抱持同情。他認為「美濃部氏等將國家解釋成法人，亦屬當然」，表示對美濃部的國家法人說有一定之理解。接著，關於天皇機關說事件，有如下的論述：我相信美濃部氏等老學者絕對沒有反國體、謀逆的意思。……我認為將美濃部氏論以帶頭的國賊亂臣，進而採取撲滅的態度，是太過了頭。應該做的是批評美濃部說的錯誤之點，進行國體研究才是正確的」（《國體憲法學》，四九一頁）。也就是，明確國體運動的理論領導人里見，在攻擊天皇機關說此點上，與應該是同陣營的天皇主權說一刀兩斷、進行切割，反而同情應該是敵對陣營的美濃部，非難對美濃部進行情緒性的政治攻擊，主張應冷靜處理。

到目前為止的研究傾向於，主導明確國體運動、機關說攻擊運動的里見之國體憲法學派與穗積、上杉等人的天皇主權說在國體擁護上，有共同的目的，因此強調兩者的連續性。但事實上，國體憲法學派與天皇主權說間，存在不可忽視的理論差異，此差異使國體憲法學派的里見，對穗積、上杉進行如前所述之批評。

美濃部憲法學中「國體」的意義

在檢討美濃部法學中「國體」概念的理論意義前，先確認穗積、上杉的天皇主權說的國體論。對穗積、上杉而言，國體係指主權所在，特別是確認主權者之數的概念。上杉曾表示：「國體就是國家的構成……不外乎是統治權者是誰之問題」（《新稿憲法述義全》，七五頁）。亦即，國體係指誰是統治權人的問題，主權存在於君主時，為「君主主權」。此為純粹的學術概念，不包含一般的道德論理價值。此種「國體」的用語法是當時法學界的標準，天皇機關說論者佐佐木惣一也曾表示「統治權的總攬者為天皇一人，故我國國體為君主國體」（《日本憲法要論》，三一八頁）。亦即，在穗積、上杉的憲法學中，「國體」也是排除道德倫理的純粹的學術分類概念。（關於穗積與上杉的國體論，在第五章中有詳細的檢討，請參照第五章）

依照山口的研究，在《逐條憲法精義》（一九二七年）中，美濃部完成了國體論。對於採國家法人說立場的美濃部而言，因主權是歸屬於國家這個團體，所以不會發生如天皇主權說的主權所在問題（美濃部認為此問題是關於國家體制的「政體」問題）[38]。因此，對美濃部來說，國體不是實定法上的概念。美濃部自己就曾表示：「國體的觀念絕非單純的法律上觀念，比起應以國法訂定，是更有價值之物。……國體也非憲法學上的觀念，而主要是倫理上的觀念」（《帝國的國體與帝國憲法》，二九六頁）。這是到目前大家認為「美濃部從憲法理論排除國體概念」的緣由。但是，美濃部只不過表示至少「國體不是實定法上的概念」罷了，不如說，對美濃部而言，國體是有「比起應以國法訂定，更有價值」之物。

作為不成文法源的國體

此外，美濃部舉出「憲法的固定性」為日本憲法的特徵之一。作為不滅大典之帝國憲法，不管是在程序上或在情感上，都不容許輕易修改。故「憲法的固定性所生的重要結果之一，就是關於憲法解釋的標準，不嚴格拘泥於文字，應盡可能因應時勢的變遷，採取寬鬆的解釋。……其解釋非字面上的意義，而是要合理的，比一般法律更有需求。」（《逐條憲法精義》，二五頁）美濃部認為，不拘泥於憲法的字句，應依照社會狀況，進行柔性的、合理的憲法解釋，若不如此，「反而可能成為破壞憲法的原因」（《逐條憲法精義》，二六頁）。

美濃部認為具固定性的帝國憲法必須進行合理的解釋。合理的解釋係指，為理解日本的憲法，不只解釋憲法條文，還要解釋「不成文憲法」。「作為憲法的法源，特別重要的是，不以成文規定書寫下來的不成文法。」（《逐條憲法精義》，三三頁）美濃部承認不成文憲法的法源性，對於憲法解釋中不成文法的角色，有如下之說明：「所謂合理的解釋標準係指，習慣法及法理，這些都與成文法有同樣效力，不拘泥於成文法的文字上意義，修正、補充之，得有例外規定之效力。」（《逐條憲法精義》，三四頁）美濃部認為習慣法及法理是兩種不成文憲法，其可修正成文憲法，且具有形成成文憲法例外的強大效力。

習慣法是在各自的社會歷史中所形成。美濃部對於帝國憲法的歷史性質，有如下的表示：立憲主義是從西方傳入的思想，除了依照憲法典制定所新加於日本憲法者外，帝國憲法「是基於日本過去的歷史，已以不成文憲法所形成之物，只不過是成文法表現出來。……關於其解釋也是基於過去的歷史，參酌憲法制定前已形成之規範，必須以此為解釋的基準」（《逐條憲法精義》，二六頁）。美濃部在《日本憲法的基本主義》中，第一舉出君主主義作為「實質意義上的日本憲法基本主義」。「日本憲法的君主主義，當然更在日本傳統的國體上有其基礎……在此所謂的『國體』係指『歷史中所形成構成日本國家生活的最重要特質』之意。」（《日本憲法的基本主義》，第三頁）此外，在《逐條憲法精義》中，有如下的論述：「國體一詞，在過去一般所使用的意義上，絕非法律的觀念。通常指的是在歷史中所形成的日本國家最重要的特質，特別是建國以來，日本採萬世一系，君民一致，未曾動搖等，成為國體觀念的核心要素。」（《逐條憲法精義》，七三頁）此處所說的「國體」，更具體來說，古事記與日本書紀亦有記載，從古代至今「不管現在支配國

38 原註：例如，《日本憲法的基本主義》一六頁中，寫道：「國家體制，指的是國家的法律組織的基本，我認為用『政體』這個詞語是最適當的。」

民的實權在哪裡，在思想上，天皇作為『統御天下的大君』，為國家最高的統治者」（《日本憲法的基本主義》，第五頁）。對美濃部而言，形成不成文憲法的「日本過去的歷史」就意味著國體。亦即，美濃部認為國體是解釋憲法的重要角色，賦予不成文憲法之意義，從此導出普天下一視同仁的統治[39]與天皇不親政。

立憲主義的國體論

美濃部為了確保僵硬且為大綱性之明治憲法的柔軟性，強調不成文憲法的意義，並非法學意義的「國體」即主權所在，而是將一般意義下的「國體」，即普天下一視同仁的天皇統治與天皇不親政，作為歷史上的不成文憲法，納入自己的憲法學中。此處存在重要的政治意涵。也就是，美濃部十分瞭解如前章所述之帝國憲法之「瑕疵」。所謂瑕疵係指，帝國憲法是極度分權，而由天皇進行統合的系統，非常需要如明治期元老般的領導者擔任非立憲的調整角色，因此，若沒有領導者的存在（換個詞語來說，是天皇的代位主體、幕府的存在），立憲政治就無法順利發展。美濃部將基於國體的普天下一視同仁的統治與天皇不親政的不成文憲法，用於統治機構，透過這樣的解釋方法，在法律上正當化由領導者進行非立憲的調整之政治系統。

由坂野潤治及小關素明的研究可以知道，美濃部過去是支持依照政黨政治的議會內閣制，但在被稱為舉國一致內閣之齋藤內閣成立後，提出了「圓桌巨頭會議」的構想。「圓桌巨頭會議」係指，召開政黨、軍部、企業界、勞動階級的代表者會議（圓桌巨頭會議），來共同決定經濟財政的基本方針。此構想支撐舉國一致內閣，同時企圖確保證政策的統一性、一貫性（美濃部達吉，《議會政治的檢討》，三八頁）。此主張中，美濃部否定了基於政黨政治的「憲政常軌」論，設置超然的國策決定機關，以此尋求內閣的正當性與政策推進力的泉源，因此一般認為，美濃部從「憲政的常軌」轉向了「立憲的獨裁」。

美濃部透過確保圓桌巨頭會議此種領導者的存在，意圖打破顯然機能不全的政治現狀，以此角度來看美濃部的轉向，其實是首尾一貫。美濃部雖非議會內閣制的支持者，但欲維持立憲政治。在此意義上，美濃部仍是立憲主義者。借用川口曉弘的話，美濃部「是國體論者，正因如此，他也是立憲主義者。」（〈憲法學與國體論〉，八〇頁）

此外，以維持立憲政治為目的的非立憲之存在，及導入柔性憲法解釋等，這些美濃部的方向，（雖然不可能是當事人有意識地承繼），由如後所見的黑田覺的憲法動態掌握論等新體制派的憲法學所繼承。在此意義上，美濃部的法理論及解釋手法，在當事人沒有意圖下，在天皇機關說事件以後，也持續發展、繼承下去。

39　原註：所謂普天下一視同仁的統治係指，君主以國民的幸福為第一考量，公平無私進行統治。天皇自古以來就是基於普天下一視同仁的思想進行統治。相反地，將國家或屬民當成君主的私物，為了君主的利益而統治，稱為領有統治。西方的絕對君主，就被認為是基於領有思想支配國家。

第五節　國體憲法學派的國體論：里見岸雄的國體論

過去的學說與國體憲法學

以里見為首的國體憲法學派，批評穗積、上杉的天皇主權說是非科學。從而，在天皇機關說事件之際，也批評對於以天皇主權說為本而展開明確國體運動的軍部或政府。里見表示：「軍政兩府的巨頭諸公，將目前憲法學說的天皇主體說（就是天皇主權說）當成有如光揚國體的正論，大力支持，然卻只攻擊同為目前憲法學說之一的天皇機關說，簡直愚蠢至極。」（〈攻擊機關說就是共同攻擊主體說〉〔以下簡稱為〈機關說〉〕，第四頁）

里見批評天皇機關說「是解釋帝國憲法時，轉用西方布爾喬亞憲法學之學理，未曾立基於任何日本國體的科學研究」。另一方面，也批評天皇主權說「只不過是以波倫哈克（Konrad Bornhak）、塞德爾（Max von Seydel）、耶林等所主張的統治者說[40]為範本。換言之，尚無對世界上唯一的萬世一系天皇統治進行科學研究，並依此成立之主體說」。「總之，不過是霸者的領有事實及思想」（〈機關說〉，第四頁）。

里見批評不管是天皇機關說或是天皇主權說，到頭來都只不過是由來於西方的進口學說，若不考慮日本的國體者，就不是適合於日本國體的學說。「不管是機關說，或是主體說，都必須思考該如何徹底突破直接翻譯西方的憲法學。首先，發展帝國憲法的國體學之新研究，若不透過日本的國體、日本的歷史、日本的社會事實，科學地解釋憲法，使其成為獨立的學問，便絕不可能做出真正的批判。」（〈機關說〉，第七頁）回應此呼籲的，就是里見所提倡的國體憲法學。

里見的國體論

事實上，國體憲法學派的國體概念與美濃部的學說多所重疊。里見認為「國體係指民族基本社會經營國家生活時，以各時代的政體為基礎，結合民族的歷史社會之根據」。而「此處的歷史社會根據，是物質也是精神的構造，換言之是生命的構造，比起政治的構造，是更深層的基本社會」（《國體憲法學》，五九頁）。也就是，國體係指決定象徵國民國家的基本性質「民族基本社會」的性格之固定物。

至此，其與將國體「當成歷史發展中所形成的日本國家最重要的特質」的美濃部並無太大差異。然而，美濃部將國體作為一種歷史的倫理存在，相對於此，對里見而言，國體是規範現實生活的憲法。國體不是歷史的存在，也不是在神社或古記事之中。「國體是在日本社會國家中，僅存在於將萬世一系的天皇當成主師親統治者[41]，由全體臣民共同協力，創造人格共存共榮的有機社會之無限意志，以及生活實踐的努力之中」（〈萬邦無比之國體的現實社會創造〉，一四頁）。

40 原註：所謂統治者說係指，家產說的別名，將領土及國民作為支配者、統治者的客體的學說。

41 原註：「主帥親統治者」係指，在日蓮教義中，有守護人的主德，教導人的師德，慈愛人的親德之指導者。

對里見而言，國體是為了共存共榮的意志與實踐，在此意義下直接規範現實社會的事實。國體是一種對應存社會之意志與實踐規律之事實，與憲法一體化。里見認為「憲法第一條不是規定或制定國體的條文，而是作為事實的國體，換言之，事實直接成為規範的國體，將此理解為我國憲法第一條所揭示者。」（〈國體憲法學與主權說及機關說〉，二二頁）

國體憲法學派對美濃部的批評

美濃部憲法學在國體憲法學派的眼中，又是什麼樣的？之前已經說明了美濃部從日本古代的傳統中找出國體，將此作為不成文憲法，納入憲法的法源。但是，這是為了讓柔性的憲法解釋成為可能，確保如領導者般的天皇代位主體，維持立憲政治之產物。對美濃部來說，此種柔性的解釋，有時帶有「修正、補充憲法，或涉有例外之效果」，容許解釋修憲。里見將國體與憲法當成事實來掌握，認為忠實表現憲法的理念正是國家應發展的終極目標，從此種國體憲法學派的立場來看，應是無法容忍承認解釋修憲的美濃部法源論、解釋論。

在天皇機關說事件以前，蓑田就敏銳地察覺到美濃部的法源論解釋修憲，即國體變革的「危險性」，並持續批評美濃部憲法學，蓑田認為帝國憲法的價值存在憲法之內，憲法外的法源等無討論的價值，其對於美濃部的法源論、解釋論有如下之批評：「憲法不用說當然是……『制定法規之文字，有絕對價值』，認為『歷史事實』與『社會通念認識』包含於憲法之中，將之內在化，但這些絕非是成文憲法『之外』或『其他的』或有『與之並列相同』之價值，無法成為各別的法源。」（《美濃部博士的蹂躪大權》，第八頁）蓑田嚴厲批評美濃部憲法承認在成文憲法「之外」的法源，同時，可以明顯看到國體憲法學派是如何將憲法與國體一體化視之。此種國體憲法學派的思想，亦否定帝國憲法中採柔性的立憲政治。

事件的法思想史意義

如同前所重複陳述的，為了使帝國憲法中的立憲政治有效運作，極為分權的統治機構中，必須要有領導者的調整角色——即天皇的代位主體。在憲法制定期，有元老或內大臣等擔任此角色，但在昭和期，要實現此種屬人的、非立憲的統治系統是非常困難的。正因為美濃部瞭解到此種帝國憲法的構造問題，而發展出認許憲法的柔性解釋——實質的解釋修憲——之理論。將美濃部憲法學的特質以天皇機關說事件來處理的政府或議會幹部，是否正確掌握學說，都必須再進行檢討，但蓑田等的國體憲法學派應是正確理解美濃部憲法的「危險性」。正是因為如此，蓑田從天皇機關說事件以前，就緊咬不放批評美濃部憲法學。

過去強調政治抗爭的研究中都有一種強烈的傾向，就是將天皇機關說事件與主權所在相連結，理解為天皇主權說攻擊天皇機關說之事件。然而，從法思想史的角度來看，天皇機關說事件的意義是，對於透過容許柔性的憲法解釋，意圖維持立憲政治的美濃部天皇機關說，國體憲法學派設計政治論爭，且獲得勝利。藉由埋葬美濃部憲法學，國體憲法學派進一步朝帝國憲法與國體一體化邁進，由此帝國憲法更成為「不滅的大典」。帝國憲法的「不滅大典」化，如領導者的天皇代位主體的存在愈加不可能，招致立憲政治的僵硬化。嗣後，新體制派登場，嘗試立憲政治的改革與憲法的解釋修憲，這是為了消除（或緩和）國體憲法學派所招致的立憲政治、憲法經營困境的嘗試。成為此之後的政局混亂的理論上原因是國體憲法學派的國體思想、法思想。在此意義下，天皇機關說事件在法思想史上，亦形成了一明確之分期。

（陳宛妤譯）

第十三章 總動員體制（新體制）之建構與法思想

本章提要

一九三七年七月，以蘆溝橋事件為契機，日中戰爭開始後，戰時體制的建構成為迫切的課題，因此出現了新體制運動。新體制運動想要建構一個縱然超越憲法的框架，但亦能順應戰時體制之強力的政策推進主體，此即新體制派。相對於此，反對新體制運動，重視自由主義、個人主義的現狀維持派則與之相對峙。對於新體制派無視憲法，並且以透過政變等方式而欲採取獨裁制的目標，現狀維持派感到畏懼。本章將以新體制派的黑田覺為軸心，一邊比較現狀維持派的佐佐木惣一之法理論等觀點，同時處理天皇機關說事件之後到戰時體制完成為止，此一時期的法思想。

第一節　天皇機關說事件後之立憲主義

統治體制的破綻

因為天皇機關說事件，原為通說的天皇機關說遭到剷除。因此，有必要建立新的理論與統治體制，來取代基於天皇機關說之向來的統治體制。這是因為國體憲法學或天皇主權說已無法應對現實的政治。國體憲法學或天皇主權說係認為，天皇應實際行使統治權。然而，如果是明治初期小規模之個人商號型的國家或許尚有可為，但就昭和的大企業型國家，現實上的問題是，天皇現實上要「總攬」統治權是不可能的。如前所述，至此為止，作為個人商號型國家的掌櫃，一直以來皆是由非憲法機關的元老、內大臣、重臣等人來代替天皇在獨立的國家各機關之間進行調整，營運國家。再者，在「憲政常規」[42]論的基礎上，在議會內閣制發揮機能的時代，則是由政黨肩負其部分功能。天皇機關說係以天皇為作為法人之國家的一個機關（最高機關），係在理論上正當化統治機構內柔軟地調整體制的見解（此即久野收、鶴見俊輔所謂的密教式之「協議」）。但是，天皇機關說卻以天皇機關說事件為契機而遭到放逐。

這也是現實政治上的課題。在當時，元老既然只有西園寺一人，由於放棄了作為「憲政常規」的議院內閣制，政黨勢力弱化，因而不可能負擔此一功能。統治機構內，如同掌櫃般的協調者則產生空缺。因此，政府無法阻止軍部的恣意行動，對於滿州事變或日中戰爭等事件，只能採取被動、應付般的對策。而且為了遂行日中戰爭、太平洋戰爭等總體戰，被認為無論如何有必要建構新的政治體制。現狀無法與之相對應，是至為明確的。

新體制之必要性與意義

掌櫃般的調整體制的欠缺，與應對總體戰的戰時體制建構的必要性，則轉化呈現為對於新體制之渴望。同時，天皇機關說遭到放逐後，理論上要如何正當化新體制，亦為課題。作為大前提，在將帝國憲法視為國體之國體憲法學或天皇主權說是支配性見解的狀況之下，憲法修正在政治上則是不可能的。剩下的一個方法，則是透過柔軟的憲法解釋來進行實質的修憲，亦即進行解釋修憲。取代美濃部的天皇機關說而提出解釋修憲者，即為黑田覺。在此一意義上，林尚之提及「黑田以有別於天皇機關說的理論，透過將天皇主權事實上虛言化，嘗試藉由解釋修憲來改變政治構造」（《主權不在的帝國》，九〇頁），則是卓越的見識。

到敗戰為止的日本法思想，粗略而言，即是以新體制派與現狀維持派之間的對立為基礎而展開。黑田所代表的新體制派，透過解釋修憲來建構總動員體制，以確立能夠應對眼前的日中戰爭或太平洋戰爭之體制為目標。另一方面，以佐佐木或政黨政治家為代表的現狀維持派，則反對全體主義式的新體制構築，努力擁護大正民主以來的自由主義式憲法實踐。

第二節　黑田覺的法思想

轉向者的典型？

黑田是戰時具有代表性的憲法學者之一。他積極參與新體制之建構，試圖從法理論的觀點來正當化國家總動員體制。因此，對於黑田普遍有以下的評價：有人認為「黑田可視為是日本憲法

42　譯註：所謂「憲政常規」，係於大日本帝國憲法之下的政黨政治慣例，並曾實際運用一段時期。其內容係於天皇所任命之內閣總理大臣或各個國務大臣之下，以眾議院第一大黨的政黨代表為內閣總理大臣，由其組閣。而於該內閣因故倒閣時，組閣命令應向在野黨代表為之。在政權交代前後應舉辦眾議院議員總選舉，給予國民選擇之機會。惟此一憲政慣例，是否具有法的拘束力，則有不同見解。

學中『轉向者』的典型，他是一位從凱爾森主義者轉向納粹主義，由此走向與日本主義式憲法論相折衷的樂觀主義者」，「將明治憲法中的天皇主權理解為其政治性的『決斷』」（影山日出彌，〈科學的憲法學之誕生與終結〉，八四頁註三）。但是，近年來這樣的看法持續受到修正，對於黑田法學的評價亦有變化。於此，沿著近年的研究成果，在不重複後述議論的範圍內概觀黑田的法學理論。

黑田於一九二五年在京都帝大（以下簡稱「京大」）大學院修了之後，立即成為京大法學部助教授，一九二七年開始，以文部省在外研究員的身分留學於德國與奧地利等地約三年，留學期間在維也納師事凱爾森。回國後，黑田在京大擔任政治學政治史第二講座，講授政治學等課程。一九三三年，雖然因為瀧川事件而依照本人意願免職，但於隔年復歸，一九三五年開始成為憲法學講座教授。此後黑田即作為京都學派的代表性法學者之一人而聞名。其在擔任法學部長時，日本於二戰迎來敗戰，隔年，黑田以參與總動員體制為由自主向京大辭職。戰後雖然一時性地遠離學界，但其後又以東京都立大學教授的身分復歸。

做為凱爾森主義者的黑田

黑田在留學前即已熱衷於凱爾森的研究，留學期間更造訪凱爾森的住家。除了凱爾森之外，在同一時期，極為熱切地吸收當時最新社會理論、法理論，包括韋伯、拉斯奇（Harold Joseph Laski）、曼海姆（Karl Mannheim）、斯門德等。用黑田自身的話來說，這是「因為雖然持續對於凱爾森抱持著關心的態度，但另一方面又有想擺脫其『方法』（Methode）之束縛的強烈心情。……在這個想法的背後，潛藏著對於新康德派『方法論』的不信任感」（〈與施密特的相遇〉，四〇二頁）。

話雖如此，早期的黑田對於凱爾森的理論則是接納的。就凱爾森理論而言，法是「應然」（Sollen，當為）的體系，與「實然」（Sein，存在）的體系不同，藉由兩者的區別，認為法學可以與社會學、政治學、倫理學相切離，進行純粹理論性的考察，此為純粹法學，將國家與實定法秩序等同視之，並認為其根本淵源有「根本規範」存在，則為法階段論。就此，黑田雖然加以若干批判，但基本上仍接受該理論。再者，現實上，對於只以議會制作為民主的唯一可能形態、重視議會制的凱爾森民主論，黑田亦加以採納（關於凱爾森的民主論，參照第八章）。雖然如此，面對德國或是日本議會制的混亂與破綻，黑田對於凱爾森認為議會可以發揮社會利害調整的功能一事，則抱持懷疑的態度，就結論來說，黑田認為議會僅是諸階級利害代表的機關而已。對於凱爾森的法理論以及民主論，黑田開始感受到其理論的極限。

斯門德、施密特的影響

其後，黑田則熱衷於斯門德的統合理論。斯門德的統合理論，排除凱爾森式將國家與法秩序等值的靜態國家觀，而是欲將包含日常政治實踐在內的國家活動作為憲法學的範疇，加以動態地理解。依照斯門德的理論，國家係如勒南（Renan）所述，係在「日復一日的人民投票」的基礎上不停生成、更新。國民在國家＝政治共同體之中，則必須不斷地將自己朝向政治世界加以統合。

其認為：市民不能是非政治性的、自由主義的，而是在國家＝政治共同體之中，國民可以藉由完成自己的使命來完整自身的人格。

積極地接受斯門德統合理論，使得黑田憲法學最顯著的特徵，亦即所謂「憲法的動態理解論」的見解應運而生。帝國憲法原本的條文只有七十六條，即使在近代立憲國家的憲法中，這樣的條文數量可說是特別少。其原因在於帝國憲法係採取大綱主義，亦即，憲法只明定一個大架構、大綱，其詳細的內容或實施綱要，則是以法律、敕令加以制定。這樣來思考的話，只拘泥於憲法條文的解釋，即無法導出有意義的解釋。進而，例如「憲政常規」此種未基於條文的憲法上慣行[43]亦存在多數。從而，黑田主張：對於憲法的解釋與實踐，不光只是憲法的條文，包括法律或敕令、條約，乃至諸如憲法上的慣行或時代的要求等，將之綜合解釋，可說是必要且不可或缺的。這就是其所謂「憲法的動態理解論」。「在憲法條文的具體化過程中，當可以認為各時代的要求已經交織在內時，對於憲法的動態性理解即已成立。」（《國防國家的理論》，一三頁）黑田的此種論理，即是繼受自斯門德的方法論。這樣的論理方式，如後所述，同樣展現在關於國家總動員法及大政翼贊會的議論之中。

黑田的《日本憲法論》於一九三七年付梓。依照黑田所述，本書是「欲以一般國法學的形態開展的新式憲法理論的論著。其受到凱爾森及施密特很大的影響。」（〈與施密特的相遇〉，四〇四頁）黑田坦言在法思想史上，受到了被認為是宿敵般的凱爾森及施密特雙方理論的影響。在此之後，黑田乘著時代潮流，比起凱爾森式的理論要素，其更全面地展開施密特式的理論要素，其典型即為後述關於對於國家緊急權的議論。

在黑田的憲法論中，持續出現凱爾森、斯門德、施密特等元素，而非本節開頭所引用的那種隨隨便便的「轉向者」而已。再者，如後所述，雖然因為其依循施密特的議論開展戰前日本總動員體制的合憲論，因而容易招致誤解，但比起施密特的「決斷主義」，黑田毋寧較為肯定施密特的「具體的秩序思想」，將黑田視為單純的施密特式的決斷主義者，可說是失之輕率。黑田毋寧是在劇烈變動的政治情勢之中，費盡心思去解明要如何將憲法學與現實政治加以整合、釐清戰時體制下憲法學的應有內涵之人。黑田的憲法論由於與明治憲法實質的解釋修憲相連結，而受到現狀維持派（新體制反對派）之警戒，由此亦可知，黑田是想要運用憲法的動態理解論此一由來於斯門德之理論，賦予當時僵硬化（掌櫃缺位）的憲法體制柔軟性，渡過危機。

第三節　國家總動員法之成立

總體戰之建構

近代的戰爭並非只在戰場進行，而是將「大後方」捲入，投入戰爭當事國所有資源的總體戰。

43 譯註：此處所稱的慣行，意指在社會成員之間反覆發生的慣例，如認為具有法的拘束力或法的確信者，即屬於不成文規範之一種。

總體戰的思想雖被認為起源於克勞塞維茲（Carl Von Clausewitz）絕對戰爭論的思想，亦即認為將敵人徹底地殲滅才是戰爭的觀點，但埃里希・魯登道夫（Erich Friedrich Wilhelm Ludendorff）《總體戰》（*Der totale Krieg*）（一九三五年）一書的影響很大。依據魯登道夫的見解，過去的戰爭與國民無關，而是由政府與軍隊來進行，但在現代的戰爭之中，國民則必須積極地貢獻於戰爭。戰爭的本質已有所變化。戰爭本來從屬於政治、外交，但在總體戰的時代，平時即有準備戰爭之必要，政治也因此必須貢獻於戰爭。因為在總體戰之中，非軍事的要素變得重要，軍部的最高司令官不只針對軍事，亦開始有必要針對財政、生產活動或教育等事項加以指導，政治則必須成為遂行總體戰的手段。陸軍統制派的中心人物永田鐵山受到魯登道夫思想強烈的影響，從一九二〇年代開始倡議國家總動員體制的實現。其於一九三四年時任陸軍軍務局長，參與了所謂「陸軍手冊」之《國防之本意及其強化之提倡》（陸軍省新聞班發行）一書之發行。

以「戰爭是創造之父、文化之母」為起頭的此一陸軍手冊，主張強化統制經濟政策、排除個人主義與自由主義，倡導以總體戰體制為目的來建構國家總動員體制。此一手冊亦由於陸軍大為宣傳，獲得很大的反響。從社會改革推進的觀點出發，中野正剛、社會大眾黨的麻生久等人表示了贊同，但反倒是軍部因為此本手冊連經濟政策或思想統制都加以提及，亦招致了反對的聲浪，其代表者則是美濃部達吉。美濃部認為此本手冊「由其整體觀之，顯著地呈現好戰的、軍國主義的傾向」（〈閱讀陸軍省發表之國防論〉，二四七頁），認為其「無視國家規定的大方針，亦違背聖敕的趣旨」（同二五〇頁），而嚴加批判。美濃部的批評引起了軍部的不滿，亦有人認為其批評成為了隔年天皇機關說事件的遠因（關於天皇機關說事件，請參照第十二章）。

戰爭色彩漸增的過程中，發言權日漸強化的則是統制國家的官僚與軍人。一九三二年，修正了以防止政黨介入官吏任免、保障官僚身分為目的之文官分限令。在此之前，省廳得以「依官廳事務而有必要時」為由，自由地使官吏停職或辭職。此一規定屢次遭到政治家的利用，而為政治性的任免。然而，由於此次修正，若要使官吏停職，則必須經過分限委員會的諮詢，因此，政治性的任免變得困難，官僚的獨立性則大幅提高。再者，於一九三六年，由於一九一三年所廢止的軍部大臣現役武官制復活，陸軍大臣、海軍大臣則被認為必須是現役武官。因此，軍部對於內閣之發言，分量大增。

一九三五年，作為各省廳進行綜合調整、政策調查之機關，設置了內閣調查局。一九三七年亦獲得了預算統制上申權，而改組為企劃廳，同年復與資源局結合而成為企劃院。企劃院被認為是一個革新官僚與軍人集結，進行以「平時與戰時綜合國力之擴充運用」為目的之重要政策的企劃立案之機關，為了「國家總動員計畫之設定與遂行」的目的，調整各省廳之間的機關（企劃院官制第一條）。在此企劃院之下，起草了國家總動員法，企劃院則肩負總動員體制司令塔般的機能。再者，官僚機構則在其後的戰時體制之下持續肥大化。例如，一九三八年內務省的衛生局與社會局分離獨立，設立了厚生省，一九四〇年為了遂行戰爭之目的的言論統制、報導統制、政治宣傳、情報蒐集等檢閱，而設立了情報局，於一九四二年，則設立了從事占領地等之行政的大東亞局。

國家總動員體制之成立

要遂行總體戰，為了物資的計畫性籌措、生產、運輸，即有必要整備以限制、規制國民的生產活動、經濟活動為目的之法制度。而法制度整備的必要性，即使是在日本，亦是從第一次世界大戰才獲得認識。其結果是制定了軍需工業動員法（一九一八年）。本法規定了包含兵器或軍用品在內之軍需品之生產、使用或收用權等規範。該法於一九三七年九月開始適用於日中戰爭。但為了持續進行總體戰，一部使物的資源或人的資源包括性的動員成為可能之法律則被認為有必要，因而在企劃院之下，起草了國家總動員法。

國家總動員法係為了遂行總體戰，將議會的立法權廣泛地授權給政府之法律。此一法律使得可能依照敕令，在戰時或準於戰時之事變的情況，「為了國防目的之達成，為使國家之全力能最有效的發揮，統制運用人的與物的資源」（第一條）。具體而言，不僅是兵器彈藥等軍用物資，服裝、食品等日用品、醫藥品、船舶或車輛等郵送機器、通信機器、土木建築物資、燃料、電力等廣泛的「總動員物資」，皆可依敕令加以統制、徵用。再者，有關此些物質之生產、修理、配給、保管之業務，或運輸、通信、金融、衛星、教育、啟發宣傳、警備等「總動員業務」，亦可能依敕令而使國民從事之。其他資金、事業、物價、出版之統制，亦可能依敕令為之。如此一來，國家總動員法成為可能依敕令加以徵用、動員國民生活幾乎所有的物質與人員之法律。本來應以個別法律加以制定之事項，廣泛地委任予敕令，欲以這樣的方式，來確立「為了國防目的之達成，為使國之全力能得到最有效的發揮」之總動員體制。

但是，委任敕令如此廣泛的內容，與對於敕令為空白委任無異，這意味著將立法權無力化、空洞化。因此，一九三八年二月二十四日國家總動員法案在眾議院提出之後，從議會的政黨勢力則興起了「本法案不是違反憲法嗎」之強烈的反對論述。此點留待後述，但另一個大問題則是眼前所發生的日中戰爭（支那事變）是否適用此一法案的疑問。當初，政府認為此次事變亦有適用，但近衛首相於眾議院答辯時謂「此一國家總動員法案……並不直接適用於支那事變，而是對於將來萬一發生之戰爭所為之準備」（眾議院國家總動員法案委員會、一九三八年三月十一日），此則成為政府公約。而屈服於議會外右翼勢力之壓力，與暗示要解散眾議院之軍部，使此一法案於三月十六日全會一致於眾議院通過。國家總動員法於三月二十四日經貴族院通過，四月一日公布，五月五日開始施行。再者，反於近衛的說明，國家總動員法在成立後僅數個月即受到適用，到終戰為止的期間，發布了國民動員、物資徵收、各種價格統制等各式各樣的敕令，大大影響了國民生活。

第四節　國家總動員法的法律論爭

國家總動員法之違憲論

如第三節所述，國家總動員法係於戰時或準於戰時之事變的情況，將廣泛權限空白委任給政府之法律。關於此一法律，從法案審議階段開始即有表示違憲疑義。國家總動員法的違憲論之後，亦衍生下述三個議論，即①關於大正翼贊會之憲法論。②圍繞著國家緊急權之議論。③終戰將近而在討論戰時緊急措置法之制定時，所議論的天皇大權發動之對錯問題。從而，此一論爭成為了其後於戰時體制下有關統治機構之法律諸論爭的前哨站。同時，以有關國家總動員法之贊成與反對為標誌，可以區分為推進新體制運動、建構新統治體制為目標之新體制派，與欲維持向來之立憲體制之現狀維持派。從法理論上積極地賦予國家總動員法意義的黑田是新體制派；反之，主張國家總動員法、大正翼贊會違反憲法之佐佐木或政黨政治家，則是現狀維持派。

現狀維持派感到畏懼擔心的是，新體制派謀劃藉由解釋修憲而為實質憲法修正。更進一步，這可能會加劇惡化而演變成政變或憲法停止適用。若陷於此種事態，僅存無幾的立憲主義式的自由主義即會崩潰瓦解。現狀維持派的主張者，則希冀留存所剩無幾之自由主義。於大政民主時期與美濃部一同做為民主型憲法學者而誇耀其名聲之佐佐木身為維持現狀派，則為其象徵。

政黨勢力主張之違憲論

國家總動員法案在眾議院審議中，現狀維持派的政黨勢力對於此一法案表示疑義。例如，其後因「反軍演說」而知名的立憲民政黨齋藤隆夫則主張國家總動員法違反憲法。第一，國家總動員法是否侵害大日本帝國憲法第三十一條所定之天皇的非常大權？此一法案是全面承認在戰時、事變之際，得以敕令限制國民權利之法律。另一方面，憲法第三十一條規定「於本章（第二章臣民權利義務）所揭之條文規定，於戰時或國家事變之場合，不得妨礙天皇大權之施行」，於戰時或事變之際肯認限制國民權利義務為天皇之非常大權。因此，有人指出，國家總動員法係與非常大權相重疊之法律，預先以法律規定天皇大權此一非常大權一事，即是藉由法律侵害天皇大權。

第二，從國家總動員法中對於敕令之委任過於廣泛來看，此一法律是對政府為空白委任，國家總動員法是否違憲？限制國民權利或課予國民義務時，本來做為「立法事項」，應經議會審議之法律為之，此為立憲主義之道。當然，一定的事項以法律委任給敕令，這是受到肯認的，但此種委任應盡可能是限定的。然而，國家總動員法卻連被規定為立法事項之事項皆委任敕令。委任事項過度廣泛，與空白委任給敕令相同，無法肯認。再者，在無法諮詢議會程度的緊急情況，應以緊急敕令（憲法第八條）加以應對，從這個意義上來看，亦認為無法肯認國家總動員法。

黑田的合憲論

現狀維持派佔多數的眾議院對於國家總動員法案，雖主張違憲論，但法學者卻幾乎都採取合憲的評價。例如，在東京帝大擔當行政法課程之杉村章三郎即認為：國家總動員法之委任事項並非得謂為空白委任般的廣泛，而認為本法合憲（參照《昭和憲法史》，一三〇頁）。特別是黑田，其將國家總動員法定位於帝國憲法之體系中，而展開積極的合憲論。黑田所述如下：不論是國民權利或法，皆須國家存在才能予以保護。憲法第三十一條之非常大權是規定在國家存亡的危機時，即使一時性侵害國民的權利、自由，亦應克服該危機。國家總動員法則能透過這種「非常大權之精神」加以正當化。從而，其認為「與議會方之主張完全相反，國家總動員法與非常大權之關係，反而應從非常大權規定之精神以觀，國家總動員法應予以肯認」（《國防國家的理論》，一七六頁）。換言之，國家總動員法就作為克服國家性危機之手段此點而言，與非常大權有相同的目的與意義，正因如此，對於敕令為廣泛之委任，亦可加以正當化。如從非常大權的意義來思考，於總體戰變得無可迴避的時代，國家總動員法即是必要的法律。如此，從順應時代而動態地理解憲法的立場出發，國家總動員法即成為總體戰體制時代具有積極意義之法律。

然而，依黑田之見，縱謂能依「非常大權之精神」來正當化國家總動員法的意義與內容，非常大權與國家總動員法的守備範圍則仍有不同。非常大權是有關憲法上「非常狀態」之規定，相對於此，國家總動員法則是想要在「正常狀態」中確立戰時法體系之規範。換言之，國家總動員法意味的是戰時法體系的恆常化。從而，在「正常狀態」法體系之中的國家總動員法，與於「非常狀態」之中發動的非常大權，在法律上的範疇即為不同，國家總動員法並不侵害非常大權。國家總動員法是於平時預先規定為了克服戰時危機而來的諸多手段，相對於此，非常大權則被認為是為了克服國家終極性危機的最後手段。

革新政治之意義

黑田對於國家總動員法之考察，是基於對於日本政治狀況（黑田稱之為「革新政治」）所為之下列分析。日本的革新政治與義大利或德國相同，加強了反自由主義之傾向，停止了議會內閣制，統制傾向日漸強化。但是，日本的革新政治與德國的全體主義的決定性差異，則是相對於德國係以授權法來懸置憲法，「日本的革新政治則是成立在帝國憲法全然正常的構造上，亦未見發動第三十一條有關『非常事態』非常大權之規定」（同二四一頁）。

日本得以在正常狀態下建構革新政治的理由，正是因為在明治維新之際，能保有從日本民族歷史的、社會的環境中所必然會湧出之「歷史的、命運的共同體之國民意識」。帝國憲法雖然採用諸多自由主義式政治原則，但黑田認為「帝國憲法中的自由主義，其意義並非以絕對的個人為中心之制度，而是以在全體之中的個人或全體與個人的綜合為目標」（同二四二頁）。其認為：納粹所欲建構之命運共同體的國民觀念，在日本早已存在，在此一意義上，黑田給予了積極的評價，認為日本的革新政治相較於德國或義大利，「毋寧比二者更為堅固」。

於此並不探討黑田所謂「帝國憲法中之自由主義」的對錯，但就對於「全體之中的個人」或「全體與個人的綜合」之理解，則可以看見黑田受到斯門德之影響。無論如何，黑田之所以就天皇機關說事件以降所謂的新體制運動（革新政治）給予如此積極的評價，其理由在於，其已自覺到如前所述，元老或內大臣此種分權統治機構的各部之間連絡調整的非憲法機關之存在——於個人商號型國家中掌櫃般的存在，或天皇代位機關——在現實政治中早已無法期待，而將其替代機能求諸於新體制運動。總而言之，黑田將國家總動員法解釋為為了在「正常狀態」下實現恆常戰時法體系——實現國家總動員體制——的法律，透過動態地理解憲法來展開合憲論之黑田的解釋論，引起強烈的迴響。

第五節　大政翼贊會的違憲論：現狀維持派與新體制派之論爭

大政翼贊會

一九四〇年七月，高舉完成國防國家與建設東亞新秩序之大旗的第二次近衛內閣成立，近衛隨即向天皇提出了意見書。意見書中提及「進言憲法修正雖有所顧忌，但深切希望至少因應時代之發展，思考憲法之運用」，並且向天皇建言，以強化內閣執行權為目的，適用帝國憲法第八條緊急勅令、第十四條戒嚴令、第三十一條非常大權、第七十條緊急狀態財政處分，這些有關緊急事態的條項，由內閣進行憲法的彈性運用。近衛企圖透過將內閣強化為新體制運動之一環，以確保統治體系的統制與統一性。即使是在國民之中極具人氣的近衛，為了強化內閣之權限，仍然必須依賴天皇的非常大權，這或許也清楚顯示出當時統治體系末期的狀況。

議會的各政黨呼應第二次近衛內閣之成立及新體制運動的進展，紛紛自主解散，十月則成立了大政翼贊會。隨著大政翼贊會的設立，內閣與議會間的協力和提攜更進一步，推進國家總動員體制的體系整備則受到期待。此外，放眼當時的世界，德國的納粹黨、義大利的法西斯黨或蘇聯的共產黨等實質的一國一黨體制已然建立，大政翼贊會的設立是順應世界潮流的產物。另一方面，對於實現事實上的一國一黨體制的大政翼贊會，佐佐木或舊政黨之自由主義派的這些現狀維持派，則開始展開對於「幕府政治」之批判。所謂「幕府政治」，係指特定的一家或一族長久掌握政治。而翼贊會的內規規定，翼贊會的總裁要由內閣總理大臣來就任。雖非特定的家庭或一族，但卻是由翼贊會這個特定團體永續地掌握政權。因此，現狀維持派主張，翼贊會體制實質上該當於幕府政治，並非憲法上所得肯認。

在此，關於大政翼贊會的法律上定位，產生了新體制派與現狀維持派之間的憲法論爭。具有代表性的，則是在綜合雜誌《改造》上進行的黑田與佐佐木之論爭。黑田在《改造》一九四一年一月號刊登的〈大政翼贊運動之合憲性〉論文中，提出了大政翼贊會的合憲論。隨後，佐佐木在二月號刊載〈大政翼贊會與憲法上之論點〉，提出違憲論的論述。以下介紹其各自的議論。

黑田的合憲論

黑田在〈大政翼贊運動之合憲性〉一文中，擁護大政翼贊會。其認為現狀維持派所持的翼贊會違憲論是「將在帝國憲法自由主義機能之時代已然成熟的憲法觀，視為已經固定化，從而企圖批判翼贊運動」（《國防國家的理論》，一四頁）的類型。並批判認為「之所以會產生這種憲法上懷疑的感情，是出於一般性地對帝國憲法靜態的理解，而未能動態的加以掌握，是在理解憲法的方法上之謬誤」（《國防國家的理論》，第八頁）。換言之，黑田認為翼贊會違憲論是背反於時代的變化，固執於過去大正民主時期的憲法理解，而只是對條文做形式的、靜態的解釋。但是，黑田述及，在解釋條文之文字加以具體化時，引入基於「憲法精神」之時代要求，進行動態的理解是有必要的。

黑田在做如上說明之後，指出：大政翼贊運動的終極目標是國防國家體制之確立，為此而限制國民之權利是有必要的，而且國防國家體制之確立，正是實現憲法上諭中「珍視我臣民之權利及財產之安全」所謂的「憲法精神」，才真的是保護國民的權利。黑田的合憲論可以濃縮如下：「在自由主義體制下會被認為是違反憲法的限制，在國防國家體制下仍存在被認為可能的情形。我亦明瞭會有認為這不是憲法解釋論而是政治論的責難。但是，我仍然堅信這才是有生命力的憲法解釋論」（《國防國家的理論》，一七頁）。

佐佐木的違憲論

另一方面，佐佐木則開展了大政翼贊會違憲論。其認為：大政翼贊會是合憲或違憲的判斷，「應依帝國憲法加以評價」（〈大政翼贊會與憲法上的論點〉，一九五頁）。大政翼贊會之設立，既然是企圖革新國家體制的政治運動，首先即應基於憲法解釋論進行違憲或合憲的判斷。當然，這是以邏輯主義、實證主義的解釋為目標的佐佐木等人，對於黑田的憲法動態理解論之牽制。根據佐佐木的看法，黑田這類如憲法體制隨著「時代的要求」而變化、憲法解釋亦須跟著變化的憲法動態理解論，從帝國憲法的基本性質來看是無法接受的。帝國憲法是明治天皇的欽定憲法，正因為是欽定憲法，基於憲法的活動也都必須是基於天皇聖意的活動。換言之，憲法是天皇所定的，不能無視於憲法制定者天皇的意思。如果產生了修正憲法的必要，不應透過解釋進行修憲等方式，而是必須依據反映了天皇意思的帝國憲法所定的程序來為之。從而，其認為，並無承認黑田此種解釋修憲的空間，無法肯認憲法的動態理解論。

佐佐木更進一步認為，幕府政治在憲法上亦未被容許。其並批判大政翼贊會的內規中規定「總裁由在職內閣總理大臣者就任之」（大政翼贊運動規約第五條），使得作為國家機關的內閣，與應屬非政治結社的大政翼贊會（大政翼贊會在治安警察法上，並非「政治結社」，而被認為是「公事結社」）自動結為一體，批評此乃是幕府政治的產物。並責難大政翼贊會與國家機關連動而進行幕府政治式的反憲法的政治活動，「非謂為帝國憲法之違反。然而，我認為其與帝國憲法之精神有違」（〈大政翼贊會與憲法上的論點〉，二四九頁）。

黑田與佐佐木之論爭，雙方各自主張其自身的立論方稱符合「帝國憲法之精神」。黑田的大政翼贊會擁護論引用帝國憲法上諭，認為為了守護國民之權利及財產之安全，透過解釋修憲來建構國防國家體制是有必要的；相對於此，佐佐木則認為，憲法之精神是貫徹欽定憲法的帝國憲法，藉此阻止肯定新體制的解釋修憲，擁護帝國憲法下的立憲主義。

黑田的主權論：憲法制定權力

黑田的憲法動態理解論，提出了更進一步的問題。亦即：在承認黑田說的情況下，則憲法動態理解之正當性的根源何在，將成為問題。具體而言，在肯認基於「時代的要求」而得以柔軟地解釋憲法時，這個「時代的要求」之內容其具體究何所指、又是誰來決定等問題，即會出現。這也是政治性的意思之最終決定權之所在，亦即主權的問題。如果不能解決這個問題，黑田的憲法論將失去正當性。這個問題不僅是針對黑田，對於想要超越既存的實定憲法秩序之框架而摸索新統治體系之建構的新體制派，也是無可迴避的問題。

對於這個主權的問題，黑田的解答是憲法制定權力論。所謂的憲法制定權力，是指制定憲法、創設國家之根源性的權力。因而，憲法制定權力本即是展現為不受任何人制約的、無所限制的權力。憲法制定權力此一概念，是由著名的埃馬紐埃爾·約瑟夫·西耶斯（Emmanuel-Joseph Sieyès）在《何謂第三等級?》中予以公式化。根據西耶斯的說法，憲法是由「憲法制定權力」所作成。其後，憲法創造了「組織化的權力」，由這個組織化的權力行使實際的權力。組織化的權力較諸憲法的位階為低，並不能參與憲法制定權力。作成憲法的憲法制定權力，因而與被憲法創造出來的組織化的權力，截然有別。西耶斯認為，擁有憲法制定權力的「只有國民」，而這個憲法制定權力是單一不可分的，在法律上不受任何限制。

根據黑田的看法，「憲法制定權力之觀念，與近代國家發生以後所成立的主權概念在本質上是相同的」（〈憲法制定權力論〉，三九頁）。黑田一方面引用施密特，一方面展開自己的說法。施密特在霍布斯的主權理論中發現決斷主義式（Dezisionismus）的憲法制定權力，並認為這是「事實的決斷力」。但是，黑田認為憲法制定權力所為之決斷（制定憲法之力）並非只是決斷主義式的「力的契機」（Machtsmoment），其中亦蘊含「正當性的契機」（Legitimitätsmoment）。其認為，這不論在君主國或在民主國都一樣，特別是「在立憲主義的政治機構下，君主主權的概念，是在作為憲法制定權力之主體的君主這種觀念中，而能正確理解其意涵」（〈憲法制定權力論〉，四〇頁）。換言之，在君主主權國家，君主是憲法制定權力的主體。而與此同時，作為組織化的權力之君主的統治權則服從憲法。透過這種二分的方式，黑田一邊維持君主主權，一邊又立憲主義式的為統治權之正當性找到根據。

套用到帝國憲法來的話，第一條是「宣示憲法制定權力所在之國體的規定」，第四條則是「規定組織化的權力之態樣及其中天皇的地位，是政體的規定」（同四一頁）。如此，黑田認為透過第一條規定了身為憲法制定權力者之天皇為主權者，透過第四條規定了作為組織化的權力而行使統治權的政府的應然面。將憲法制定權力論如此用於憲法解釋，藉此解決過去在國體論爭中成為問題的國體與政體之區分、帝國憲法第一條與第四條之矛盾的問題。「一切的國家權力正當性之根據在於天皇，從而，天皇是憲法制定權力的主體一事，遂為我國國民所確信不疑」（《昭和十一年度帝國憲法講義案》，二六八頁）。如此一來，不僅是權力的契機，黑田也將正當性之契機包含在內，統合在作為憲法制定權力的天皇之下。而天皇的正當化根據，則在於「國民的確信」。至此，黑田完成了其就帝國立憲體制支配之正當性的議論。

第六節 時代的要求與樂觀主義者

帝國憲法是極度分權的。一方面，隨著二二六事件（一九三六年二月二十六日帝都不祥事件）、日中戰爭等內外矛盾的爆發，危機逐步升高的過程中，確立強力的政府之必要性也越來越提升。對於如何解決這個憲法上的瓶頸，果敢起而面對的即是黑田。黑田企圖超越憲法條文而予以動態理解，藉此打破帝國憲法的「硬性」框架，做為建構「新體制」的突破點。另一方面，敏感於「新體制」有強權的法西斯主義之色彩、設法踩煞車的，則是齋藤等人之政黨勢力，及佐佐木的現狀維持派。先不問各自的對錯，可以肯定的是，雙方不論是順應潮流或是逆流力爭，都是為了解決眼前的政治危機而努力。

黑田的手法是透過解釋修憲，而使柔軟且富有彈性的憲法解釋成為可能。在這一點上，黑田與美濃部是相同的。但是，兩者的依據則截然不同。美濃部以「國體」為不成文憲法而為解釋修憲的法源；相對於此，黑田則基於憲法動態理解而以「時代的要求」為依據。美濃部透過根據國體這個固定的傳統，以統一且一貫的統治機構之建構為其目標；相對於此，黑田之「時代的要求」則是企圖透過不被帝國憲法條文或「國體」所拘束的政治，主動在突破包圍日本之嚴苛環境的過程中，找出最適解答。

從後世的觀點來看，或許會認為黑田的法思想（如本章第二節所介紹）是順應潮流的「轉向者」，是「樂觀主義者」的「決斷主義者」。然而，輕易地以決斷論的方式割捨黑田或許很簡單，但在重新叩問日本立憲主義的意義之今日，不正是應該冷靜重新檢討黑田憲法學的意義之時嗎？

（林琬珊譯）

第十四章 戰時體制下的法思想

本章提要

本章將鳥瞰在戰時體制下，思想家們構想了何等國家體制。具體來說，本文將檢討徘徊於非常大權與國家緊急權之間的黑田覺、大串兔代夫、尾高朝雄的法思想。像是謀求天皇親政以克服危機的大串、欲擴張解釋憲法非常大權之規定來建構強力政府的黑田、以及強調作為帝國憲法根本原則的「永恆不滅的大法典」性格的尾高等人，他們的共通之處在於，苦心思考如何以與當時帝國憲法不相矛盾的形式，來建構起得以克服危機的法理論。

第一節 戰時統制與國民生活

治安維持法制與思想統制

在戰爭期間，政府習於採取過於擴張解釋警察行政法規的手法，來作為思想統制的手段。例如，以「企圖自殺者」（行政執行法第一條）來對勞工運動者進行保護檢束（身體拘束）；而儘管法律明文規定，「檢束」必須要於「隔日日落」前終了之，實際卻會在書面註明暫時釋放後繼續加以檢束。此外，亦有取巧適用警察犯處罰令中有關「居無居所又無謀生職業，四處遊蕩徘徊之人」（一條三款）得以拘留未滿三十日的規定（浮浪罪），每三十日就換一間警察署，拘留長達數月的例子。

特別重要的是治安維持法。這部法律制定於一九二五年，其目的在於防止因實施普選而使共產主義與無政府主義四處傳布，這部法律與引入男性普通選舉制的眾議院議員選舉法幾乎是同時期成立的。當初治安維持法第一條規定了：「以變革國體或否認私有財產制度為目的，組織結社或知情而加入者，處十年以下之懲役或禁錮。」當初在立法之際，所謂「變革國體」指的是無政府主義，而「否認私有財產制度」則是指共產主義，不過實際上，共產主義者也會被當作變革國體之人而受罰。

一九二八年二月實施首次男性普選，無產政黨一口氣出現了八名當選人。對無產政黨的擴張及共產主義的普及感到恐懼的田中義一內閣，竟未經國會審議，就以緊急飭令修改了治安維持法。主要的修正為：第一，對於以變革國體為目的的結社中，居於領導地位之人，最高刑期從十年提高為死刑；第二，新增「為達遂行結社之目的所為之行為」（目的遂行罪）之要件，處二年以上有期懲役、禁錮。特別重要的是，在目的遂行罪的新增中，作為處罰對象的「目的遂行行為」，在實務判決中採取非常寬鬆的解釋，包括「有助於結社目的之遂行的一切行為」（大審院一九三一年五月二十一日判決），因此，即使與共產黨的活動無直接關聯之人，只要該行為被認定資助共產黨為目的，就會成為治安維持法的處罰對象。實際上，這個修法之後，與共產黨沒有直接關連的勞工組織運動及無產階級文化運動等許多廣泛的社會運動都適用了目的遂行罪。

決定這個適用方向的是大本事件（一九三五年）。新興宗教「大本」的教義中，最重視的是比「天照大神」更居於上位的「國常立尊」之神。因此，這個宗教與把天皇當作現世人神的國家神道無法並存。是以，當權者就以違反治安維持法或不敬罪為名，舉發了大本。當初以管制共產主義與無政府主義活動為目的的治安維持法，在這個事件之後大幅變更了其法律特性，亦即，治安維持法不僅僅針對共產主義或無政府主義，更廣泛地取締了這些違反國體的團體或活動，變成監視國民生活、打壓的工具。此際，擔任重要角色的是思想犯保護觀察法（一九三六年）。這部法律是為了要保護那些因為違反治安維持法，而接受緩刑或緩起訴處分之人、假釋之人，或執行完畢之人（簡言之就是因違反治安維持法而被究責之大部分人），並且為了防止其再犯所進行的保護觀察，將其置於保護觀察所的監視之下。而且，這個保護觀察雖以二年為期，卻可以不限次數地一直更新。這代表了，只要曾經違反過治安維持法，就等於是半永久地被置於國家權力的監視之下。其他像是一九三六年制定了不妥文書臨時取締法，重罰「刊登以紊亂軍紀、攪亂商界或其他煽惑人心為目的，而有妨害治安可能之事項的文書圖畫」等散布行為，或者像是一九三八年於國家總動員法當中，針對報紙及出版業，禁止其販賣或散布「有礙於國家總動員之物」等等，都可以見到國家做出一層又一層限制國民表現活動之措施。

進一步地，一九四一年之後，治安維持法全盤修正，納入得以取締那些不配合國家整體措施的團體或集團之規定。這樣的法律，不僅是大幅擴張取締對象，更引入了只要有犯罪之虞就可以拘束自由的「預防拘禁制度」等等，讓思想檢事或特高警察得以強力介入國民思想及良心自由的法律。在此可以窺見戰時下思想控制的完成。

確立為總力戰服務的經濟社會體制

戰時體制的確立不僅止於思想控制，還擴及整體社會制度；為了要遂行總力戰，推行了各式各樣的管制與改革措施。在這些管制與改革當中，很多是徵用或價格管制、經濟管制等造成國民生活困苦的措施，不過，裡面也存在著一些將國民的人力物力發揮到最極限的社會性立法。另外，在這個時期所實施的改革，也有一些持續到敗戰之後，深深地影響著今日的日本社會。當我們在討論統制機構等政治制度的時候，以敗戰作為劃分的分水嶺並非不合理，不過，經濟體系、社會體制及支撐這些體制的法制度，未必會因為敗戰而使得制度或慣習產生及急遽的改變。因此，當要觀察經濟社會制度的變遷時，大多應從「連續性」，而非從「非連續性」的角度來加以觀察戰前與戰後，會比較妥適。

社會保險制度在戰時體制下被完整地建立起來。關於健康保險，雖然一九二二年就制定通過健康保險法，但當時以從業人員三百人以上的大規模事業場所為對象，保險的適用範圍是相當有限的。而透過一九三八年制定國民健康保險法許可各地域設立保險組合、一九三九年制定職員健康保險法，得以擴大保險的適用範圍。此外，關於年金，則是在一九四一年制定勞動者年金保險法，之後改正並擴充為厚生年金保險法（一九四四年）。這意味著是在戰時對於所動員的勞動力最低限度的保障。

另外，借地借家法制、農地、佃農法制的改正，也具有強烈的救濟弱勢之社會政策特色。借地法、借家法雖然早於一九二一年即已制定，但由於戰時體制下，勞動力流動至都市，物價上升導致地租跟房租飆漲，因此，一九三九年實行地租房租統制令（地代家賃統制令）。一九四一年更修正了借地法、借家法，為了要保護那些戶長赴戰場的家族，除了大幅限制房東的借貸契約解約權，也徹底進行房租的管制。

農地、佃農法制則是因為體認到為了要保護佃戶以提高農村的生產力，所以接連制定保護佃農的農地立法，例如農地調整法（一九三八年）、佃農料統制令（一九三九年）、臨時農地價格統制令（一九四一年）。在一九四〇年以後，更開始實施稻米徵購制度，特別是政府於一九四二年起依食糧管理法直接向佃戶徵購稻米。藉此，政府向佃戶交付增產獎勵金，以較高價格買入稻米，另一方面，由於佃租得以延期償還之故，使得佃租的實質負擔率大幅下降。由於這項政策，使得戰爭末期地主的地位低落，佃農制度事實上已經形骸化。

再者，所謂「日本型經營系統」也是來自於國家總動員體制。所謂日本型經營系統是指，企業不是股東或董監事的所有物，而是由從業人員及董監事一起建立的利益共同體，在此前提下透過終身雇用制、年功序列型的薪資給付方式來進行經營。而這在總動員法敕令確立分紅之限制、薪資管制等手法下，急速地擴張開來。

戰爭時官僚的角色也進一步擴大了。在此之前，官僚並不常介入民間的經濟活動，然而自一九三〇年代設立各式各樣的「事業法」之後，官僚開始介入產業界。進而在一九四〇年以後，各個產業中設置了所謂「管制會」（統制会）的業界團體，自此確立了由官僚透過管制會指導產業界的方式。這樣的手法到了戰後，也仍舊以官僚主導的業界管制與產業政策等形式被維持下來。除此之外，為了促進產業效率化並強化其生產力，此時也開始進行各種產業的整合，而與現在的產業分布已相差無幾。具象徵性的例子是電力公司。過去曾存在各種中小型的電力公司，但因一九三八年隨國家總動員法一併施行的電力管理法，要求將發電事業與送電事業整合為「日本發送電」這個半官半民的公司，因而整併接收了這些中小型電力公司的設備。進而根據一九四一年的配電管制令，將配電事業統整為九間配電公司，總算是完成了電力的國家管理。戰後雖然在「日本發送電」與九間配電公司的基礎上重新整編為九家電力公司，但基本上至今為止，仍維持當時的產業構圖。

如此這般，為了達成總力戰之目標，制定了各種法令，讓社會制度與經濟系統產生極大的轉變。而且這個總力戰體制是在國家管制的名義下，由官僚進行的管制形態。戰後大多仍持續著這樣的管制形態，而給現代留下不少深遠的影響。

第二節　非常大權與國家緊急權的展開

非常大權與國家緊急權

在戰時體制之下，成為焦點的是與平時不同的論點。戰前昭和的日本亦曾討論過戰時或者非常事態的對應策略，並隨著危機的深化而改變其內容。第一階段是前章所見有關建構總力戰體制的國家總動員法相關討論。到了第二階段，就開始出現當有國家存亡危機等非常事態時，有關非常大權與國家緊急權的問題。本節將概略地介紹有關一九三〇年代至戰爭末期為止所進行的非常大權與國家緊急權討論。附帶說明的是，到了第三階段，隨著戰況惡化，決戰日本本土變得越來越可能成真之際，也開始出現設想當無法召開國會時，應如何因應的討論（參照第四節）。

帝國憲法所規定的非常大權（三十一條）是指，承認天皇在非常事態發生之際擁有侵害第二章「臣民權利義務」之權，其與緊急敕令（第八條）、戒嚴（十四條）、緊急時的財政處分（七十條）皆為因應緊急事態之條款。另一方面，國家緊急權是當國家面臨非常事態時，允許政府為了國家的存續，而行使超越憲法或法律規定的權限。從法治國家的角度來看，本不應容許政府以國家危機為由破壞法治。不過，國民權利的保障也是有了國家以後的事情，因此，為了國家存續這個終極目標，破法權力之行使猶能當作是應被認可的權利，這就是所謂的國家緊急權。

國家緊急權之意義

國家緊急權是凌駕實定法而發動的「破法之法」。是以，預先在憲法中設想於非常事態之際可行使之例外措施等法制度，例如帝國憲法的非常大權或者威瑪憲法的非常大權（四十八條）等規定，理論上都不能謂為國家緊急權。像這樣的規定，雖然得以暫時停止承平時法律的效力，但這是依憲法所授權、預先認可的權限。學理上的國家緊急權是指於緊急事態時，超出憲法所預想的權限行使。

威瑪憲法第四十八條第二項規定了總統的緊急權限：「於德國國內產生對公共安全及秩序顯著之侵害或其危險之際，帝國總統得以為了回復公共安全及秩序採取必要措施，必要時可以武力予以介入。」因此，依照此規定可以全部或部分停止有關人身自由及財產權保障、表現自由等憲法所規定的七項人權規定。這個規定本身寫在憲法裡，因此不能算是國家緊急權。然而根據施密特之解釋，如果這個條文的範圍僅止於緊急事態下凍結國民權利的話，是不足夠的。「因為如果（第四十八條）第二項所列舉之七項基本權規定以外的其他憲法規定，都可以對帝國總統之行動施加令其難以超越的拘束的話，那麼根本不可能讓非常事態的因應產生實效。」（《總統的獨裁》，一一一頁。有部分改譯）施密特的主張已超出憲法的規定，因此其主張的是國家緊急權的發動。

國家緊急權的思想，淵源來自於格老秀斯所提倡之「優越的所有權．支配權」（dominium eminens）。這承認了國家對於私權具有優越的權限，原本是用來正當化國家徵用權的理論，但是後來轉而用在證立在非常事態下侵害國民權利的國家緊急權理論。這個理論背後的政治意涵是，絕對君主主義一方面與國民主權原理妥協，另一方面於非常事態、例外狀態下，君主仍保有最終之決定權。因此，國家緊急權與承平時期的國民主權原理及法治主義不生任何矛盾。

黑田的非常大權論

關於非常大權或國家緊急權的論爭，居於中心要角的也是黑田覺。如前章所述，黑田氏認為國家總動員法是在承平時期中確立戰時法體系的產物，他從「非常大權的精神」的角度將國家總動員法予以正當化。於非常大權的解釋中，他也認為應該要動態地詮釋憲法，從憲法的精神或旨趣，而非基於體系解釋，來推導出條文的內容。

黑田先是明確地區分憲法上的非常大權與憲法外的國家緊急權，然後主張：非常大權是當緊急敕令（第八條）及戒嚴（第十四條）皆無法克服、「以戰爭或內亂為開端所發生的所有高度危機」時所得以發動的權限。因此，黑田主張，政府不僅僅只應為軍事相關、警察相關之措施，而應包括經濟危機的對應措施；此外，對應的內容也不應僅是單純的具體行政處分等措施，尚應包括以命令制定新規範、修改或廢除既有法律。因此，儘管帝國憲法第三十一條明文規定其適用範圍僅限第二章，黑田仍宣稱：「關於這點的法律制定將轉移至行政來管轄。不過在這個情形的前提，勢必會造成第二章以外諸種規定之侵害。」他將第三十一條看做是國家存續最後的手段，不這麼想的話，「第三十一條規定幾乎將喪失大部分的意義。」（《日本憲法論》，三七一頁）。黑田對於第三十一條之解釋也採取動態式的、超出條文文義的詮釋，很顯然地，這種關於非常大權的解釋論，脫胎於施密特關於威瑪憲法第四十八條第二項之解釋。亦即，黑田藉由超出憲法第三十一條文義的動態式詮釋，從「非常大權」的領域跨足到國家緊急權的領域當中。

大串兔代夫的非常大權論

比黑田提出更激進的主張的是大串氏。大串於一九二六年畢業於東京帝大法學部，同年入同大學院。指導教授是上杉慎吉。他一九二八年修習大學院課程完畢之後，依照上杉氏的指示前往德國留學，隨後，在柯爾羅伊（Otto Koellreutter）教授（在納粹政權時期成為公法學重要人物）之指導之下，研究憲法學及國家學。一九三三年歸國後，大串成為文部省國民精神文化研究所研究員。之後，他一方面兼任東洋大學及國學院大學的教授直到戰後，另一方面以國民精神文化研究所研究員身分，編纂《國體的本義》一書，擔任日本諸學振興委員會的事務工作、參與日本法理研究會等，並且多次執筆撰寫和時局、極權主義思想有關的啟蒙式文宣品。可以說是文部省認證的思想導師，相當地活躍。戰後，被迫離開公職後，歷任名城大學教授、名城大學校長以及亞細亞大學教授。

大串氏採取比黑田更具基本教義派意義的立場，希望得以確立「新體制」。也就是實現「天皇親政」。大串認為：「為了能夠讓新體制帶有日本特色，新體制的中心絕不能是『政黨』或運動，而必須是天皇的政府。」（《現代國家學說》，三六〇頁）而大串認為應有的統制體制是：「廢除內閣及內閣總理大臣，如憲法第五五條所言僅設置『國務各大臣』，輔弼天皇。這是基於我國國體天皇親政的當然之理。」（同三六四頁）大串認為，藉由廢除內閣制度，由各大臣直接輔弼天皇，實現絕對君主制式的天皇親政制的話，將可以擺脫權力分立的憲法體制，實現權力統一的統治系統。因此，對於藉著新體制運動好不容易才成立起來的「大政翼贊會」被現狀維持派的佐佐木等人攻擊、批評為幕府論，最後導致該會難以實質運作，僅存空殼，大串極度不滿。

對於大串而言，非常大權的規定具有非常重大的意義。大串反對將非常大權定位為關於非常事態的特殊規定，他認為：「第三十一條所謂天皇大權，絕對不是意味著特殊的大權，而是意味著整體國家統制的大權。」第三十一條規定了凍結第二章之規定，而第二章也可以說是立憲政體的支柱。因此，第三十一條所及之範圍：「當然包括第一章、第三章，更對於憲法中幾乎所有規定都具有影響力。因此，憲法第三十一條決不只是一項例外規定而已，而是我國政治重要的原則性規定。」（《御稜威與憲法》）

大串提出這樣的理論，目的在於確立國防國家的體制。為達此目的，強化國家的統一性是必要、不可或缺的，而具體的作法是在天皇親政之下，達成政軍的統一與國民的團結。在當時進入實質戰爭狀態的日本，大串想要藉著將非常大權全面適用於立憲體制的這種解釋方式作為支點，透過非常大權實現天皇親政。大串表示：「我認為所謂國家總力的統一，簡單來說就是權威與權力的一體化。……主權的本體在於權威，而主權的作用存於政治決定。不讓議會成為自立的議決機關、廢棄內閣，也都是為了讓國家政治決定力統一於主權者。」（《現代國家學說》，三六七頁）。大串企圖以天皇親政實現權力集中，以打破現狀，他在新體制派當中提倡更激進的憲法論。

新體制派與憲法論

以上，我們回顧了黑田與大串關於非常大權的解釋。兩者共通之處在於試圖從理論的層面證立並推進新體制運動。黑田也好、大串也好，都是試圖透過擴張解釋第三十一條非常大權的文義範圍，藉以回復對政府的向心力，以克服權力分立式的帝國憲政體制的危機。另一方面，兩者不同的地方在於，黑田在政治上深深參與當時的「近衛新體制」，在此意義下可說屬於新體制派當中的「現實派」；相對於此，大串在新體制派當中可謂屬於欲實現天皇親政的激進派。因此，關於非常大權的擴張解釋這點雖然共通，但關於非常大權的適用究竟應及於帝國憲法的多大範圍（亦即，非常大權可以凍結多少範圍的憲法條文）這點，存有相當大的差異。黑田將適用範圍限定於與第二章的限制有直接關連的範圍，而大串則是主張得以適用於憲法全體，大串對於該條的解釋，彷彿像是可藉由第三十一條發動政變一般。

對於這樣的解釋，反對新體制的現狀維持派又展開了何種理論主張呢？我們將在下一節考察現狀維持派的代表人物尾高朝雄的論述。

第三節　尾高朝雄的國家緊急權論

尾高朝雄的國家緊急權論

尾高氏自東京帝大法學部畢業後，重讀京都帝大文學部，隨後並進入研究所就讀，在研究所階段師事社會學家米田庄太郎及哲學家西田幾多郎。在研究所在學中赴任京城帝大法學部，沒多久馬上前往德、英、法、美等國留學，跟隨凱爾森及胡塞爾（Edmund Husserl）學習。留學回國後，擔任京城帝大法學部教授，一九四四年起轉至東京帝大法學部，擔任法哲學講座。

在討論尾高如何對黑田的看法提出反駁之前，我們先來概要地說明尾高對國家緊急權的相關討論。根據尾高的說法，最能確實掌握國家緊急權問題的學者是耶林涅克。耶林涅克認為國家自己應受到自己所立的法之拘束，並稱此為「國家的自我拘束」。然而，這個自我拘束也非絕對，因為國家的基礎一旦因支配者政變、被支配者革命或受外來者征服而產生變革時，法無法因應國家基礎的變化。是以，向來的法律就會被打破。這個現象就是國家緊急權，不過實際上，這只不過單純在敘述一項「力量優越於法律」的命題而已。況且所謂政變、革命或征服等行為，既然是破壞了既存的法律，就不能夠稱之為法；另一方面，其創生了新的秩序也是事實，難謂一概不法。從法的角度而言，這個狀態應被理解為既非正義亦非不法的一個單純中立的事實狀態。假設之後這個事實狀態被承認的話，這個「事實」就會成為新的法律。耶林涅克說明，這種現象是所謂「事實的規範力」，亦即帶有規範性的事實之典型。

尾高基本上接受耶林涅克的這種說法，另一方面卻認為政變、革命或征服並不是單純的事實，而是帶有一定目的的「政治」。因此，「國家緊急權絕對不是無理念無目的的事實，而是於法預想範圍之外活動的政治；政治一方面破壞著法，一邊在救濟國家的大義名分之下，破法之餘仍然想要嘗試將自己立證為法。」（《國家緊急權問題》，九一七頁）因此，尾高說明，國家緊急權不是破法的法，而是破法的政治。

尾高進一步主張，國家緊急權存在著如下述的實踐問題。確保國家的存續一事，即使對於法來說亦是終極的目的。然而，因為這個目的而要破法，「宛如是自懸崖投身於深淵，死中求生一般，除非身懷絕技否則難以成功。」實際上，要不要發動國家緊急權，必須交由負政治責任之人做出非常艱難的判斷才行。正因為如此，「法預先規定了在非常時期所應採取的若干措施，面臨危機時亦不破法律，在懸崖上仍慎重問道。而激昂的政治，就容易流於血氣方剛。相反地，或許具有邏各斯性格的法，其態度是老成穩重的。特別是遇到賭上國家興亡的危機時，政治必須要謙遜面對法的這種老成的警戒心。」（同九一九頁）如上所述，尾高認為應謹慎避免發動憲法外的國家緊急權、並贊同規定於憲法當中的緊急規定之意義。

根據尾高的說法，國家緊急權的問題最終會歸結到「法律優先」（不行使國家緊急權）或「政治優先」（行使國家緊急權）這樣的問題上。而且即使要承認國家緊急權，也要認知到，國家緊急權既有因支配者的恣意而發動的危險，也有為其反對者所發動的危險。在這個意義下，行使國家緊急權的後果，恐怕不僅是法秩序被破壞，連政治秩序也一併被破壞殆盡。尾高說，國家緊急權是一把「雙面刃」。

尾高對黑田及大串的反駁

如上所述，尾高在分析了國家緊急權之後，對於黑田及大串的說法，進行如下述反駁。首先，針對黑田擴張性地解釋非常大權及於憲法第二章以外之規定，尾高認為，基於目的性解釋有一定程度的理解，但「即便如此，明明第三十一條寫明非常大權的發動下，憲法條文所應凍結的範圍只有第二章，若從解釋論的立場斷言第二章以外的若干規定亦得加以『侵害』的講法，不得不說是太過頭了。」之所以會這麼說，是因為這樣的解釋終究可能會讓憲法本身受到侵蝕。「在這個情形之下，特別是因為關涉到憲法，希望能夠特別慎重。允許一面透過解釋活化法律，另一面透過解釋『侵害』法律的作法，只會讓法律距離破碎更近一步。」（同九二七頁）。此外，黑田固然主張若沒有採取這種擴張解釋，將會使得帝國憲法第三十一條「喪失大部分的意義」，對此，尾高認為，在不侵蝕法律的情況下活化法律，才是法解釋的根本，若惟恐喪失一個條文的意義就要破壞掉法律的規範性，特別是要破壞憲法的規範性這點，應該要抱持戒慎恐懼的心態。

尾高更進一步對大串的非常大權論提出如下的批判。尾高認為，大串的解釋「是對第三十一條添加了徹底不同的新解釋，並以這個新解釋為依據，想要推導出我國國家體制的巨大變革。」（同九二八頁）。尾高敏銳地看穿了大串法理論背後所帶有的政變性格。根據尾高的分析，大串的理論形成了雙層結構；一層是將憲法體系當作承平時之規範體系的「平時憲法規範體系」，另一層是以天皇親政為本體的「戰時憲法規範體系」，而透過大幅度凍結憲法規範，非常大權的發動將成為從平時憲法切換為戰時憲法的開關（尾高使用的語彙為「回轉軸」）。正因如此，對於大串而言，第三十一條並不是關於非常事態的特殊規定，而是「我國政治的重要原理規定」。

尾高對於大串的解釋，認為：「其宣稱得以透過這個條項廣泛地凍結第二章以外諸多規定之效力，這種解釋已經不是法解釋了，而是企圖要對憲法進行重大的變革」（同九二九頁）。尾高強力地抨擊，大串對於第三十一條的解釋是企圖「從以法律為中心的政治轉換為以命令為中心的政治」，脫逸於條文解釋的範圍，「不得不說是擺明就要以政治手段進行憲法的竄改」；尾高進一步揶揄大串憲法解釋中所帶有的政變性格：「即使不使用這個名稱，在此不得不認為是西洋式的國家緊急權思想的顯現。」（同九二九頁）。

尾高表示，當然我們會擔心現在的憲法究竟能否充分對應危機，但這是在法政策論的層次上所提出來討論的東西，這與法規範的解釋屬於不同層次的問題。如果現行憲法有不完備之處，不應以解釋的方式努力克服，而應該以憲法所規定的修憲規定進行修正。他接下來用下面這句話總結了對大串的批判。而這句話其實不僅對大串適用，對於黑田，這位想要對憲法進行動態性詮釋，採取超越文義範圍之解釋的論者，也同樣適用。他說：「大日本帝國憲法是政治的規矩（衡量尺度），我國的國家活動的進行皆應以此為依據。法有時可能會被政治打破，但無論什麼政治都不能允許打破政治的規矩。我國的憲法既然是……『政治的規矩』，那麼國家緊急權的概念或類似的『令法律破碎的企圖』，都應該說完全沒有介入之餘地。」（同九三〇頁）

法是政治的規矩

尾高對黑田或大串的批判基礎在於「法是政治的規矩」這個想法。尾高在當時反覆考察了法與政治的關係。在政治吞噬法律的激盪時代下，想要藉由政治局勢跨越法解釋藩籬的各種新體制派學說，皆促使尾高重新去思索法與法學的存在理由。而思考的結晶展現在〈法的政治契機〉（一九四三年）這篇論文裡。這篇論文可以說是戰後出版的《在法極限處的事物》（一九四七年初版）一書的原點，同時也是尾高思考法與政治問題的出發點。因此，以下簡要地依照這篇論文，介紹尾高有關「法是政治的規矩」的想法。（而這也是尾高在戰後與宮沢俊義相互論戰有關「八月革命 vs. 法〔nomos〕主權」論爭時，其主張的原點。請參見第十五章）

尾高做出了如下的闡釋。有人會主張：法受政治的影響，政治賦予生命於法，法律說到底不過只是「政治的產物」；特別像是戰前昭和時期一般，當法制度無法充分對應時代時，勢必要由政治主導，改變法制度才行。像黑田或大串這種新體制派的解釋論，正是上述論調的典型。這種說法或許可謂「法律從屬於政治」。不過，尾高認為，僅有實力的政治也不可能維持長久。在這個意義下，政治也需要求諸於正義。「所謂正義，是指政治所應遵循的規矩。這麼一來，我們可以藉由國民共同體的各種目的是否得以相互調和、國家秩序是否得以圓滿維持這兩個面向，來測定是否達成政治上的正義。而調和與秩序就是法的根本原理，是法的終極目的。因此，給予政治正確方向的，勢必要是法才行。」（〈法的秩序契機〉，七五八頁）依照尾高的說法，施密特在《論法學思維的三種模式》一書中，最終支持具體的秩序思維，而非規範主義或決斷主義的理由也在於，在秩序之中結合正義與實力，亦即結合法與政治之緣故。所謂具體秩序，是法（nomos）的思想。「帶有『正義之王』之意義的 nomos，必定內含著一定程度至高無上、普遍且具體的秩序性質。」（施密特，《論法學思維的三種模式》，三五二頁）。而體現 nomos 的秩序之中才存在著正義。

根據尾高的看法，法可分成「根本法」與「衍生法」，兩者之間以「政治」作為媒介。「根本法」作為「政治的規矩」，必須要在給定的具體條件之下界定哪一種政治才是正義的政治。亦即，根本法管制了政治，這樣的根本法和管制日常生活的法並不相同；根本法成為比政治更高一層的判斷基準。根本法並不是全然不變，仍有可能依照給定的狀況產生變化，而跟著變化。不過，由於其是判斷政治是否正義的基準，並不會頻繁地變動。另一方面，政治是應其必要創造法律，支持法律、實現法律。在這意義下，法是政治的產物。這樣的法是「衍生法」。亦即，法與政治存在著下述般的重疊關係，亦即，衍生法之上還有政治，而政治之上還有根本法；而且法與政治這兩者之間存有不可分離的關聯性。

尾高認為，像是如帝國憲法一般具備根本法性質的憲法來說，「不經過修憲程序，就完全不要奢想而進行憲法變革」，完全否定了以解釋來修憲的可能性。他說，如帝國憲法一般的憲法正是「政治上的規矩之展現」，是超越時代變遷的「不朽的大典」（〈法的秩序契機〉，七六〇頁）。對於尾高而言，帝國憲法是立於政治指導原理的位置而成的政治上的規矩，在這個意義下，憲法並非如黑田或大串所述一般，是輕易可以用解釋就修改的東西。

第四節　戰爭末期的法思想

大串對尾高的反駁

前一節我們介紹了尾高對大串的批評。相對於此，大串自己所提出來的辯駁論述，雖然最後未公開，但確實是有準備好的[44]。根據其內容可知，大串反駁尾高，自己並沒有承認國家緊急權，他認為國家緊急權的根源潛藏著承認革命的思想，從根本上來看，國家緊急權的想法與日本的國體並不合致。相反地，由於尾高表明：「姑且先不論法脫離於國民生命與國民精神，僅殘存退敗腐朽後的形骸的情形，……浮濫地倡言國家緊急權、承認法的破碎……是毀國的主因」，大串基於上述說詞，認為尾高才是承認在法脫離於國民生命與國民精神的狀況下，可以有國家緊急權的人。尾高與大串兩邊互相抨擊「對方承認國家緊急權」的狀況雖然十分詭異，但這樣的狀況彰顯出：國家緊急權的問題乃立於法與政治交錯點的「應用問題」，其具有將統治機構徹底推翻的猛藥性質。

非常大權委員會

隨著戰況惡化，越來越可能出現日本境內決戰的局勢下，陸軍內部於一九四五年二月討論了有關凍結憲法的議題。在這樣的狀況下，學術研究會議（日本學術會議的前身）的第十四部（法學政治學）中，在大串的主導之下設置了由法學者、政治學者所組成的非常大權研究委員會。這個委員會檢討了應否發動非常大權，以及發動的方法等，並且將檢討結果做成決議提出於首相。

44　原註：近年大串的後裔子孫將當時的文書檔案捐贈予國立國會圖書館，相關的整理分析持續進行中。本節內容是根據其分析成果之一部分，官田光史〈非常事態與帝國憲法——大串兔代夫的非常大權發動論——〉，收錄於《史學雜誌》一二〇卷二號（二〇一一年）之記述而來。

決議的內容如下：首先，非常大權的發動應該在緊急事態下被允許，且其發動在理論上並不代表憲法的凍結。非常大權的發動毋寧說是「全面性地發揚」在憲法第二章以外之規定中所具有「國力發揮之意義」。決議中說明，非常大權的發動並不是作為國家緊急權要來扼殺憲法，相反地，是要讓憲法恢復生命力（活性化）。至於非常大權的具體實施方法，決議當中認為，應要新設一項優先於既存法令的「非常大權命令」，作為發動非常大權的新法律形式，並且，提案設置將國務與統帥一元化、實現天皇親政的「最高國防會議」與「中央廳」，以作為施行非常大權命令的機關。

尾高也是這個委員會的委員。尾高似乎並沒有反對這個決議，並且，根據官田光史的研究，這個決議恐怕是在大串與尾高間相互「妥協之下所成立的」。亦即，由於非常大權的發動只限定在憲法第二章，避免將其充作國家緊急權，因此，對於尾高而言，這意味著成功守住了「憲法」對政治的優位性。另一方面，自大串的角度來看，若能夠以非常大權的發動作為統合國務與統帥的契機，那麼將可以實現大串所期盼的天皇親政「新體制」。大串也在回顧了委員會的活動之後，在便箋上留下「學理上無疑」、「有收穫」之語。

政府的對應

同年三月下旬開始沖繩之戰，戰況越來越緊迫。一旦帝國議會面臨無法召開的事態時，將無法制定法律。政府為了設想對策，檢討了三種方案：①發動戒嚴大權。②發動非常大權。③制定委任立法。第一種戒嚴大權的發動，是基於憲法第十四條（「天皇宣告戒嚴」）及戒嚴令（太政官布告第三十六號）發布戒嚴令。然而，政府及軍部都對此案面露難色。這是因為，戒嚴令發布後將會實施軍事（各地的戒嚴司令官）統治，而一旦這麼做，預料將會破壞物資的全國性調度及供需計畫。若陷入這樣的情勢，將會造成總動員體制柔腸寸斷，非常可能陷入極大的混亂。

因此政府遂放棄戒嚴大權的發動，而轉向檢討第二方案非常大權的發動。此際，就是拿大串等人所起草的非常大權研究委員會決議作為檢討方案之基礎。然而，內閣法制局認為委員會決議存有兩項法律上的疑義，對非常大權的發動不以為然。第一點，委員會決議中提及之「國務與統帥的一元化」會讓各大臣輔弼的範圍變得不明確，將會抵觸憲法第五十五條；第二點，基於非常大權所為的「非常大權命令」若得以變更既存的法令，那麼將會抵觸憲法第九條所謂「不得以命令變更法律」之規定。亦即，假使依委員會決議的內容來發動非常大權，將會抵觸憲法第九條及第五十五條。

全權委任法之成立與大串

基於上述的討論脈絡，政府最後決定採取第三種選項，制定委任立法。這方案是預先制定當發生緊急事態時授予政府廣泛權限的法律。為了審議本法，於六月間召開臨時議會通過成立戰時緊急處置法，也就是被稱為日本的全權委任法。本法規定，為了克服國家緊急危難而有必要時，無論有無其他法令之規定，關於下列「軍需生產之維持及增強」、「食料及其他生活必須物資之確保」、「運輸通信之維持及增強」等七種項目，政府「得以發布必要之命令或為處分」（第一條）。

在此本文省略說明本法的詳細審議過程，僅要強調，在貴族院當中穗積重遠提出「有關奉請發動憲法第三十一條非常大權之建議案」，要求政府應發動非常大權而非委任立法。

期盼藉由非常大權之發動以建立新體制的大串，在議會通過了全權委任法之後，也對此有所批評，並且訴求社會大眾以喚起其對非常大權發動的意識。例如，大串在每日新聞上發表了如下的評論：「日本是天皇統治的國體，透過天皇大權的發動，使軍官民成為一體。在民主國家中，則是由國民透過議會全權委任政府立法而使官民一體，並謀求政府與軍的協調。」（每日新聞一九四五年六月十九日）大串在意的是日本與德國的比較。大串主張，縱然德國納粹乃藉由全權委任法（授權法）使政府與國家一體化，但日本是以天皇為國體的國家，因此不應仿效德國以委任法謀求國家與政府的一體化，而應以屬於天皇大權的非常大權來實現國家的一體化。據說，大串一直到八月十五日敗戰為止，都持續摸索著非常大權的發動之道。

（謝煜偉譯）

第十五章　新憲法體制的法思想

本章提要

本章將說明戰敗後初期的法思想。戰敗後初期的法思想，受到波茲坦宣言此一絕對性的外部因素所制約。並且，在那個時代存在兩股潮流，其一是以波茲坦宣言為契機而強調與過去的斷絕，積極接受新憲法體制下的象徵天皇制與國民主權；另一潮流則是強調與過去的連續性，試圖消極地接受或是調和新憲法體制。前者的代表為在新憲法上，提出許多公認為通說解釋的宮沢俊義；而列為後者的則是美濃部達吉與尾高朝雄。本章將以此兩股潮流為前提，在概述憲法的制定與各種法制的改革之上，略論美濃部達吉、宮沢俊義與尾高朝雄三人的法理論。

第一節　占領體制與新憲法

美國的初期占領政策

一九四五年八月十四日，在日本宣布接受波茲坦宣言後，杜魯門總統隨即任命陸軍元帥麥克阿瑟為盟軍最高司令官（SCAP：The Supreme Commander for the Allied Powers）。在麥克阿瑟之下，設置有實施統治的總司令部（GHQ：General Headquarters），根據杜魯門總統下達麥克阿瑟的〈關於盟軍最高司令官權限之指令〉（九月六日），「我等與日本的關係並非立於條約的基礎之上，而是以無條件投降為基礎。由於貴官具有最高權限，因此貴官在該範圍內無須接受日本方面所提出的任何異議」（第一項）。該指令明確表示：在國際法上，日本與美國之間的法律關係，並非以停戰條約或休戰條約中的對等立場為其前提，而是日本無條件投降，從而盟軍最高司令官的權限為絕對優先，其為實質上日本的統治者。

美國國務院於九月二十二日，公布了指示日本占領方針的〈初期對日方針〉。依照該份方針，對日本的統治是以帝國憲法下既有的政府來進行間接統治，過去的法秩序與官僚機構則繼續維持。GHQ所下的指示，以「指令」（command）或是「備忘錄」（memorandum）的形式傳達給日本政府，而日本政府則以「命令」予以公布並施行。此種日本政府所發的「命令」，是依據〈關於伴隨接受「波茲坦」宣言所發命令〉的緊急敕令而取得法正當性。此即所謂的波茲坦命令。該命令得以敕令（在日本國憲法施行後則改為「政令」）等制定相關法律事項，同時也能夠設定罰則。

GHQ基於此方針推動日本的民主化與自由化。在剛開始的階段，GHQ於十月四日下達〈廢除對於政治自由、公民自由以及宗教自由之相關限制〉（自由指令）。該份指令廢止所有限制思想及信仰、集會、言論自由的法令，同時也命令罷免與解任內務大臣及特別高等警察、廢除特別高等警察制度與釋放政治犯。以保守派為部分支持基礎的東久邇宮內閣，以無法實施該指令為由，隔日宣告總辭。其後的幣原內閣基於該指令，廢止治安維持法等法令，同時釋放約三千名政治犯。

憲法修正的動向

憲法修正的正式啟動，則是於一九四五年十月四日，麥克阿瑟在與近衛文麿的會談當中提及修憲而肇始。十月十一日，近衛文麿擔任內大臣府御用掛，以佐佐木惣一為顧問，開始著手憲法的修正。然而，此一行為卻爆發了猛烈的批評，認為像憲法修正如此重要的國家事務竟然不是由內閣所主導，而是在非正式組織的內大臣府下進行。另一方面，幣原內閣也開始擬定憲法修正草案，十月十三日，以松本烝治為委員長所組成的憲法問題調查委員會（松本委員會）正式起步。雖然松本委員會並非正式的委員會，但該委員會是以美濃部達吉等人為顧問，成員當中包含宮沢俊義、清宮四郎等憲法學者，此外還有法制局的首長與部長，以及樞密院書記官長等人。

除政府的行動外，各政黨與民間也都同時進行憲法修正的相關討論。各種團體皆發表自己所擬定的憲法修正草案，其中受到矚目者，當屬高野岩三郎與鈴木安藏所組成的憲法研究會。高野岩三郎與鈴木安藏等人，在一九四五年十二月二七日發表嶄新的憲法草案綱要。其中提到，天皇僅能進行儀式的象徵天皇制主張。GHQ其後在擬定草案時，即參考高野岩三郎與鈴木安藏等人所提出的象徵天皇制。

GHQ的憲法草案

GHQ當初也對日本政府自主性的進行憲法修正工作採取尊重的態度，但是自該年二月起，

GHQ即轉換方針，決定由自己起草憲法修正草案。其中有兩項理由。首先，二月一日每日新聞所揭露的松本委員會草案，其內容可說是極為保守。GHQ對於松本委員會所擬定的草案，作成下述相當嚴厲的評價。「將明治憲法的字句改以自由主義式的字眼再行表現，藉此修改為SCAP能夠接受的規範，實際上的憲法仍然維持如同過去一般模糊且保有彈性空間，讓統治階層能夠隨意進行調整適用與解釋，此點再明顯不過。」（〈日本的新憲法〉，三二頁）。第二項理由，則是遠東委員會的存在。依據蘇聯等國主張所設置的遠東委員會，由十一國代表組成，是為了防範美國的恣意妄為而扮演監視GHQ的角色。每當GHQ對日本統治機構進行根本性的變更前，都必須獲得遠東委員會的同意。GHQ與遠東委員會的第一次會談，定於二月二十六日舉辦。麥克阿瑟為了不讓遠東委員會奪去主導權，因此必須要盡速完成憲法修正案的制定而使其成為既成事實。在GHQ當時的情勢背景下，已經沒有時間再去指示日本政府修改松本委員會所擬定的草案，然後靜候日本政府的回應。

二月三日，麥克阿瑟向GHQ民政局的相關人員表達擬定憲法草案的三項原則。第一，採用象徵天皇制。「天皇為國家之首（the head of the State）。皇位行世襲制。天皇基於憲法行使其職務與權能，依據憲法所定，對人民的基本意思負責。」第二，放棄戰爭。「廢止作為國家主權性權利的戰爭。日本放棄作為解決國家紛爭手段的戰爭，也同等放棄作為保障自我安全手段的戰爭。日本將自身的防衛與保護，委諸於現在正引導世界的崇高理念。日本任何的陸海空軍都絕不被允許，任何交戰者的權利也絕不賦予日軍。」第三，廢止封建制度。「廢止日本的封建制度。除皇族外，貴族的權利僅限於目前在世的一代。貴族的授予，今後將不附帶任何國民性、公民性的政治權力。預算形式則仿效英國制度。」

第一項象徵天皇制的構想如前述所言，是受到民間所組成的憲法委員會之影響。而第二項的放棄戰爭，其精神淵源可追溯至巴黎非戰公約（一九二九年）。巴黎非戰公約規定「締約國不得訴諸戰爭以解決國際紛爭」，更且「國家必須放棄作為政策手段之戰爭」（第一條）。該項原則是外務官僚出身的幣原喜重郎，向麥克阿瑟提議於新憲法中採用（但此處仍存在有力的不同見解。請參照古關彰一，《和平憲法的深層》，第二章）。

基於這些原則，民政局花費一星期左右的時間擬定草案，在二月十二日完成GHQ草案。該GHQ草案即為現今日本國憲法的原型。GHQ在二月十三日，將該草案交付給日本政府。GHQ並以強硬姿態要脅，如果不將該草案作為正式的政府提案，則將無法繼續在盟軍勢力下保全天皇，此外如果政府不承認該草案的話，GHQ會直接對國民公布，以此強迫日本將GHQ草案作為政府草案對外發表。日本政府雖然在初期曾有抵抗，但最終仍接受GHQ草案，在三月六日作為憲法修正草案綱要，而正式向國民公布。其後，再將該草案綱要編纂為具體條文並調整與修飾用詞口語化，最後擬定為正式的憲法修正草案，以該草案為基本，於帝國議會中進行審議而後成立。如此，新憲法作為日本國憲法於一九四六年十一月三日公布，並於一九四七年五月三日施行。

第二節　法制度的改革

戰後的社會改革

雖然本節是針對與憲法修正相關的民法與刑法修正進行概略說明，但是在民法與刑法以外的各個領域，也同樣開始法制度的改革。這些法制度改革，都是為求「排除對於在日本國民之間強化民主主義復興而言的一切障礙」（波茲坦宣言第十項）而來。GHQ開始著手進行財閥解體、農地改革與勞動改革，此三大改革工作。三大改革的目的在於，藉由強制性解散支持戰前全體主義體制的大財閥，以謀求經濟與產業的自由化，同時也透過進行農地改革與勞動改革，解放農民與勞工，提升其社會性與經濟性地位，實現民主主義的社會體制與政治制度。這些改革的特徵在於，GHQ並不是以軍事勝利者之姿，而對敗戰的日本國民施加報復或懲罰，而是倫理上的高位者對下位者所進行教育與啟蒙的改革。雖然由於冷戰與韓戰等因素，使戰後改革的內容逐漸出現變化，民主主義及自由主義之教育與啟蒙的面向退居背後，但是到結束占領前仍舊維持著此種基本性質。姑且不論好壞，由GHQ所推動的社會改革，無疑成為戰後日本的重要根基。

民法的修正

對國民生活造成最為重大的影響，就是重新檢討戰前民法所明定的「家」制度。舊有的「家」制度，明顯已經不符合新憲法第二十四條所要求「個人的尊嚴及男女本質上的平等」。

GHQ與日本政府在一九四六年七月二日的內閣臨時法制調查會，以及司法省的司法法制審議會中，開始著手民法的家族法（繼承、親屬）修正工作。針對修正案的擬定，一方是意圖盡可能地讓戰前的「家」制度繼續留存之勢力，另一方勢力則是意求建構能確立近代家族關係的法制度，兩股勢力就此展開激烈的拉鋸。修正的主要內容在於：①廢止「家」制度，「戶主」的概念從民法中消失。②廢除規定妻為無能力者之條文。③以夫妻平等與父母同權為原則。④廢止家督繼承，僅承認財產繼承等。民法修正案於一九四七年七月經內閣會議決議後提交國會，在十一月前由參眾兩院進行審議，十二月二十二日公布，隔年一月一日起開始施行。

刑法的修正

刑法的修正也同時進行。不過，不同於親屬與繼承皆有全面修正的民法，刑法僅止於最低必要程度的修正。與新憲法相關而成為問題的，有刑法上的通姦罪與不敬罪。

所謂通姦罪，是已具有夫婦關係者，在與配偶者以外之人發生性關係的情形下，將視為犯罪而予以處罰。戰前的刑法規定「有夫之婦為通姦者處兩年以下徒刑，其相姦者亦同」（第一八三條），僅以妻的通姦行為為處罰對象。然而，僅處罰妻的規定違反新憲法第十四條所明定的法律上平等，經過臨時法制調查會與司法法制審議會的討論，最後決定刪除通姦罪。

再者，如何處理以不敬罪為首的「對皇室之犯罪」（第七十三－七十六條），也成為問題。這些罪名的處罰對象，是針對天皇或皇族施加危害，或為不敬行為者，這與帝國憲法明定「天皇為神聖不可侵犯」（第三條）中所稱的天皇地位，顯然是密不可分的。GHQ於一九四六年十二月，指示必須全面刪除該些罪名。日本政府雖然曾對GHQ的指示有所抵抗，但最終仍舊選擇接受，在一九四七年修正刑法之際進行全面刪除。

在正式刪除前的這段期間，發生告示牌事件。一九四六年五月十九日在抗議日本政府食糧配給遲延的集會遊行中，參加者手持寫有「裕仁詔曰／國體受到保全了／朕吃得肚子圓滾滾／汝等人民／餓死去吧／御名御璽」的告示牌，卻以不敬罪（刑法第七十四條）遭到起訴。對此，被告主張由於已經接受波茲坦宣言，因此天皇不再具備神性，不敬罪也應該消失。關於本件裁判，GHQ表明不應該以不敬罪，而是以名譽毀損罪（刑法第二百三十條第一項）論處的立場，據此一審判決（東京地判一九四六年十一月二日）以名譽毀損罪判決有罪。二審判決（東京高判一九四七年六月二十八日）則是認為，不敬罪作為名譽毀損罪的特別罪名仍然存留於刑法當中，在此情形下，依照新憲法公布而來的大赦令宣告免訴。被告不滿足於免訴而希望獲得無罪判決，因此提出上訴，但最高法院判決（最判一九四八年五月二十六日）主張，由於大赦令使得公訴權消滅，從而免訴實屬正確裁決，藉此來迴避判斷不敬罪的存否問題。

第三節　美濃部達吉與新憲法

美濃部達吉的反對論

憲法學界的泰斗美濃部達吉，則是反對憲法修正。美濃部達吉的反對立場，在憲法修正草案發表前後都是一貫的。

憲法修正工作開始起步的一九四五年十月，美濃部達吉就投書朝日新聞，發表〈憲法修正的基本問題〉此篇反對憲法修正的論稿。據美濃部達吉的說法，反對的理由有下述兩點：第一，實現「憲法的民主主義化」未必需要修改憲法。從實質意義憲法的觀點而言，日本的憲法實踐有相當大的部分不是倚靠成文憲法典，而是依從法律與政治習慣（美濃部達吉從戰前就重視在憲法解釋中的不成文憲法與習慣的實踐，請參照第五章以及第十二章）。從而，毋須走到修改憲法的地步，僅須修正法律與習慣就能夠實現民主化。依照美濃部達吉的見解，日本走向軍國主義化的原因在於：①軍閥內閣的成立與武力政治。②眾議院的功能喪失。③人權的壓制。④強行追求褊狹且屬神權主義式的國體觀念。這些原因全部都是在憲法條文外所生的，與憲法修正毫無關係。從而，「即便在現行憲法下，也已經能夠充分地阻止此種反民主主義之傾向」（〈憲法修正問題〉，一八九頁）第二，縱使是要修改憲法，有鑑於「憲法修正的重大性」，也應該避免草率地急速進行。

修改作為國家基本法的憲法，應該要有充分的時間進行。然而，像是糧食問題與物價問題等與國民生活直接相關的課題，在當時已是堆積如山。在這種情形之下，實在不應該貿然進行憲法的修正。此種審慎的態度，在當時是屬於以政府首腦為首的支配階層中極為典型的見解。

一九四六年三月，在憲法修正草案發表後，美濃部達吉仍然不改其反對立場。在內容包含象徵天皇制的新憲法草案綱要發表後，美濃部達吉隨即在〈憲法修正的基本問題〉（收錄於《法律時報一九四六年四月．五月合併號》）中如此論道：「我個人雖然相信支持天皇制是國民全體所意求，僅有藉此始得以實現真正意義下的民主主義，但說到應該要以何種方式支持天皇制，並非是將天皇作為單純儀禮性的裝飾，也不是將天皇單單作為『國民統合的象徵』，而是應該在立憲君主國的我日本國當中作為君主，換言之就是國家的最高統治者。我認為支持作為擁有統治權最終根源，一人獨尊的天皇制，才是國民全體所意求，也是為確保國家統一所不可或缺者。」（〈憲法修正的基本問題〉，二二七頁）如此，美濃部達吉批評象徵天皇制。的確，象徵天皇制雖然在名目上仍維持天皇制，但是美濃部達吉嚴厲地批判，「這實際上就是根本地改變我國國體，不得不說是顛覆我國國民的歷史信念，破壞國家的統一。」（〈憲法修正的基本問題〉，二二七頁）。美濃部達吉認為，象徵天皇制的導入就是意謂著國體的改變，破壞國家的統一。

作為心理上統合的天皇

為何美濃部達吉會反對導入象徵天皇制，以及與象徵天皇制一體兩面的國民主權？關於美濃部達吉思想的古典研究指出，美濃部達吉對天皇素有敬慕之意，「身為自由主義者美濃部達吉，正是親自證實無法從此種根深蒂固的天皇制意識形態所生封印中解脫的情形」，而斷罪這是「形成所謂老派自由主義者出現保守僵化現象的一環」（《美濃部達吉的思想史研究》，三一八頁）。但是，近年來萌生重新審慎檢討美濃部達吉的趨勢，而正逐漸地修正此種解讀。

依據近年來的研究分析，美濃部達吉並不是基於單純對天皇制的憧憬與懷舊，而選擇擁護天皇制，而是對天皇制之下的民主政治肯認其積極的意義。例如，美濃部達吉對議會制民主主義抱持不信任感，而對國民在政治上的不成熟也感到不安，其將天皇制作為抑制這些負面因素的機制而給予積極評價。美濃部達吉論道：雖然議會是以多數決原則為基礎，但在多數派不見得是正確的前提上，議會將受到多數黨幹部的左右，「容易產生相較於國家或全體國民的利益，更著重自己黨派利益或是與其黨派勾結的少數資本家利益之弊害」（〈民主主義與我國議會制度〉，二〇六頁）。就親自體驗過戰前政黨政治的幼稚與議會政治自我毀滅的美濃部達吉而言，這或許是極其當然的結論。「在民主主義原理是從外部移植而來的日本，為求避免可預想到的政治混亂，美濃部達吉認為由皇室（天皇制）所保證的統一與團結實屬必要。」（河島真，〈象徵天皇制試論〉，九四頁）。

依據美濃部達吉的想法，天皇制的存在，不僅有能夠預防導入國民主權所產生的混亂，此種消極層面的意義而已。國民能在天皇之下受到有效統合的積極意義，也同時存在於天皇制當中。美濃部達吉如下述論道：「我國承繼萬世一系之皇統，舉國人民對皇室懷抱有各國絕無可比擬的尊崇忠誠，此實為我國國民團結心的中樞，也是我國最強大之處。……實際上於我國建國以來的歷史中，皇室正是我國家的中心，我相信倘若失去該中心，則我國國內將長年徒然陷於動亂頻發，而無法順利地進行新日本的建設，此點是再明確不過的。」（〈民主主義與我國議會制度〉，二〇一頁）美濃部達吉認為，國民能夠團結一致地進行戰爭，也能夠在敗戰時不致於全盤崩潰而結束戰鬥，更能在敗戰後毫無混亂的解除自身武裝，這些全部都是因為有天皇的存在。於此種情形下，縱使是在接受波茲坦宣言後，多數國民仍然不希望天皇制的廢止。如此，美濃部達吉主張天皇制具備在心理層面上統合國民的功能，推導出天皇制的積極意義。「簡言之，君主制的確保應該說是為維持我國統一性所不可或缺的絕對要件，若非如此，日本要作為統一國家而存在，恐怕將消逝不復。」（〈民主主義與我國議會制度〉，二〇二頁）

作為功能上統合的官僚

將天皇制作為在心理層面上統合國民的存在，而肯認其積極意義的美濃部達吉，也同樣積極承認官僚制在功能上統合國家的意義。依據林尚之的研究，由於新憲法賦予政府強大的權限，議會制民主主義非常有可能再度陷入如同戰前政黨政治一般的黨利思維。美濃部達吉在一九三〇年代前半，曾經想過放棄「憲政的一般途徑」所引導的議會內閣制，而構思「圓桌高峰會議」。這樣的圓桌高峰會議，能夠在政黨政治所蔓延的黨利思維下保護內閣，謀求內閣的中立化以及政策決定功能的統一與強化（請參照第十二章）。美濃部達吉認為新憲法體制下的官僚制，是與該會議具有同樣功能及任務的組織，因此給予其高度期待。戰前的官僚是「天皇的官吏」，但日本國憲法已明文規定，公務員為「全體國民的侍奉者」（第十五條第二項）。美濃部達吉對於此變化的意義，有著下列敘述：「新憲法關於此點則是全然變更思維，明言所有的公務員應該是為全體社會謀求福利而行侍奉者，絕不是為當時為政者、掌有權力者或是政黨、資本主義的侍奉者。」（《新憲法概論》，九五頁）美濃部達吉在作為全體國民侍奉者的官僚制中，寄望戰前以精神德行為統治，不為個人私慾，而是能夠為全體社會而行統治的實踐者。美濃部達吉認為，如果是官僚制的話，或許能夠取代政治上仍未成熟的國民與政黨，以確保統治機構的統一性以及政策的連續性。也就是，將功能意義上的統合任務，委諸於官僚制。

如下述所論，美濃部達吉在日本國憲法體制下，讓天皇制承擔心理上的統合，而讓官僚制肩負功能上的統合。美濃部達吉對於天皇制與新憲法的態度，絕非是對天皇制的懷舊情感而來，也不是「老派自由主義者的保守僵化現象」。美濃部達吉面對眼前尚未成熟的國民與政黨，最優先考慮的就是，應該要如何運用「國民主權」而不至於再次陷入如同戰前一般的失敗，從而對峙於天皇制與新憲法。美濃部達吉心中所想的，其實是基於過去自身苦痛經驗與分析而來的冷靜判斷。

第四節　宮沢俊義的憲法觀：八月革命說與凱爾森

八月革命說

無論是對新憲法的制定抱持反對或是贊成的立場，大日本帝國憲法與日本國憲法之間仍然存在法理論上的問題。也就是，如何在法的層次上正當化日本國憲法的問題。選擇直接正面處理此難題的，即為美濃部達吉的後繼者，宮沢俊義。宮沢俊義以八月革命說作為回答，這同時也是現今的通說。

一九四六年五月，宮沢俊義在《世界文化》雜誌中刊登〈八月革命的憲法史意義〉之論文。於該篇論文中，宮沢俊義如下所述。政府所發表的憲法修正草案承認國民主權主義，此點是極為明白的。此一國民主權主義，與以神權主義式的國體論為基礎的明治憲法體制完全無法相容。這是因為相對於帝國憲法，是將根據置於「天孫降臨的神敕」之神意，國民主權則是立基於放逐神祇的「國民之聲」。問題就在於，從神權主義到國民主權主義的轉換，能否以神權主義憲法中所規定的修正程序（第七十三條）為之。宮沢俊義採取憲法修正有界限說的立場。依照此等見解，即便是經由憲法所明定的修正程序，也無從修正或變更該憲法的基本原理。倘若如此，像是日本國憲法的制定過程那樣，「以明治憲法所規定的修正程序，變更明治憲法的根本結構，在理論上

即意味著自殺，不得不謂是法律上所不能者。」（〈日本國憲法誕生的法理〉，三八二頁）

那麼，日本國憲法的制定又該如何理解？宮沢俊義則如下述所論。日本於一九四五年八月接受波茲坦宣言。在該份宣言中提到，日本最終的政治形態，由日本國民自由表達的意思決定之。此處就是意謂國民成為掌有最終決定權者，亦即主權者。從而，在法的層次上而言，波茲坦宣言的接受就意味日本接受了國民主權。並且，宮沢俊義接著主張，「此種變革，本來就不是日本政府得以合法為之。縱使憑藉天皇的意志，也不可能合法為之。從而，此種變革從憲法的角度而言，不得不理解為是一種革命。……也就是，由於投降，產生了一場革命。由於敗戰此一事實的作用，使得直至今日的神權主義遭到捨棄，重新採行國民主權主義。必須要看重該事實不可。」（同三八四頁）宮沢俊義立於憲法修正有界限說，說明波茲坦宣言將主權者由天皇變更為國民，帶來法學意義上所稱的「革命」。從而，由於波茲坦宣言的接受，使得國民主權主義成為日本憲法的根本原理，至少帝國憲法中的神權主義部分已成為死語。依據宮沢俊義的見解，從一九四五年八月開始，國民主權主義就已經存在於日本，新憲法明文規定國民主權，僅為宣示意義而已。因此，以大日本帝國憲法的修正程序制定新憲法，根本不是本質上的問題。

如同前述，八月革命說是以憲法修正有界限說為其前提。這是因為，倘若認為憲法修正不存在界限（憲法修正無界限說），那麼縱使是以帝國憲法的修正程序來制定日本國憲法，也不會產生任何法的問題。如此，無須特地以革命的概念進行說明。此外，八月革命說也是以國際法優位於國內法的理論為前提。（暫且不論能否將波茲坦宣言視為國際法上的條約）由於波茲坦宣言此一國際法上的文書，隨即造成國內法秩序的「革命」，此種說明若非是以國際法優位的見解為前提，則無從推導出來。

凱爾森的十月革命說

宮沢俊義是從何處得到八月革命說的構想？雖有見解認為是在研究會的現場，從丸山真男那邊得到關於名稱的靈感，但是實際上八月革命說的重點，在三月六日新憲法綱要案發表的隔日就已經刊載於報紙上。由此可知，宮沢俊義在新憲法綱要案發表之前，就已經有八月革命說的構想。解開該謎團的關鍵，其實就在於八月革命說的論理構造當中。宮沢俊義所稱的「革命」，是意指主權主體的根本性轉換，或是與既有憲法秩序在原理上截然不同之憲法體系的成立。依據高見勝利的研究，在一九二七年及一九三三年宮沢俊義所著論文中，也使用此種意義的「革命」用詞，但值得注意的是，其與凱爾森的「法位階模式」之間的關聯性（關於法位階模式，請參照第十章）。

基於凱爾森提出法位階模式而來的根本規範，理論上被作為是現實所不存在的假象問題。然而，根本規範卻有時會作為現實真正存在之物而展現於外。這就是革命。依照凱爾森的見解，「不是法秩序以合法方式受到變更，而是經由革命方式被全新法秩序取而代之的情形下，根本規範的意義特別明瞭。」（《純粹法學》，一〇九頁）凱爾森提到了引人注目的事例。亦即，在君主制國家中，經過革命而使共和制政府確立了具有實效性的支配時，新秩序「是以全新的根本規範為其前提。這已經不再是指定君主作為法制定權威的根本規範，而是指定革命政府的根本規範。」

（《純粹法學》，一一〇頁）凱爾森主張，由於革命而使法秩序的正當性根據遭到變更的情形下，將會產生全新的根本規範。當然，此理論構造與宮沢俊義的八月革命說具有極高度的相似性。

就凱爾森而言，革命所造成根本規範的變動論，是現實的政治課題。亦即，凱爾森所在的奧匈帝國，於第一次世界大戰敗象已呈時面臨崩解，一九一八年十月三十日，由帝國內德裔居民組成的臨時國民議會，通過了「國制決議」，放棄過去的帝制而走向共和。凱爾森隨即表明，此即為革命，新國家與舊帝國之間的法秩序，兩者在法層次上毫無任何承襲而形成斷絕。應該稱為十月革命說的此種理論（江橋崇將之命名為「十月革命說」），受到當時奧地利各界的支持，也成為政府官方的正式解釋。凱爾森如下述所論：「共和國的法秩序，其最終的妥當性根據是來自於一九一八年十月三十日憲法，這是因為，該憲法無法被認為是合法修正（奧匈帝國憲法）一九六七年十二月二十一日憲法而來者。……奧地利共和國的根本規範，絕非是從在舊奧匈帝國中具有妥當性之憲法所能夠推導得出者[45]。」如此，凱爾森於奧地利展開其十月革命說。

不過，雖然凱爾森的見解在奧地利國內受到廣泛支持，但凱爾森自己卻在一九二〇年時修正了十月革命說的重要部分，事實上等同是撤回十月革命說。主要的理由在於，考量到國際法與國內法的效力關係，如果將國內法視為優位時，則十月革命說在理論上仍屬妥當，但若將國際法視為優位（國際法優位說），則十月革命說就會失去其妥當性。這是因為，奧匈帝國與奧地利共和國，

45 原註：Hans Kelsen, Die Entwicklung des Sraarsrechts in Österreich seit dem Jahre 1918, Handbuch des Deutschen Staatsrechts, 1929, S. 150.

是於同樣土地上統治相同人民的團體，在國際法上應該認為存有法的連續性。對採取國際法優位說的凱爾森而言，十月革命說無法是妥當的論述，必須要在事實上撤回此種理論不可。

在這兩年之間究竟發生何事？凱爾森剛好在這個時候，完成其著作《主權問題與國際法理論》。於該書序文中，凱爾森提到本書將處理至今都一直有意迴避的主權問題。並且，在論述主權問題時必然會觸及到國內法與國際法之間的關係。作為結論，凱爾森表明自己最後是選擇採取國際法優位說。換言之，凱爾森在提出十月革命說之後，挑戰主權理論而到達國際法優位說。凱爾森在國際法優位說的前提之下，無法繼續維持自己過去十月革命說的見解，因此最後不得不選擇放棄。（關於凱爾森的國際法優位說，請參照第十章）

十月革命說與八月革命說

凱爾森所提出的十月革命說，最後是走向悲劇結局，而宮沢俊義的八月革命說又是如何？無論是凱爾森的十月革命說，或是宮沢俊義的八月革命說，兩者都是從「革命」中尋求根本規範的斷絕與更新，此種構思可說完全相同。更且，凱爾森採取國際法優位說的立場，宮沢俊義也是立於國際法優位的見解。

兩者的相異之處，在於「革命」的內容。凱爾森的十月革命說中所稱的「革命」，是指國內的政治勢力推翻君主制，創建共和制政府。相對於此，宮沢俊義的八月革命說中所稱的「革命」，則是接受美國等盟軍所發的投降文書（波茲坦宣言）而來。此即為凱爾森與宮沢俊義兩人理論之間絕對性的不同。波茲坦宣言的接受，是國際法上的行為。從而，宮沢俊義的八月革命說，即便是採取國際法優位說的立場，也不會產生如凱爾森所面臨的矛盾情形。毋寧說，革命的根源就是接受波茲坦宣言，也就是國際法，因此反倒強化國際法優位的法秩序觀。

可惜的是，現階段仍未找到明確的證據或是跡象，證實宮沢俊義在構思八月革命說之際的確參考了凱爾森的十月革命說。然而，宮沢俊義在其學說形成時受到凱爾森極大的影響，這是眾所皆知的。因此，無法想像這樣的宮沢俊義，會不知道凱爾森的純粹法學理論中所提到的革命之任務，也就是經由革命造成根本規範的變動。更且，凱爾森於奧地利共和國的初創時期，堂堂揭示其十月革命說，最後更成為國家的官方解釋，這件事宮沢俊義必然有所知悉。倘若如此，宮沢俊義在知道凱爾森十月革命說的理論與結局之情形下，援引凱爾森的相同構想，而將該學理置換為日本接受波茲坦宣言與制定新憲法，也相當合理。正是因為宮沢俊義採取國際法優位的立場，所以才得以主張八月革命說。若想到十月革命說的最後下場，可說令人感到相當諷刺。

第五節 規範主權論的意義以及尾高朝雄與宮沢俊義之論爭

規範主權論

對於宮沢俊義所提出的八月革命說，尾高朝雄則發表「規範主權論」予以回應。宮沢俊義強調接受波茲坦宣言的革命性質，也就是在八月十五日以前與以後存在著法秩序的斷裂性，相對於此，尾高朝雄的規範主權論則強調法秩序的連續性。依據尾高朝雄的見解，宮沢俊義主張由於接受波茲坦宣言而使主權產生變革，而將其視為革命，這樣的論述本身就存有問題。雖然稱是主權變動，但即便是在天皇主權的憲法下，天皇也絕非萬能，同樣地，在國民主權的憲法下國民亦非萬能，也沒有賦予國民如此的權限。無論是天皇主權或是國民主權，在運作政治之際，都存有相同應該要遵循的「規矩」。關於實力，存在根本性的道理，能夠將該實力轉換為正當的權力而賦予其意義。此就是法的理念，也就是規範（nomos）。規範立於政治之上。過去的規範是見於天皇統治當中，而今日的規範，則是存於國民主權，此種民治民享的政治當中。依據尾高朝雄的論述，「如此來看，從天皇到國民主權的移轉，掃除了國民對於政治所抱持完全仰賴他人的態度，表明了建設依循規範的政治一事，是由國民自己肩膀所承擔的覺悟。在此意義下雖說的確是重大的變化，也是特別的進步，但是仍然無須將其解釋為中斷國民精神的歷史連續性，此種粗糙而不顧後果的徹底變革。」（《天皇制的國民主權與規範主權論》，二四七頁）在規範主權論下，存在著作為政治「規矩」的規範，此即為現實政治的規範。規範就是「正當統治的理念」。基本上規範主權論，跟尾高朝雄在戰前關於憲法制定權力議題而與黑田覺及大串兎代夫討論時，其理論上所依據的政治「規矩」論是相同的（參照第十四章）。如今，在宮沢俊義提出八月革命說，意圖正當化波茲坦宣言所造成憲法秩序的變革，尾高朝雄則是以規範主權論來對抗。

尾高朝雄提出規範主權論的主要意圖，即在於透過規範，使國民主權與天皇制兩者都能夠去政治化。在尾高朝雄的心目中，對於作為國民主權具體展現的多數決原理以及民主政治，始終都抱持著不信任感。「假如民主政治是不論事情的是非對錯如何，僅僅是盲從多數者所往，則民主政治的結果就是對多數專橫的容許。到處充斥著為求獲得多數而為的權謀術數，寄身於只為暴露反對黨的不是，而使其勢力滑落。這是最應該令人恐懼的民主政治之墮落。」（同二〇〇頁）對尾高朝雄而言，能夠抑制此種多數者的專橫以及民主政治的墮落者，就是「理的政治」，這正是依循規範主權所進行的政治。規範主權論，將以國民主權為基礎的民主政治昇華於規範主權之中，而試圖對國民的「主權性」，也就是政治的暴力性予以去政治化。

另一方面，尾高朝雄則依據新憲法，藉由尊崇天皇而將其奉置於象徵地位，以達到天皇的去政治化。依照尾高朝雄的見解，明治時代以前的天皇在政治上是毫無實力的，但作為交換代價，就是天皇得以成為位處象徵性君臨地位的存在。由於天皇是非權力性的象徵存在，因此能夠成為規範的體現者。尾高朝雄認為，象徵天皇制也具有相同的構造。「依據日本傳統，天皇經常是具象化『正當統治的理念』而來。……作為象徵的天皇，其行為並非是毫無意義的形式，而是充盈著國民主權的理念與意義，是最為重要的國事行為。此為在新憲法中國民主權與天皇制的真正調和。」（《天皇制的國民主權與規範主權論》，二〇一頁）尾高朝雄試圖藉由規範，將國民主權與天皇制共同去政治化，在體現規範主權的象徵天皇制當中，讓國民主權與天皇制能夠共存。換言之，尾高朝雄藉由象徵天皇的規範，來統合國民主權與天皇主權。

美濃部達吉的天皇制論與規範主權論

規範主權論的意義，與前述所見美濃部達吉的天皇制論，兩者對於民主政治的問題意識是一致的。尾高朝雄與美濃部達吉兩人，都對民主政治與政黨政治存有濃厚的不信任感。因此，認為必須要有對民主政治適時煞車的機制存在。兩人都將在一定架構中的「穩健的民主政治」或是「緩和的國民主權」，描繪為戰後應有的面貌。美濃部達吉為此試圖以作為心理上統合的天皇制，來抑制民主政治的暴衝，另一方面，則以作為功能上統合的官僚制，來保證（在戰前所做不到的）統治機構的統一性與政策的連續性。相對於此，尾高朝雄則是以體現規範主權的象徵天皇制，來統合民主政治與天皇的權力性。美濃部達吉身為憲法學者並且具有豐富的經驗，想要控制現實統治機構與政黨政治的意識會較為強烈；相對而言，或許因為尾高朝雄是法哲學學者，所以借言於高度抽象的「規範主權」，而與美濃部達吉有所不同。無論如何，倘若將美濃部達吉認為制定憲法時點尚早的主張作為輔助線，進一步考察尾高朝雄所稱的規範主權，就可以清晰地察知尾高朝雄的真正想法。

尾高朝雄與宮沢俊義論爭的意義

尾高朝雄在其著作《國民主權與天皇制》（一九四七年十二月）中，以批判的觀點介紹宮沢俊義的八月革命說，而宮沢俊義則對此予以回應，從而在兩人之間爆發論戰。依據尾高朝雄的說法，其本身並沒有想要與宮沢俊義爭論。的確，歷經大約兩年期間的「論爭」，在兩人之間論文所進行的論戰與反駁，僅有來回兩次而已，可以說是相當地緩慢。而且，該場論爭的結局，是由尾高朝雄自己拉下終場的布幕，因此一般而言看起來像是「宮沢俊義的勝利」，然而實際上尚有許多研究者認為，「在印象中兩者的議論似乎沒有聚焦於相同點之上」。（高見勝利，《宮沢俊義的憲法學史研究》，三三九頁）。

主要理由在於，第一，兩人所理解的「主權」概念根本不同。宮沢俊義將主權理解為「最終決定國家政治樣貌的力量」，認為必然要面對「君主主權或是民主主權」此種二擇一的選擇。另一方面，尾高朝雄則是將主權理解為「統治的理念」，在象徵天皇制之下，試圖以規範主權論來統合國民主權與天皇制。由於兩人議論的層次不同，所以根本沒有對上。

第二，原本兩人所想定的「法」概念，特別是在考察「法與政治」之間關係時所論的「法」概念，存在決定性的差異。這使得這場論爭根本無法聚焦。尾高朝雄的法概念，如同在第十四章中所見，具有三層構造。作為根本法的規範支配著政治。而實現根本法的邏輯者則為政治，在此意義下「法為政治的『規矩』」。並且，感受（pathos）的政治則規定了衍生法。尾高朝雄在提及規範主權論時所稱的「法」，當然指的是根本法。

相對於此，宮沢俊義的法概念，可見於下述文章當中。「法基本上就是政治的產物。而且，政治在本質上就是歷史與傳統的產物。從而作者相信，只有將歷史與傳統，以及歷史與傳統所產生的政治作為背景，才能夠正確的掌握法的精神。」（《憲法略說》，序文第一頁）宮沢俊義主張，歷史與傳統產出政治，而政治產出法。若就尾高朝雄的架構而言，由於宮沢俊義所稱的「法」，是從政治所產出的法，因此應該是該當於「衍生法」。反過來說，依照宮沢俊義的架構而言，尾高朝雄所論的「根本法」，則是該當於「歷史與傳統」。

兩人所說的「主權」，都是基於這樣的「法」而來。亦即，尾高朝雄於規範主權論中所提到的「主權」，是指在「根本法」中，規定了基於「歷史與傳統」而來的法理念與法架構者。宮沢俊義在其八月革命說當中所提到的「主權」，是意指作為政治產物的「衍生法」，「最終決定國家政治樣貌的力量」。關於「法」的論爭，倘若對於什麼是「法」欠缺共通了解的話，最後都將是學術理論上的空轉而已。尾高朝雄與宮沢俊義之間的論爭，可說是典型的案例。

第六節　戰前與現代之間

以意識到與西洋交錯的近代日本法思想為內容而進行爬梳的本書，行筆至此，在日本國憲法的制定中畫下句點。從日本國憲法制定至今，已經有約七十年期間的間隔。然而，本書所爬梳從江戶末期到戰敗後初期法律思想的歷程，仍舊確切地在現代日本中留下痕跡。舉例而言，日本國憲法從以王權神授說為基礎，而屬於欽定憲法的大日本帝國憲法，一百八十度轉換為「受到國民嚴肅之信託」（日本國憲法前文），此種採取社會契約論的國民主權憲法。然而，卻同時於日本國憲法中，留存在原理上與國民主權相互矛盾的天皇制。再者，如前文所述，雖然敗戰使得在憲法層級上產生了「八月革命」，但是許多法令、判例以及統治機構都仍然維持戰前的樣貌。本來，人對於法與制度的感覺或情感，就不是會簡單改變的。家制度雖然在戰後的民法修正中遭到廢除，但是受家制度影響而產生的意識，即便是在戰後，仍然持續長存於每個人的心中。戰後的日本，仍舊與過去相同，「西洋近代之物」與「傳統之物／非西洋之物」並存的構造，並未有任何改變。我們在思考近代日本之際，非常容易將日本的戰敗作為斷然的分歧點。然而，就如本書所檢討一般，「戰前」與「戰後」之間毋寧存有強烈的連續性。此點應該多加留意。

更且，「戰前」也並非始終是單純地繼受近代西洋法。第一部所論明治時期的日本，可見將原本是以西洋文字所書寫的法概念與法思想，轉化為日本自身之物所呈現的苦戰模樣。此外，在第二部中所描述的日本，則是應該成功繼受的西洋法思想，卻與原有思想之間展開鬥爭的舞台。民法的法典論爭、刑法的「日本法理」、民本主義的發展、大東亞共榮圈的主張……。這些論爭或理論，並不是全盤肯定對於純粹的西洋法概念之接受，而是接受西洋法思想的基礎，同時為使其有更為適切的內容，而能於日本社會中更加本土化，所進行的戰鬥。並且，在第三部中所見到的，則是這樣的本土化作為不一定是成功的，結果反而遭到非西洋的「傳統之物」而來的回擊。如此，從明治維新到敗戰之間的日本思想，經常就在西洋思想的接受與拒絕之間擺盪而發展，此點應該銘記在心。

從明治維新到敗戰為止的日本法思想史，在經歷與西洋的複雜關係下——從積極接受到拒絕——形成而來。於此種意義下，本書所爬梳從明治維新到敗戰後初期為止的法思想，也持續形塑著我們今日的法思想。

（魏培軒譯）

參考文獻

全

大石真『日本憲法史〔第2版〕』有斐閣、2005年
勝田有恒・山内進編著『近世・近代ヨーロッパの法学者たち』ミネルヴァ書房、2008年
川口由彦『日本近代法制史〔第2版〕』新世社、2015年
河野有理編『近代日本政治思想史』ナカニシヤ出版、2014年
笹倉秀夫『法思想史講義〔上・下〕』東京大学出版会、2007年
潮見俊隆・利谷信義編著『日本の法学者』日本評論社、1975年
瀧川裕英他『法哲学』有斐閣、2014年
田中成明他『法思想史〔第2版〕』有斐閣、1997年
長尾龍一『日本法思想史研究』創文社、1981年
同『日本国家思想史研究』創文社、1982年
同『法学ことはじめ〔新版〕』慈学社、2007年
長谷部恭男『法とは何か〔増補新版〕』河出書房新社、2015年
三島淑臣『法思想史』青林書院新社、1980年
村上淳一『〈法〉の歴史〔新装版〕』東京大学出版会、2013年
米原謙編著『「天皇」から「民主主義」まで』晃洋書房、2016年

第一章

石田雄『日本近代思想史における法と政治』岩波書店、1976年
石田梅岩『都鄙問答』岩波文庫、1935年、51-68頁
植手通有責任編集『日本の名著34 西周　加藤弘之』中公バックス、1984年
江村栄一校注『日本近代思想体系9　憲法構想』岩波書店、1989年
大久保健晴『近代日本の政治構想とオランダ』東京大学出版会、2010年
大久保泰甫『ボワソナアド―日本近代法の父―』岩波新書、1977年
大久保利謙編『津田真道 研究と伝記』みすず書房、1997年

小野梓『全集』第 2 巻、早稲田大学出版部、1979 年
桂木隆夫『慈悲と正直の公共哲学』慶應義塾大学出版会、2014 年
加藤周一、丸山真男校注『日本近代思想体系 15　飜訳の思想』岩波書店、1991 年
上安祥子『経世論の近世』青木書店、2005 年
栗本鋤雲『暁窓追録』岩波文庫、2009 年
古賀勝次郎『鑑の近代』春秋社、2014 年
国立国会図書館日本法令索引（明治前期編）
司馬遷『史記世家』（中）（小川環樹他訳）岩波文庫、1982 年
島根県立大学西周研究会編『西周と日本の近代』ぺりかん社、2005 年
『荀子』（金谷治訳）岩波文庫、1961 年
関嘉彦責任編集『世界の名著 49　ベンサム／J・S・ミル』中央公論社、1979 年
『大学中庸』（金谷治訳注）岩波文庫、1988 年
『孟子』（下）（小林勝人訳注）岩波文庫、1972 年
「万国公法」高谷龍州注解『萬國公法蠡管』1876 年（国デ）
館野和己・小路田泰直編『古代日本の構造と原理』青木書店、2008 年
『津田真道全集（上）』みすず書房、2001 年
長尾龍一『日本法思想史研究』創文社、1981 年
中田薫『法制史論集』1-4 巻、岩波書店、1964 年
中田馨「仏蘭西法輸入ノ先駆」、1916 大正 5 年、『論集第三巻』
『西周全集』第 1-4 巻、宗高書房、1960-1971 年
西村重雄・児玉寛編『日本民法典と西欧法伝統』九州大学出版会、2000 年
『福澤諭吉書簡集』第 1 巻、岩波書店、2001 年
『福澤諭吉全集』全 21 巻、岩波書店、1958 年
前田正治「「権理」と「権利」覚え書」『法と政治（関西学院大学）』Vol.25. No. 3-4（1975）. pp.1-40
松本三之介、山室信一校注『日本近代思想体系 10　学問と知識人』岩波書店、1988 年
本居宣長『本居宣長全集』第九巻、筑摩書房、1993 年
同『玉勝間』（上）（下）岩波文庫、1987 年
渡辺浩『近世日本社会と宋学（増補版）』東京大学出版会、2010 年
ギュスターヴ・エミール・ボアソナード『性法講義』〔井上操筆記、明

治 14 年寶玉堂版〕信山社、1992 年
ジャン・ポルタリス（野田良之訳）『民法典序論』日本評論社、1947 年
大竹秀男・牧英正編『日本法制史』青林叢書、1975 年
瀧川政次郎『法制史論叢第一冊』角川書店、1967 年
高柳眞三「ノリ（法）の意味と意識（一）」『法学』第十三巻第九・十號、一頁以下
『論語』子路篇「子曰、君子喩於義、小人喩於利」。藤原惺窩『寸鉄録』（『日本思想体系 28』岩波書店 1975）26：『大学要略』（『大学』（伝十章「此謂國不以利爲、以義爲利也。長國家而務財用者、必自小人矣。彼為善之。」）の解釈（76-77）*）『大学』では、国家に長として財用を務むる者は、必ず小人に自る。小人をして国家をめしむれば、害ならび至る。と続く。林羅山（1583-1657）『春鑑抄』（『日本思想体系 28』130：論語里仁第四 16、『三徳抄』（175）（朱熹『大学或門』1b-11 或門盤之有銘「人之有是徳、猶其有是身也。徳之本明、猶其身之本潔也。徳之明而利欲昏之、猶身之潔而塵垢汚之也」の解釈。）
小倉紀蔵『入門朱子学と陽明学』ちくま新書、2012 年
揖斐高『江戸幕府と儒学者』中公新書、2014 年
高島元洋「日本朱子学論」『近世日本の儒教思想』御茶の水書房、2014 年
土田健次郎『江戸の朱子学』筑摩書房、2014 年
和島芳男『日本宋学史の研究（増補版）』吉川弘文館、1988 年
小島毅『朱子学と陽明学』ちくま学芸文庫、2013 年
菅野覚明『神道の逆襲』講談社現代新書、2013 年
西嶋定生『古代東アジア世界と日本』岩波現代文庫、2000 年
熊沢蕃山「中庸小解」『蕃山全集』第三冊、名著出版、1979 年
貝原益軒「五常訓」『日本思想体系 53』岩波書店 1973 年、128 頁。『論語憲問』第十四 十三「見利思義」の解釈。なお羅山『春鑑抄』130*）『武訓』
荻生徂徠「論語徴」『荻生徂徠全集 3』みすず書房、1977 年、516 頁
海保青陵「稽古談」『海保青陵全集』八千代出版、1976 年、15､22-23 頁
山鹿素行「聖教要録」『日本思想体系 32』12 頁
伊藤仁斎『童子問』岩波文庫、1935 年、12 頁
山片蟠桃「「夢の世」『日本思想体系 43』、1973 年、431 頁

二宮尊徳「夜話」『日本思想体系 52』1973 年、123、222 頁
藤田幽谷「丁己封事」『日本思想体系 53』27 頁
小泉仰『西周と欧米思想との出会い』三嶺書房、1989 年
同「『原法堤綱』における西周の権利思想」『北東アジア研究』第 14.15 合併号（2008 年）87 頁以下
蓮沼啓介『西周に於ける哲学の成立』有斐閣、1987 年
菅原光『西周の政治思想』ぺりかん社、2009 年
佐々木克『幕末史』ちくま新書、2014 年
田尻裕一郎『江戸の思想史』中公新書、2011 年
大槻文彦『箕作麟祥君傳』、丸善、1907 年、88-89 頁。漢学者にたずねても答えはなく、新造語は「そのような熟語はない」と許されなかったという
同『箕作麟祥君傳』88 頁
周圓「丁韙良の生涯と『万国公法』漢訳の史的背景」『一橋法学』第 9 巻第 3 号、二〇一〇年、257-294 頁
吉田曠二『加藤弘之の研究』新生社、1976 年
的野半介『江藤南白』(下)1914 年、南白顕彰会、106 頁
山下正夫「権利と正義」上山春平編『國家と價値』京都大学人文科学研究所、1984 年所収
『論語憲問』第十四 十三「見利思義」の解釈。なお羅山『春鑑抄』130*)『武訓』
大橋智之輔「西周における法と社会」『法理学の諸問題』有斐閣、1976 年所収
前田論文は、福澤「通俗民権論」明治 11 年では、権理を封建法以来の権利意識（主人の権理など）、権利を近代的権利意識に使い分けているとする
安西敏三『福沢諭吉と西欧思想』名古屋大学出版会、1995 年
「権理」の用例について『日本近代思想体系 憲法構想』から憲法関係のほかの例を拾ってみると、新庄厚信ほか「国会開設願望の建言依頼書草稿」1879 明治 12 年、松村辯二郎「国会開設の儀」1880 明治 13 年が「権理」。一方、沢辺正修「国約憲法制定懇願書」1880 明治 13 年は「権利」。私擬憲法案では多くが「権理？」を用いている。「鷗鳴社憲法草案」1789 明治 12 年、小田為綱ほか「憲法草稿評林」1880 明治 13 年、沢辺正修「大日本国憲法」1880 明治 13 年、千葉

卓三郎ほか「日本帝国憲法（五日市憲法草案）」1881 明治 14 年、植木枝盛「日本国国憲案」1881 明治 14 年。ただし「交詢社憲法案」（その解説である伊藤欽亮「私擬憲法註解」1881 明治 14 年、同 180 頁）は、「民権」とともに「権理」を用いる。草案ではないが、天賦人権説に立ち、発禁処分を受けた笹島吉太郎「国民合約論」1880 明治 13 年は、個別の「権利」とならんで、「自由ヲ貴ビ権利ヲ重ンズル」、「権理自由」の用例がある。なお井上毅による「岩倉具視憲法大綱領」1881 明治 14 年などは「権利」を用いる

諸橋徹次『大漢和辞典』修訂第二、大修館書店、2000 年

鈴木修次『日本漢語と中国』中公新書、1981 年

柳父章『翻訳後成立事情』岩波新書、1982 年

山田洸『言葉の思想史』花伝社、1989 年

古田裕清『翻訳後としての日本の法律用語』中央大学出版部、2004 年

野田良之「明治初年におけるフランス法の研究」、『日仏法学』第一巻

田中耕太郎「ボアッソナードの法律哲学」1939 年、『続・世界法の理論（下）』有斐閣、1972 年、所収 547 － 589

『ボアソナード・梅謙次郎没後 100 周年記念冊子』（上）（下）、法政大学、2015 年

気に汚されない性が天理とされる。天理については程顥（1032-1085）が体得したが、「性即理」は弟程頤（1033-1107）が定立し、朱熹（1130-1200）が継承した。『河南程氏遺書』巻二二上。小島毅『朱子学と陽明学』ちくま学芸文庫、2013 年、86 頁。ここでの性には本然の性と気質の性があり、本然の性が理にあたる。なお孟子と対立する性悪説の法家荀子（BC313?-BC238?））『荀子』巻十六「正名」篇第二十二（『荀子』（下）、金谷治訳注、岩波文庫、1962 年 163 頁）、無為自然の道家荘子（BC369-BC286）（『荘子雑篇』庚桑楚篇十）。

古田裕清『翻訳語としての日本の法律用語』第 9 講によると、日本語の「所有」は、孟子公孫丑下「以其所有、易其所無者」という、「持っている（余っている）ものを、それを持たない者と交易する」という商いの説明などにある漢語を、民法編纂にあたり Eigentum に借用した造語とされる。それにあたる言葉はすでに加藤弘之『立憲政体畧』（各民所有の物を自由に売買するの権利）廿六）や、フィッセリング『泰西国法論』（其所有の物を自在にする権、『津田真道全集』上、144）に見られる。なお『性法略』では「私有ノ権」

とする
桂木隆夫『慈悲と正直の公共哲学』慶應義塾大学出版会、2014 年
ヘーゲル、三浦和男ほか訳『法権利の哲学あるいは自然的法権利および国家学の基本スケッチ』未知谷、1991 年
村岡典嗣著、前田勉編『新編日本思想史研究—村岡典嗣論文選—』平凡社、2004 年
ハンナ・アーレント『イェルサレムのアイヒマン』
ダンドレーヴ『自然法』久保正幡訳、岩波書店、1952 年
ヨハネス・メスナー『自然法』水波・栗城・野尻訳、創文社 1995 年（原著 1965 年）
マイニア「西周の法概念論」『法哲学年報 1970』有斐閣、1871 年
同「西洋法思想の継受」東京大學出版会、1971 年
ベンサム立法論の邦訳は、『民法論綱』（訳 1876 明治 9 年）、『刑法論綱（林訳 1877-79 明治 10-12 年）、『立法論綱』（島田三郎訳 1878 明治 11 年）として、『憲法典の原理』が『憲法論綱』（島田三郎閲、佐藤覚四郎訳 1882 明治 15 年）として、続けて訳された。主権論争の時期には『統治論断片』が『政治真論 一名・主権辯妄』（藤田四郎訳、1882 明治 15 年）がある

第二章

市原靖久「権利 right」竹下賢・角田猛之・市原靖久・桜井徹編『はじめて学ぶ法哲学・法思想』ミネルヴァ書房、2010 年所収。
戒能通弘『近代英米法思想の展開』ミネルヴァ書房、2013 年。
勝田有恒・山内進編著『近世・近代ヨーロッパの法学者たち』ミネルヴァ書房、2008 年、とくに淵倫彦「〔ヨハンネス〕グラーティアヌス」、山内進「フーゴー・グロティウス」
小林公『ウィリアム・オッカム研究』勁草書房、2015 年
笹倉秀夫『法思想史講義（上）（下）』東京大学出版会、2007 年
上智大学中世思想研究所／坂口昂吉編訳／監修『中世思想原典集成 12 フランシスコ会学派』平凡社、2001 年
村上淳一『近代法の形成』岩波書店、1979 年
小川浩三「中世法学から見たホッブズ」、金山直樹編『法における歴史と解釈』法政大学出版局、2003 年、13 頁以下

小林公「清貧と所有」『立教法学』17号、1978年、129-200頁、「オッカムにおける神と自然法」『立教法学』21号、1983年、46-129頁
堀米庸三『正統と異端』中公新書、1964年
青柳かおり「イングランド国教会と非国教徒」甚野尚志・踊共二編著『中近世ヨーロッパの宗教と政治』ミネルヴァ書房、2014年所収
青木裕子「思想史における所有概念の政治的・哲学的蓋然性」『武蔵野大学政治経済研究所年報』第6号、2012年、23-66
作田啓一『増補ルソー』筑摩書房、1992年
同『十八世紀の精神』原芳男訳、思索社
三島淑臣『理性法思想の成立』成文堂、1998年
滝口清栄「自然・労働・社会」加藤尚武編『ヘーゲル読本』法政大学出版会、1987年所収
西尾孝司『増訂イギリス功利主義の政治思想』八千代出版、1981年
小畑俊太郎『ベンサムとイングランド国制』慶應義塾大学出版会、2013年
児玉聡『功利と直観』勁草書房、2010年
アリストテレス（高田三郎訳）『ニコマコス倫理学』岩波文庫、1971年
同（山本光男訳）『政治学』岩波文庫、1969年
トマス・アクィナス（稲垣良典訳）『神学大全』第18冊、創文社、1985年
ジェレミー・ベンサム（山下重一訳）「道徳および立法の諸原理序説」関嘉彦責任編集『世界の名著38　ベンサム、J. S. ミル』中央公論社、1967年
フーゴー・グローチウス（一又正雄訳）『戦争と平和の法』厳松堂出版、1950年、酒井書店、1989年
ギヨーム・ド・コンシュ（大谷啓治訳）「ティマイオス逐語注釈」上智大学中世思想研究所／岩熊幸男監修『中世思想原典集成8シャルトル学派』平凡社、2002年
ゲオルク・ヴィルヘルム・フリードリヒ・ヘーゲル（長谷川宏訳）『法哲学講義』作品社、2000年
同（三浦和男他訳）『法権利の哲学』未知谷、1991年
トマス・ホッブズ（水田洋訳）『リヴァイアサン』岩波文庫、1954年
デイヴィッド・ヒューム「寛容についての書簡」（生松敬三訳）「人性論」（土岐邦夫訳）、「原始契約について」（小西嘉四郎訳）、大

槻春彦責任編集『世界の名著 ロック・ヒューム』中央公論社、1968年所収
ゲオルク・イェリネク他（初宿正典編訳）『人権宣言論争』みすず書房、1981年
イマニュエル・カント（加藤新平・三島淑臣訳）『人倫の形而上学』〈法論〉野田又夫責任編集『世界の名著66　カント』中央公論社、1972年
ジョン・ロック（伊藤弘之訳）『統治論』柏書房、1997年
ジョン・スチュアート・ミル「功利主義論」伊原吉之助訳、『世界の名著38』所収
ジャン・ジャック・ルソー（桑原武夫・前川貞二郎訳）『社会契約論』岩波文庫、1954年
同（本田喜代治・平岡昇訳）『人間不平等起源論』岩波文庫、1933／1972年
エリー・メチニコフ（中瀬古六郎譯述）『人性論』大日本文明協會、1915年
ジョン・モラル（柴田平三郎訳）『中世の政治思想』平凡社、2002年
プラトン（藤沢令夫訳）『国家（上）（下）』岩波文庫、1979年
同（種山恭子訳）『ティマイオス』『プラトン全集12　ティマイオス・クリティアス』、岩波書店、1975年
リチャード・タック（田中浩・重森臣広訳）『トマス・ホッブズ』未来社、1995年
ソポクレス（中務哲郎訳）『アンティゴネ』岩波文庫、2014年
山内志朗『普遍論争』平凡社、2008年
オリヴァー・リーマン『イスラム哲学への扉』中村廣治郎訳、ちくま学芸文庫、2002年
ジュリアン・H・フランクリン『ジョン・ロックと主権理論』今中・渡辺訳、御茶の水書房、1980年
エルンスト・カッシーラー『ジャン・ジャック・ルソー問題』生松敬三訳、みすず書房、1997年
同『十八世紀の精神』原芳男訳、思索社
Brian Tierney, The Idea of Natural Rights, Emory University, 1997
C.B. マクファーソン『所有的個人主義の政治理論』藤野・将積・瀬沼訳、合同出版、1980年

J.W. ガフ『ジョン・ロックの政治哲学』、宮下輝男訳、人間の科学社、1976 年
Peter Garnsey, Thinking about Property, Cambridge University Press, 2007
Robert Wokler, Rousseau's Puffendorf, Natural Law and the foundations of commercial society, 1994, in: Knud Haakonssen (ed.), Grotius, Pufendorf and modern natural law, Ashgate, 1999, p. 437-466.
Summa Decretorum Magistri Rufini,, Prima Pars. Distinctio I.、Heinrich Singer (hrsg.), Rufinus von Bologna, Summa Decretorum, Paderborn, 1902 (Neudruck, Scientia, 1963)
Huguccio, Summa Decretorum, 1187-1190
Yoichi Kubo, Seiichi Yamaguchi, Lothar Knatz (Hg.), Hegel in Japan, 2015, Litt Verlag.

第三章

＊学者職分論と論評は、『明治文化全集　雑誌編』日本評論社、1992 年、および松本三之介・山室信一編『近代日本思想体系 10　学問と知識人』岩波書店、1988 年（福沢諭吉「學者ノの職分ヲ論ズ」、加藤弘之「福沢先生ノ論ニ答フ」、森有礼「學者職分論ノ評」津田真道「学者職分論ノ評」、西周「非学者職分論」）
『植木枝盛集』第一巻、岩波書店、1990 年
植木枝盛「勃爾号ヲ殺ス」『土陽新聞』明治 15 年 3 月 7 日 -『言論自由論・勃爾号ヲ殺ス（近代日本文化叢書）』実業之日本社、1948 年（近デ）
大井憲太郎「馬上台二郎批駁（加藤弘之にすの書）」、「民撰議院集説」『明治文化全集　憲政編』
尾佐竹猛『日本憲政史の研究』一元社、1943 年
同「公議輿論」『明治維新』（下）、白揚社、1949 年
『小野梓全集』全五巻、早稲田大学出版局、1978-1982 年
尾藤正英「明治維新と武士」『江戸時代とは何か』岩波現代文庫、2006 年
加藤弘之『立憲政体略』1876 年
同『國体新論』1875 年
同『真政大意』1870 年

金子堅太郎訳『憲法制定と欧米人の評論』金子伯爵功績顕彰会、1938 年
同『政治略論』忠愛社、1881 年（近デ）
宮内庁『明治天皇紀』第四巻、吉川弘文館、1968 年
坂本一登『伊藤博文と明治国家形成』講談社学術文庫、2012 年
板垣退助監修、遠山茂樹・佐藤誠朗校訂『自由党史（上）（中）（下）』岩波文庫、1957-1958 年
高瀬暢彦『金子堅太郎自叙伝』第一集、日本大学精神文化研究所、2003 年
高瀬暢彦編著『金子堅太郎『政治論略』研究』日本精神文化研究所、2000 年
『津田真道全集（上）』みすず書房、2001 年
津田真道『泰西国法論』文德堂、1876 年
徳富蘇峰『元田先生進講録』民友社、1910 年、緒言 15（近デ）
中江兆民「君民共治の説」松永昌三編『中江兆民評論集』岩波文庫、1993 年
同『民約訳解』『中江兆民全集』第一巻、岩波書店、1983 年
同『三酔人経綸問答』桑原・島田訳・校注、岩波文庫、1965 年
『西周全集』第二巻、宗高書房、1979 年
沼田哲編『明治天皇と政治家群像』吉川弘文館、2002 年
『馬場辰猪全集』全四巻、岩波書店、1987-1988 年
馬場辰猪『条約改正論』大阪興文館、1890 年、『全集』第二巻、『明治文化全集　外交編』（近デ）
同『天賦人権論』1883 年『全集』第二巻、『明治文化全集　自由民権編』（近デ）
『福澤諭吉全集』全 21 巻、岩波書店、1958-1964 年
『福澤諭吉資料館』人物編「馬場辰猪」『福沢諭吉著作集』付録、慶応義塾大学出版会、2003 年
森有礼「民撰議院建設建言之評」『明治文化全集　憲政編』日本評論社、1928 ／ 1992 年（近デ）
森一貫「『天賦人権』思想と『天』の概念」1976 年『阪大法学』97・98（231-248）
同「『天賦人権』と『優勝劣敗』」日本近代法制史研究会編『日本近代国家の法構造』木鐸社、1983 年、466 頁
山室信一『法制官僚の時代』木鐸社、1999 年

柳愛林「エドマンド・バークと明治日本」『国家学会雑誌』127（9・10）、2014年
同「エドマンド・バークと明治日本」2014年、『国家学会雑誌』127（9･10）
大久保利謙「五ヶ条の誓文に関する一考察」1957年『大久保利謙歴史著作集1明治維新の政治過程』、吉川弘文館、1986年、第2章
源了圓「漠町・維新期における『海国図志』の受容」国際日本文化研究センター、1993年
荒川紘「横井小楠の教育・政治思想」『東邦学誌』40-1、2011年、101頁以下
井上勲「幕末維新期における『公議輿論』概念の諸相」『思想』1975-3、岩波書店、66頁以下
松沢弘陽「公議輿論と討論のあいだ」『北大法学論集』49巻5･6号、1991年
尾藤正英「明治維新と武士」『江戸時代とは何か』、岩波書店、1992年、162頁以下
門松秀樹『明治維新と幕臣』中公新書、2014年
沢目健介「西周と同時代」『北東アジア研究』第14･15合併号103頁以下、2008年
坂野潤治『近代日本とアジア』ちくま学芸文庫、2013年
飯田鼎「自由民権思想における福沢諭吉と加藤弘之」『三田学会雑誌』95-3、2002、1以下
同「福沢諭吉と兆民・辰猪」1997年、『近代日本研究』14（79-111）
井上琢智「幕末・明治ロンドン日本留学生と日本学生会」2004年、『関西学院大学経済学論究』58（1）37-55
同「明六社と共存同衆」柚木学『近代化の諸相』清文社、1992年所収
矢田一男「法律学者としての馬場辰猪」『一橋論叢』55（4）535-553
大野達司「自治と自由」名和田是彦編著『社会国家・中間団体・市民権』法政大学出版局、2007年（124-159）
山下重一「明治初期におけるスペンサーの受容」『年報政治学 日本における西欧政治思想』岩波書店、1975年、77-112
同「バークの本邦初訳」（一）（二完）、1980年、1981年『國學院法学』18-1・55以下、18-2・53以下
所功「『教育勅語』の成立と展開」2011年、『産大法学』44(4)、48-

107
西川誠「木戸孝允と宮中問題」沼田哲編『明治天皇と政治家群像』、29頁以下
森川輝紀「元田永孚と教学論」『埼玉大学紀要教育学部』59（1）、2010年、133-154頁
礫川全次『日本保守思想のアポリア』批評社、2013年
森元哲夫「エドマンド・バーク著『新ホイッグ党員から旧ホイッグ党員への訴え』について」『法政研究（九州大学）』35（4）、1969年、513-533頁
吉田傑俊『福沢諭吉と中江兆民』大月書店、2008年
澤大海『共存同衆の生成』青山社、1995年
同「明六社と共存同衆」柚木学『近代化の諸相』清文社、1992年所収
同『共存同衆の進展と影響』東海大学出版会、1995年
萩原延壽『馬場辰猪』中公文庫、1995年。安永梧郎『馬場辰猪』みすず書房、1987年
荻原隆『天賦人権論と功利主義』新評論、1996年
戒能通弘『近代英米法思想の展開』ミネルヴァ書房、2013年
矢崎光圀『法思想の世界』塙新書、1996年
吉井蒼生夫『小野梓』2003年、早稲田大学出版会
米原謙『国体論はなぜ生まれたか』ミネルヴァ書房、2015年
池田勇太『維新変革と儒教的理想主義』山川出版社、2013年
岡田千昭『本居宣長の研究』、吉川弘文堂、2006年
後藤・家永・庄司・下山編『資料日本社会運動史第一巻自由民権思想』青木書店、1968年
佐々木毅・金泰昌編『公共哲学1公と私の思想史』東京大学出版会、2001年
エドムント・バーク『フランス革命の省察』（半澤孝麿訳）みすず書房、1978年
トマス・ペイン（西川正身訳）『人間の権利』岩波文庫、1971年
ルソー（桑原武夫・前川貞二郎訳）『社會契約論』岩波文庫、1954年
同（本田喜代治・平岡昇訳）『人間不平等起源論』岩波文庫、1971年
ジャン・スタロヴァンスキー（山路昭訳）『ルソー 透明と障害』みすず書房、1993年
C.B.マクファースン（谷川昌幸訳）『バーク』御茶の水書房、1988年

Nick O'brien (2005) 'Something older than law itself': Sir Henry Maine, Niebuhr, and 'the path not chosen', The Journal of Legal History, 26:3, 229-251

第四章

石川一三夫『日本的自治の探求』名古屋大学出版会、1995 年
伊東巳代治筆記「大博士斯丁氏講義筆記」243、353
井上毅「進大臣」1881 年、『悟陰文庫』
伊藤之雄『伊藤博文』講談社、2009 年、2015 年
植木枝盛『天賦人権弁』『明治文化全集　自由民権編上巻』（近デ）
同「国家主権論」『高知新聞』明治 15 年 3 月 23 日－ 5 月 12 日、『植木枝盛集』第 4 巻、岩波書店、1990 年
大石眞『日本憲法史（第 2 版）』有斐閣、2005 年
大久保利通「立憲政体に関する意見書」松本三之介編集『近代日本思想体系 30　明治思想集 1』筑摩書房、1976 年
同「地方之体制等改正之上申」日本史籍協会編『大久保利通文書　九』東京大学出版会、1969 年
居石正和『府県制成立過程の研究』法律文化社、2010 年
堅田剛『独逸学協会と明治法制』木鐸社、1992 年
同『明治文化研究会と明治憲法』御茶の水書房、2008 年
同『独逸法学の受容過程』御茶の水書房、2010 年
加藤弘之『強者の権利の競争』哲学書院、1893 年（近デ）
同『人権新説』『明治文化全集　自由民権編上巻』谷山楼、1882 年（近デ）
坂本一登『伊藤博文と明治国家形成』講談社学術文庫、2012 年
柴田隆行『シュタインの社会と国家』御茶の水書房、2006 年
清水伸『独墺に於ける伊藤博文の憲法取調と日本憲法』岩波書店、1939 年（近デ）
枢密院『枢密院会議議事録（1）』東京大学出版会、1984 年
長束宗太郎編『主権論纂』『明治文化全集　自由民権編下巻』日本評論者、1992 年
瀧井一博『ドイツ国家学と明治国制』ミネルヴァ書房、1999 年
同『伊藤博文』中央公論新社、2010 年

馬場辰猪「天賦人権論」1883年、『明治文化全集　自由民権編上巻』（近デ）
平塚篤編『伊藤博文秘録・続』原書房、1982年
『福澤諭吉全集』第4巻、岩波書店、1959年（『文明論之概略』「通俗民権論」「分権論」「廃県論」）
同『西洋事情外編』『全集』第1巻、岩波書店、1958年
松本礼二・三浦信孝・宇野重規編『トクヴィルとデモクラシーの現在』東京大学出版会、2009年
松本礼二『トクヴィル研究』東京大学出版会、1991年
宇野重規『デモクラシーを生きる』創文社、1998年
同『トクヴィル』講談社、2010年
勝田政治『内務省と明治国家形成』吉川弘文館、2002年
森田勉『ローレンツ・シュタイン研究』ミネルヴァ書房、2001年
森一貫「『天賦人権』思想と『天』の概念」1976年『阪大法学』(97･98)231-248
同「『天賦人権』と『優勝劣敗』」日本近代法制史研究会編『日本近代国家の法構造』木鐸社、1983年、449-479頁
山中永之佑『日本近代自治制と国家』弘文堂、1999年
山中永之佑編『近代日本地方自治立法集成2』弘文堂、1994年
水口憲人「地方自治と民主主義」『政策科学』7巻3号、http://www.ps.ritsumei.ac.jp/assoc/policy_science/073/073_21_mizuguchi.pdf
出原政雄『自由民権期の政治思想』法律文化社、1995年
福井純子「蘇峰が読んだトクヴィル」(1)『言語文化研究（立命館大学）』11巻3号、279頁以下に翻訳や言及の一覧がある
高山裕二『トクヴィルの憂鬱』白水社、2012年
矢野祐子「ボアソナードの憲法構想」1994年『法制史研究』44、橋本誠一による書評、『法制史研究』46
江村栄一編『自由民権と明治憲法』吉川弘文館、1995年
江村英一『自由民権革命の研究』法政大学出版、1984、宮川・中村・古田編『近代日本思想論争』。山田央子（下）232頁
鈴木修次『日本漢語と中国』中央公論社、1981年
栗城壽夫「ヘルマン・シュルツェの憲法理論」『一九世紀ドイツ憲法理論の研究』、信山社、1997年
安世舟「明治初期におけるドイツ国家思想の受容に関する一考察」『年

報政治学 日本における西欧政治思想』、1975 年
山田央子「ブルンチュリと近代日本政治思想」、『東京都立大学法学会雑誌』32 巻 2 号 125 以下、33 巻 1 号 221 頁以下
長井利浩『井上毅とヘルマン・ロェスラー』文芸社、2012 年
海老原明夫「ロエスレル」『ジュリスト』1155 号 , 1999.5, pp. 39-41
渡辺高吉『明治国家形成と地方自治』吉川弘文館、2001 年
稲永祐介「大正青年団における公徳心の修養」慶應義塾福澤研究センター『近代日本研究』No. 22 (2005), p. 163-193
稲永裕介『憲政自治と中間団体 一木喜徳郎の道義的共同体論』吉田書店、2016 年
ヨハン・K・ブルンチュリ（杉享二訳）『国政党派論』1877 年（近デ）
同（加藤弘之訳）『一般国法学（国法汎論）』1872 年
ジェームズ・ブライス（松山武訳）『近代民主政治』岩波文庫、1929 年
ルドルフ・フォン・イェーリング（村上淳一訳）『権利のための闘争』1872 年、岩波書店、1984 年
ヨハネス・ジーメス（本間英世訳）『日本国家の近代化とロェスラー』未来社、1970 年
ヘルマン・ロェスラー「独逸学方針」『学林 1（2）』独逸学協会、1889 年
ロレンツ・シュタイン「須多因氏講義筆記」『明治文化全集　憲政編』日本評論社、1992 年（近デ）
同（森田勉訳）『社会の概念と運動法則』ミネルヴァ書房、1991 年
同（石川三義・石塚正英・柴田隆行訳）『平等原理と社会主義』法政大学出版会、1990 年
同 Die Verwaltungslehre, 1869, Teil 1, Abt. 1, S. 147f
同 Geschichite der socialen Bewegung in Frankreich vom 1789 bis auf unsere Tage, 1850, III, S. 22, 46
アレクシ・ド・トクヴィル（小幡篤次郎訳）『上木自由之論』『明治文化全集　自由民権編上巻』、日本評論社、1992 年（近デ）
同（肥塚龍訳）『自由言論』1881-1882 年（近デ）
同（松本礼二訳）『アメリカのデモクラシー』（1 巻 1835 年、2 巻 1840 年）岩波文庫、2005-2008 年
D・シェーフォルト、大野訳「自治行政論」『多層的民主主義の憲法理

論』風行社、2009 年
H・リョースレル〔ロェスラー〕〔江木衷訳述〕『社会行政法論　明治23 年 3 版』信山社、2013 年
J. S. Mill, Considerations on Representative Government People's Edition, Longhams Green and Co. 1886

第五章

浅野和生『大正デモクラシーと陸軍』慶應義塾大学出版社、1994 年
有賀長雄『帝国憲法講義：完』講法会、1898 年（近デ）
同『国家学』牧野書房、1889 年（近デ）
同『帝国憲法篇』弐書房、1889 年（近デ）
同『帝国憲法講義』講法会出版、1898 年（近デ）
一木喜徳郎『日本法令予算論』信山社、1996 年（近デ）
伊藤博文『憲法義解』岩波書店、1940 年
同『帝国憲法皇室典範義解』金港堂等、1889 年
『岩倉具視関係文書』東京大学出版会、1968 年
上杉慎吉『政治上の国民総動員』日本学術普及会、1927 年（近デ）
同『国家論』有斐閣、1925 年（近デ）
同『国家新論』敬文館、1921 年（近デ）
同『暴風来』洛陽堂、1919 年（近デ）
同『帝国憲法述義』有斐閣、1915 年（近デ）
同『国民教育帝国憲法講義』有斐閣、1911 年（近デ）
同『帝国憲法』日本大学、1905 年（近デ）
同（上杉正一郎編）『日の本』1930 年
同『普通選挙の精神』敬文堂、1925 年
同『国体憲法及憲政』有斐閣、1916 年
同「皇道概説＝古神道大義ヲ読ム」『国家学会雑誌』27-1、1913 年
大石眞『日本憲法史』第 2 版、有斐閣、2005 年
『大久保利謙歴史著作集 1　明治維新の政治過程』吉川弘文館、1986 年
川口曉弘「憲法学と国体論」『史学雑誌』108（7）、1999 年
議員集会所編『第一期国会始末』博文館、1891 年
宮内庁臨時帝室編修局編『明治天皇紀第 4』吉川弘文館、2000 年
国民精神文化研究所編『教育勅語渙発関係資料集　第一巻』コンパニオ

ン出版、1985 年
添川栗『有所不為斎雑録　第三集』中野同子、1942 年
多田良問編『岩倉公実録』原書房、1968 年（近デ）
長尾龍一編『穂積八束集』信山社、2001 年
長尾龍一「八束の髄から明治史覗く」『穂積八束集』信山社、2001 年、所収
同『思想としての日本憲法史』信山社、1997 年
同『憲法思想史』講談社学術文庫、1996 年
同『日本法思想史研究』講談社学術文庫、1996 年
同「法思想における「国体論」」『日本国家思想史研究』創文社、1982 年
西村裕一「日本憲法学における国体概念の導入について」高橋和之編『日中における西欧立憲主義の継受と伝統』岩波書店、2014 年
西村清貴「パウル・ラーバントの国制論」2008 年『早稲田法学会誌』58(2)、413-453 頁
『日本思想体系 31　山崎闇斎学派』岩波書店、1980 年
『日本思想体系 53　水戸学』岩波書店、1973 年
『日本思想体系 55　渡辺崋山・高野長英・佐久間象山・横井小楠・橋本左内』岩波書店、1971 年
尾藤正英『日本の国家主義』岩波書店、2014 年
広瀬豊編『山鹿素行全集　思想篇』岩波書店、1940 年
星島二郎編『最近憲法論ー上杉慎吉体対美濃部達吉ー』みすず書房、1989 年
穂積八束（上杉慎吉編）『穂積八束博士論文集』有斐閣、1913 年（近デ）
同『憲法提要（上）』有斐閣、1910 年（近デ）
同『国民教育憲法大意』八尾書店、1898 年（近デ）
同『国民教育愛国心』八尾新助、1897 年（近デ）
前川理子『近代日本の宗教論と国家』東京大学出版会、2015 年
美濃部達吉『法の本質』日本評論社、1935 年（近デ）
同『日本憲法の基本主義』日本評論社、1934 年
同『憲法講話』有斐閣、1912 年（近デ）
宮沢俊義『天皇機関説事件（上）』有斐閣、2003 年
本居宣長『直毘霊・玉鉾百首』岩波文庫、1936 年（近デ）
同『葛花（下巻）』『大日本思想全集　第九巻』大日本思想全集刊行会、

1933 年
文部省『漢英佛獨教育勅語譯纂』1909 年（近デ）
渡辺浩『近世日本社会と宋学』東京大学出版会、2010 年
同『日本政治思想史』東京大学出版会、2010 年
松岡伸樹『審級大全』六甲出版販売、2016 年
高田早苗『国家学原理』早稲田大学出版部、1905 年、近デ
高見勝利「講座担任者から見た憲法学説の諸相」2001 年、『北大法学論集』52（3）1-38 頁
野崎敏郎「カール・ラートゲンとその同時代人たち」1999 年、『仏教大学 社会学論集』33、17-34 頁
小島和司「明治憲法起草における地方自治」『明治典憲体制の成立』木鐸社、1988 年、329 頁以下
小島毅『増補靖国史観』ちくま学芸文庫、2014 年
宮平真弥「一木喜徳郎の自治観と沖縄調査」『沖縄文化研究』法政大学、26、341-378, 2000 年
栗城壽夫『一九世紀ドイツ憲法理論の研究』信山社、1997 年
夜久仁「予算と法律の関係」『レファレンス』2010.12
岩村等「一木喜徳郎の法律概念」日本近代法制史研究会編『日本近代国家の法構造』木鐸社、1983 年、405-426 頁
坂井大輔「穂積八束の『公法学』」(1）(2・完)、2013 年『一橋法学』12(1)、231-265；12(2)、93-165
澤井啓一『山崎闇斎』ミネルヴァ書房、2014 年
米原謙『国体論はなぜ生まれたか』ミネルヴァ書房、2015 年
甲斐高『江戸幕府と儒学者』中公新書、2014 年
五味良彬「大正後期から昭和初期における上杉慎吉－「高天原」のユートピアー」（法政大学大学院法学研究科 2014 年度修士論文）。上杉については、同論文（と執筆過程の演習での同氏の発言や文献の紹介）に多くをおっている
稲永裕介『憲政自治と中間団体 一木喜徳郎の道義的共同体論』吉田書店、2016 年は立憲主義と報徳思想を天皇と国民個々の活動を中間団体自治を媒介に「協働国家」論として包括的に捉える
國學院大學研究開発推進センター編、阪本是丸責任編集『昭和前期の親等と社会』弘文堂、2016 年
ゲオルグ・イェリネク（芦部信喜他訳）『一般国家学』学陽書房、1974

年
パウル・ラーバント、内閣法制局訳『歳計豫算論』丸善、1890年
カール・ラートゲン講述、山崎哲藏訳述『政治学　一名国家学・上巻国家篇』明法堂、1891-93年（近デ）
ヘルマン・シュルツェ＝ゲヴェーニッツ（木下周一訳）『国権論』独逸協会、1882年（近デ）
マックス・ヴェーバー（古在由重訳）『ヒンドゥー教と仏教』大月書房、2009年
Noriko Kokubun, Die Bedeutung der deutschen für die japanische Staatslehre unter der Meiji-Verfassung, Peter Lang, 1993, S. 179ff

第六章

浅古弘他編『日本法制史』青林書院、2010年
大久保泰甫『ボワソナアド』岩波書店、1977年
大久保輝「民法起草者の考え方の違いについて」中央学院大学法学論叢第26巻第1・2号、2013年
堅田剛『独逸法学の受容過程―加藤弘之・穂積陳重・牧野英一―』御茶の水書房、2010年
金山直樹『法典という近代―装置としての法―』勁草書房、2011年
白羽祐三『民法起草者穂積陳重論』中央大学出版部、1995年
長尾龍一編『穂積八束集』信山社出版、2001年
中村雄二郎『中村雄二郎著作集』第2期10（新編近代日本における制度と思想）岩波書店、2000年
鳩山秀夫『債権法における信義誠実の原則』有斐閣、1955年
平野義太郎『平野義太郎選集』第1巻（マルクス主義法学）、白石書店、1990年
平野俊彦「自由法運動」『現代法哲学2法思想』東京大学出版会、1983年
星野通編著『民法典論争資料集（復刻増補版）』日本評論社、2013年
穂積八束『穂積八束博士論文集』有斐閣、1943年
穂積重行「明治10年代におけるドイツ法学の受容」家永三郎編『明治国家の法と思想』御茶の水書房、1966年
吉永圭「法典論争から市民的公共圏へ」井上達夫編『立法学のフロンテ

ィア 1―立法学の哲学的再編―』ナカニシヤ出版、2014 年
石田穣「法典編纂と近代法学の成立」『民法学の基礎』有斐閣、1976 年
石部雅亮「いわゆる「法典論争」の再検討」法学雑誌第 39 巻第 3・4 号、1993 年
磯村保「鳩山秀夫「債権法に於ける信義誠實の原則」加藤雅信他編『民法学説百年史』三省堂、1999 年
井上琢也「アントン・フリードリヒ・ユスティス・ティボー」勝田有恒・山内進編著『近世・近代ヨーロッパの法学者たち』ミネルヴァ書房、2008 年
岡孝「法典論争から明治民法成立・注釈時代」水本浩・平井一雄編『日本民法学史・通史』信山社、1997 年
坂井大輔「穂積八束の『公法学』（1）」一橋法学第 12 巻第 1 号、2013 年
高田晴仁「「商法典」とは何か」岩谷十郎他編『法典とは何か』慶応義塾大学出版会、2014 年
高見勝利「講座担任者から見た憲法学説の諸相」北大法学論集第 52 巻第 3 号、2001 年
手塚豊『明治史研究雑纂 手塚豊著作集第 10 巻』慶應通信、1994 年
長谷川正安「判例研究の歴史と理論」長谷川正安編『法学の方法』学陽書房、1972 年
松本尚子「歴史法学派」勝田有恒他編著『概説西洋法制史』ミネルヴァ書房、2004 年
ハンス・ケルゼン『ハンス・ケルゼン著作集 4』慈学社、2009 年
Friedrich Carl von Savigny, Anton Friedrich Justus Thibaut, Thibaut und Savigny Ihre programmatischen Schriften, Verlag Franz Vahlen Gmbh, 2002

第七章

内田博文『日本刑法学のあゆみと課題』日本評論社、2008 年
小野清一郎『法学評論（下）』弘文堂書房、1939 年（近デ）
小野修三『監獄行政官僚と明治日本』慶応義塾大学出版会、2012 年
同『日本法理の自覚的展開』有斐閣、1942 年（近デ）

芹沢一也『〈法〉から解放される権力―犯罪、狂気、貧困、そして大正デモクラシー―』新曜社、2001年
津田真道（山室信一・中野目徹校注）「死刑論」『明六雑誌（下）』岩波書店、2009年
土屋恵一郎『怪物ベンサム―快楽主義者の予言した社会―』講談社、2012年
富井政章『刑法論綱』岡島宝文館、1889年（近デ）
内藤謙『刑法理論の史的展開』有斐閣、2007年
長尾龍一『法学に遊ぶ〔新版〕』慈学出版社、2009年
中山研一『刑法の基本思想〔増補版〕』成文堂、2003年
姫嶋瑞穂『明治監獄法成立史の研究―欧州監獄制度の投入と条約改正をめぐって―』成文堂、2011年
牧野英一『刑事学の新思潮と新刑法』警眼社、1909年（近デ）
同『刑法の三十年』有斐閣、1938年
同『法律と生存権』有斐閣、1928年
吉川経夫他編著『刑法理論史の総合的研究』日本評論社、1994年
大塚仁『刑法における新・旧両派の理論』日本評論社、1957年
川口由彦『日本近代法制史 第2版』新世社、2015年
荘子邦雄『近代刑法思想史序説』有斐閣、1983年
手塚豊『明治史研究雑纂 手塚豊著作集第10巻』慶應通信、1994年
西原春夫「刑法制定史にあらわれた明治維新の性格」比較法学第3巻第1号、1967年
本田稔「刑法のイデオロギー的基礎と法学方法論」立命館法学2012年第4号
山口邦夫『19世紀ドイツ刑法学研究 復刻版』尚学社、2009年
チェーザレ・ベッカリーア（小谷眞男訳）『犯罪と刑罰』東京大学出版会、2011年

第八章

石橋湛山『湛山回想』岩波文庫、1985年
伊藤誠宏「フランス革命から『ナポレオン法典』へ」浜本隆志他著『ヨーロッパ・ジェンダー文化論―女神信仰・社会風俗・結婚観の軌跡―』明石書店、2011年

川崎修・杉田敦編『現代政治理論＝Contemporary Political Theory（新版）』有斐閣アルマ、2012年
香内信子編集・解説『資料母性保護論争』ドメス出版、1988年
関口すみ子『良妻賢母主義から外れた人々—湘煙・らいてう・漱石—』みすず書房、2014年
田中王堂『書斎より街頭に』廣文堂書店、1911年
三谷太一郎『大正デモクラシー論—吉野作造の時代—〔第3版〕』東京大学出版会、2013年
宮本常一『女の民俗誌』岩波現代文庫、2001年
吉永圭『たった一人の正論が日本を変える？出でよ！現代の石橋湛山—』飛鳥新社、2009年
吉野作造「民本主義の意義を説いて再び憲政有終の美を済すの途を論ず」松尾尊兊他編『吉野作造選集2』（デモクラーと政治改革）岩波書店、1996年
同「民衆的示威運動を論ず」松尾尊兊他編『吉野作造選集3』（大戦から戦後への国内政治）岩波書店、1995年
同「民本主義鼓吹時代の回顧」三谷太一郎編『吉野作造論集』中央公論社、1975年
同「憲政の本義を説いてその有終の美を済すの途を論ず」岡義武編『吉野作造評論集』岩波書店、1975年
若尾祐司『近代ドイツの結婚と家族』名古屋大学出版会、1996年
赤木登代「ドイツ第一波女性運動における女子教育（第I報）」、大阪教育大学紀要 第I部門 第55巻第2号、2007年
大河内一男「労働運動史上における高野房太郎」『大河内一男集 第8巻』労働旬報社、1981年
大竹弘二「シュミット」『国家と社会 岩波講座政治哲学4』岩波書店、2014年
小貫幸浩「法の純粋理論」と「民主制の擁護」の間」DAS研究会編『ドイツ公法理論の受容と展開』、尚学社、2004年
苅部直「大正グローバリゼーションと「開国」」、思想No.1020、2009年
河上婦志子『二十世紀の女性教師』お茶の水書房、2014年
今野元、「吉野作造のドイツ留学（1）」愛知県立大学大学院国際文化研究科論集第11号、2010年

史洪智「日本人法学者と清朝末期の政治外郭」、荒武賢一朗，・宮嶋純子編『近代世界の「言説」と「意象」』関西大学文化交渉学教育研究拠点、2012 年
立花隆『天皇と東大 1』文藝春秋、2012 年
長尾龍一「カール・シュミット伝」『シュミット著作集 1』慈学社、2007 年
同『法学に遊ぶ 新版』慈学社、2009 年
林茂『近代日本の思想家たち』岩波書店、1958 年
森まゆみ『『青鞜』の冒険』平凡社、2013 年
らいてう研究会『『青鞜』の人物事典』、大修館書店、2001 年
渡邊澄子「『青鞜』運動史」、新・フェミニズム批評の会編『『青鞜』を読む』、学芸書林、1998 年
アンドリュー・ゴードン「日本近代史におけるインペリアル・デモクラシー」『年報日本現代史第 2 号 現代史と民主主義』、東出版、1996 年
アリストテレス（牛田徳子訳）『政治学』京都大学学術出版会、2001 年
ハンス・ケルゼン（長尾龍一・植田俊太郎訳）『民主主義の本質と価値―他一篇―』岩波書店、2015 年
ジョン・スチュアート・ミル（塩尻公明・木村健康訳）『自由論』岩波書店、1971 年
カール・ミュミット（樋口陽一訳）『現代議会主義の精神史的状況―他一篇―』岩波書店、2015 年
同（稲葉素之訳）『現代議会主義の精神史的地位』みすず書房、2013 年
同（尾吹善人訳）『憲法理論』創文社、1972 年
Mary Lyndon Shanley, Feminism,marriage, and the Law in Victorian England, Prinston UP, 1989

第九章

伊藤孝夫『瀧川幸辰―汝の道を歩め―』ミネルヴァ日本評伝選、2003 年
大杉由香（山川出版社編）「近代日本の福祉制度の成立過程とその背景」歴史と地理第 622 号、日本史の研究（224）2009 年
同「戦前日本における災害の実態―全国統計を通して見えてきた生存の問題―」東洋研究第 187 号、2013 年

大橋智之輔他編著『昭和精神史の一断面—法哲学者加古祐二郎とその日記—』法政大学現代法研究所、1991 年
加古祐二郎『近代法の基礎構造』日本評論社、1964 年
芹沢一也『〈法〉から解放される権力—犯罪、狂気、貧困、そして大正デモクラシー—』新曜社、2001 年
瀧川幸辰『刑法講義』弘文堂書房、1929 年（近デ）
竹下賢・角田猛之編『恒藤恭の学問風景—その法思想の全体像—』法律文化社、1999 年
多田辰也「大逆事件」法学教室 No.121、1990 年
恒藤恭『法律の生命』岩波書店、1927 年（近デ）
中山研一『刑法の基本思想（増補版）』成文堂選書；41、2003 年
夏樹静子『裁判百年史ものがたり』文藝春秋、2012 年
平野義太郎『法律における階級闘争』改造社、1925 年（近デ）
藤田勇『マルクス主義法理論の方法的基礎』日本評論社、2010 年
松尾尊兊『滝川事件』岩波現代文庫：学術、2005 年
松尾敬一「法曹社会主義」尾高朝雄・峯村光郎・加藤新平編『法哲学講座 第四巻』有斐閣、1957 年
森戸辰男『思想の遍歴　上（クロポトキン事件前後）』春秋社、1972 年
内田博文『日本刑法学のあゆみと課題』日本評論社、2008 年
久保敬治『新版 ある法学者の人生 フーゴ・ジンツハイマー』信山社、2001 年
渋谷謙次郎「パシュカーニス法理論の再検討（1）」神戸法学雑誌第 62 巻第 1・2 号、2012 年
菅沼隆「昭和恐慌期の貧困救済」歴史評論 No.719、2010 年
関口安義『恒藤恭とその時代』日本エディタースクール出版部、2002 年
竹中佳彦『日本政治史の中の知識人（上）』木鐸社、1998 年
西谷敏「労働法学」日本労働研究雑誌 No.621、2012 年
同『ドイツ労働法思想史論』日本評論社、1987 年
日本労働法学会編『現代労働法講座第 1 巻 労働法の基礎理論』総合労働研究所、1981 年
原秀男「新カント学派」野田良之・碧海純一編『近代日本法思想史』有斐閣、1979 年
広川禎秀『恒藤恭の思想史的研究』大月書店、2004 年

藤木貴史「フーゴ・ジンツハイマーの従属労働論」一橋研究第 37 巻第 2 号、2012 年
藤田勇編『マルクス主義法学』、学陽書房、1973 年
渡辺洋三『法社会学とマルクス主義法学』日本評論社、1984 年
アルトゥール・カウフマン（中義勝・山中敬一訳）『グスタフ・ラートブルフ』成文堂、1992 年
ミヒャエル・ハインリッヒ（明石英語人他訳）『『資本論』の新しい読み方』堀之内出版、2014 年
エフゲニー・パシュカーニス（稲子恒夫訳）『法の一般理論とマルクス主義』日本評論社、1958 年
グスタフ・ラートブルフ（野田良之・山田晟訳）『社会主義の文化理論』東京大学出版社、1961 年
フーゴ・ジンツハイマー（楢崎二郎・蓼沼謙一共訳）『労働法原理（第 2 版）』東京大学出版会、1977 年
『マルクス＝エンゲルス全集第 35 巻』大月書店、1974 年

第十章

酒井哲哉『近代日本の国際秩序論』岩波書店、2007 年
篠原初枝『国際連盟―世界平和の夢と挫折―』中公新書、2010 年
田畑茂二郎『国際法〔第二版〕』岩波全書セレクション、2008 年
田畑忍編著『近現代世界の平和思想』ミネルヴァ書房、1996 年
戸塚順子「「大東亜共栄圏」構想における領土権概念について―国際法学者松下正壽の議論を題材として―」人間文化研究科年報第 20 号、2004 年
長尾龍一『ケルゼン研究 3』慈学社叢書、2013 年
同『ケルゼン研究 2』信山社叢書、2005 年
同『ケルゼン研究 2』信山社叢書、1999 年
松井芳郎「グローバル化する世界における『普通』と『地域』―「大東亜共栄圏」論における普遍主義批判の批判的検討―」国際法外交雑誌第 102 巻第 4 号、2004 年
同「日本軍国主義の国際法論」東京大学社会科学研究所「ファシズムと民主主義」研究会編『戦時日本の法体制』東大出版会、1979 年
安井郁『欧洲広域国際法の基礎理念』有斐閣、1977 年

横田喜三郎『純粋法学論集 2』有斐閣、1977 年
同『純粋法学論集 1』有斐閣、1976 年
同『国際法の基礎理論』有斐閣、1949 年
石本泰雄「戦争と現代国際法」星野安三郎編『法と平和』、学陽書房、1973 年
伊藤不二男「刑罰戦争の観念とその理論の形成について」法文論叢第 3 号、1952 年
大久保泰甫『ボワソナアド』岩波書店、1977 年
大竹弘二『正戦と内戦』以文社、2009 年
大畠英樹「現実主義」有賀貞ほか編『講座国際政治 1』東大出版会、1989 年
大沼保昭『国際法 新訂版』東信堂、2008 年
角松生史「空間の秩序づけ」納富信留、溝口孝司編『空間へのパースペクティヴ』九州大学出版会、1999 年
古賀幸久『イスラム国家の国際法規範』勁草書房、1991 年
佐谷眞木人『民俗学・台湾・国際連盟』講談社、2015 年
新藤栄一『現代国際関係学』有斐閣、2001 年
竹島博之『カール・シュミットの政治』風行社、2002 年
筒井若水「ケルゼン理論と現代国際法学」鵜飼信成、長尾龍一編『ハンス・ケルゼン』東大出版会、1974 年
手塚豊『明治史研究雑纂 手塚豊著作集第 10 巻』慶應通信、1994 年
西平等「戦争概念の転換とは何か」『国際法外交雑誌』104 巻 4 号、2006 年
牧野雅彦「カール・シュミットの国際連盟批判」思想 No.1050、2011 年
宮下豊『ハンス・J・モーゲンソーの国際政治思想』大学教育出版、2012 年
山内進「グロティウスと 20 世紀における国際法思想の変容」一橋大学法学部創立 50 周年記念論文集刊行会編『変動期における法と国際関係』有斐閣、2001 年
吉田脩「ハンス・ケルゼンの根本規範論考」筑波法政第 44 号、2008 年
同「ハンス・ケルゼンとカール・シュミット」『法の理論 29』成文堂、2010 年
ハンス・ケルゼン（長尾龍一訳）『純粋法学（第 2 版）』岩波書店、2014 年

同（尾吹善人訳）『法と国家の一般理論』木鐸社、1991年
同（鵜飼信成訳）『法と国家』東京大学出版会、1964年
同（横田喜三郎訳）『純粋法学』岩波書店、1935年
カール・シュミット（長尾龍一訳）「国際連盟とヨーロッパ」『カール・シュミット著作集1（1922-1934）』慈学社出版、2007年
同（岡田泉訳）「域外列強の干渉禁止を伴う国際法的広域秩序」服部平治他訳『ナチスとシュミット一三重国家と広域秩序一』木鐸社、1976年
同（尾吹善人訳）『憲法理論』創文社、1972年
ハンス・モーゲンソー（原彬久監訳）『国際政治一権力と平和　下一』岩波文庫、2013年
Jochen von Bernstorff,The Public International Law Theory of Hans Kelsen, Cambridge UP, 2010
Stephen C. Neff, Justice among Nations: A History of International Law, Harvard University Press,2014
Kenneth Thompson and Robert J Myers(ed.), Truth and Tragedy, Transaction Pub,1983

第三部全

米山忠寛『昭和立憲制の再建 1932-1945年』千倉書房、2015年
伊藤隆『昭和十年代史断章』東京大学出版会、1981年
井上寿一『戦前昭和の国家構想』講談社選書メチエ、2012年
小林直樹他編『現代日本の法思想 近代法100年の歩みに学ぶ』有斐閣叢書、1976年
白井聡『永続敗戦論 戦後日本の核心』大田出版、2013年
伊藤隆『昭和史をさぐる』吉川弘文館、2014年
鈴木安蔵『憲法学三十年』評論社、1967年
鈴木安蔵編『日本の憲法学—歴史的反省と展望—』評論社、1968年
筒井清忠『昭和戦前期の政党政治—二大政党制はなぜ挫折したのか』筑摩新書、2012年
筒井清忠編『昭和史講義——最新研究で見る戦争への道』筑摩新書、2015年
同『新昭和史論——どうして戦争をしたのか』ウエッジ、2011年

筒井若水他『日本憲法史』東京大学出版会、1976 年
成田龍一『近現代日本史と歴史学 書き替えられてきた過去』中公新書、2012 年
中村隆英『昭和史（上）（下）』東洋経済新報社、2012 年
日本評論社編集局『日本の法学 回顧と展望』日本評論社、1950 年
長谷川正安『昭和憲法史』岩波書店、1961 年
藤原彰他『天皇の昭和史（新装版）』新日本出版社、2007 年
保阪正康『昭和史のかたち』岩波新書、2015 年

第十一章

石川健治「権力とグラフイクス」『憲法の理論を求めて―奥平憲法学の継承と展開―』日本評論社、2009 年
石田文次郎『オットー・ギールケ』三省堂、1935 年
井上義和『日本主義と東京大学―昭和期学生思想運動の系譜―』柏書房、2008 年
植村和秀『昭和の思想』講談社選書 X4I、2010 年
同『「日本」への問いをめぐる闘争―京都学派と原理日本社―』パルマケイア叢書、2007 年
岡本幸治『北一輝―転換期の思想構造―』ミネルヴァ書房、1996 年
筧克彦『国家の研究〔改訂第 10 版〕』春陽堂書店、1939 年
同『大日本帝国憲法の根本義』岩波書店、1936 年
同『法理学』第 2 巻、西洋哲理、清水書店、1920 年（近デ）
同『法理学』第 1 巻、仏教哲理、有斐閣、1911 年（近デ）
同『古神道大義』清水書店、1912 年
嘉戸一将『北一輝―国家と進化』講談社、2009 年
北一輝『北一輝著作集』1-3 巻、みすず書房、1959-1976 年
久野収・鶴見俊輔『現代日本の思想―その五つの渦―』岩波新書、1956 年
竹田稔和「「ドグマティズム」と「私見なし」―筧克彦の古神道について―」『岡山大学大学院文化科学研究科紀要』第 11 号、2011 年
同「筧克彦の国家論―構造と特質―」『岡山大学大学院文化科学研究紀要』第 10 号、2000 年
竹内洋「帝大粛清運動の誕生・猛攻・蹉跌」、竹内洋・佐藤卓己編『日

本主義的教養の時代―大学批判の古層―』柏書房、2006年
中島健蔵『昭和時代』岩波書店、1957年
橋川文三、筒井清忠編・解説『昭和ナショナリズムの諸相』名古屋大学出版会、1994年
橋川文三『昭和ナショナリズムの諸相』名古屋大学出版会、1994年
同『昭和維新試論』講談社学術文庫、2013年
坂野潤治・田原総一朗『大日本帝国の民主主義―嘘ばかり教えられてきた！―』小学館、2006年
坂野潤治『明治デモクラシー』岩波新書、2005年
細川隆元「『日本マッカーシー』始末記」『文藝春秋増刊　秘録実話読本』第32巻9号、1954年
丸山真男「南原先生を師として」『丸山真男集』第10巻、岩波書店、2003年
松本健一『北一輝論』講談社、1996年
蓑田胸喜『美濃部博士の大権蹂躪―人権蹂躪・国政破壊日本万悪の癌腫禍根―』原理日本社、1935年
宮本盛太郎『北一輝研究』有斐閣、1975年
同『天皇機関説の周辺 三つの天皇機関説と昭和史の証言』有斐閣選書、1980年
山本茂樹「北一輝『日本改造法案大綱』」大塚健洋編『近代日本政治思想史入門―原典で学ぶ19の思想―』ミネルヴァ書房、1999年
小野川秀美「日本およびロシアの初期社会主義」『ブルジョア革命の比較研究』、1964年、筑摩書房
片山杜秀『近代日本の右翼思想』講談社選書メチエ、2007年
同『未完のファシズム――「持たざる国」日本の運命』新潮選書、2012年
昆野伸幸「日本主義と皇国史観」『日本思想史講座4――近代』ぺりかん社、2013年
呉豪人「植民地の法学者達―「近代」パライソの落とし子」『「帝国」日本の学知第1巻「帝国」編成の系譜』岩波書店、2006年
長尾龍一「法思想における「国体」論」『近代日本法思想史』有斐閣、1979年
土方和雄「日本型ファシズムの擡頭と抵抗」『近代日本社会思想史Ⅱ』有斐閣、1971年

福家崇洋『日本ファシズム論争――大戦前夜の思想家たち』河出書房新社、2012年
松尾尊允『大正デモクラシーの群像』岩波書店同時代ライブラリー、1990年
山口定『ファシズム』岩波現代文庫、2006年
蠟山政道『日本における近代政治学の発達』実業之日本社、1949年
Otto von Gierke, Das Deutsche Genossenshaftsrecht Bd. 1, Berlin 1868.
ケネス・B・パイル（松本三之介監修、五十嵐暁郎訳）『欧化の国粋―明治新世代と日本のかたち―』講談社、2013年

第十二章

家永三郎『美濃部達吉の思想史的研究』岩波書店、1964年
植村和秀「古典を読む『国体の本義』」苅部直他編『岩波講座　日本の思想』第2巻場と器、岩波書店、2013年
上杉慎吉『新稿憲法述義全』有斐閣、1925年
同『新稿憲法述義全』有斐閣、1924年
小野雅章「国体明徴運動と教育政策」『教育学雑誌33号』1999年
大谷伸治「昭和戦前期の国体論とデモクラシー」『日本歴史』777号、2013年
川口暁弘「憲法学と国体論」『史学雑誌』第108編第7号、1999年
久野収・鶴見俊輔『現代日本の思想―その五つの渦―』岩波書店、1956年
小関素明「支配イデオロギーとしての立憲主義思想の思惟構造とその帰結―美濃部達吉の立憲主義思想を手かりに―」『日本史研究』322号、1989年
佐々木惣一『日本憲法要論』金刺芳流堂、1930年（近デ）
里見岸雄「国体憲法学と主権説及機関説」『国体学雑誌』164号、1936年
同「日本国体学と国体科学」『国体学雑誌』164号、1936年
同『国体憲法学』二松堂書店、1935年
同「機関説撃つべくんば主体説共に撃つべし」『社会と国体』1935年11月号（155号）
同「美濃部博士の学的態度を評す」『国体科学』97号、1935年

同「万邦無比の国体の現実社会の創造」『国体科学』36号、1930年
同『天皇とプロレタリア』アルス、1929年
林尚之『主権不在の帝国―憲法と法外なるものをめぐる歴史学―』有志舎、2012年
増田知子「天皇機関説排撃事件と国体明徴運動」『名古屋大学法政論集』173号、1998年
同「1930-1935年の美濃部達吉と日本主義者の憲法論争―天皇機関説排撃事件の思想的要因―」『横浜市立大学論叢　人文科学系列』46巻1-3号、1995年
宮沢俊義・小林直樹「明治憲法から新憲法へ」『昭和思想史への証言　改訂新版』毎日新聞社、1972年
宮沢俊義『天皇機関説事件―史料は語る―』有斐閣、1970年
美濃部達吉『日本憲法の基本主義』日本評論社、1934年
同『議会政治の検討』日本評論社、1934年（近デ）
同『逐条憲法精義』有斐閣、1927年（近デ）
同「帝国の国体と帝国憲法」星島二郎編『最近憲法論―上杉慎吉対美濃部達吉―』太陽堂、1927年
同「日本憲法の特色」『国家学会雑誌』40巻1号以下、1926年
蓑田胸喜『美濃部博士の大権蹂躙―人権蹂躙・国政破壊日本万悪の癌腫禍根―』原理日本社、1935年
文部省編纂『国体の本義』内閣印刷局、1937年
空井護「政党否定論者としての美濃部達吉」『法学』67巻2号、2003年
鳥海靖「明治立憲制の理解と評価をめぐって――研究動向と問題点」『日本近代史講義 明治立憲制の形成とその理念』東京大学出版会、1988年
西村裕一「憲法 美濃部達吉と上杉慎吉」『近代日本政治思想史 荻生徂徠から網野善彦まで』ナカニシヤ出版、2014年
針生誠吉「天皇制ファシズムの展開と完成・崩壊――「国体の本義」と憲法学――『現代憲法大系1　国民主権と天皇制』法律文化社、1983年
坂野潤治『近代日本の国家構想―1871-1936』岩波現代文庫、2009年
尾藤正英「日本史上における近代天皇制」『江戸時代とはなにか』岩波書店、1992年
同「天皇機関説事件のトリック」『日本の国家主義「国体」思想の形成』

岩波書店、2014 年
松本清張『昭和史発掘 6』文春文庫、1978 年
三谷太一郎「天皇機関説事件の政治史的意味」『近代日本の戦争と政治』岩波書店、1997 年
望月幸男「日本とプロイセンにおける欽定憲法体制の保守的護教論」『ブルジョア革命の比較研究』、1964 年、筑摩書房

第十三章

芦部信喜『憲法制定権力』東京大学出版会、1983 年
植村和秀『昭和の思想』講談社選書 X4I、2010 年
影山日出弥「科学的憲法学の生誕と終焉」鈴木安蔵編『日本の憲法学一歴史的反省と展望一』評論社、1968 年
川口由彦『日本近代法制史〔第 2 版〕』新法学ライブラリ、2014 年
黒田覚「シュミットとの“出会い”」長尾龍一編『カール・シュミット著作集 I』慈学社出版、2007 年
同『国防国家の理論』弘文堂書房、1941 年
同「憲法制定権力論」田村徳治編『佐佐木博士還暦記念　憲法及行政法の諸問題』有斐閣、1938 年
同『帝国憲法講義案　昭和十一年度』弘文堂、1937 年
同「議会主義の社会的限界」『京大訣別記念法学論文集』政経書院、1933 年
佐々木惣一「大政翼賛會と憲法上の論点」大石真編『憲政事論集 II』信山社、1998 年
鈴木安蔵『日本憲法学史研究』勁草書房、1975 年
須賀博志「憲法制定権力の日本的受容」『法学論叢』144 巻 3 号、1998 年
友野清文「法学会」駒込武他編『戦時下学問の統制と動員一日本諸学振興委員会の研究一』東京大学出版会、2011 年
西浦公「スメント」小林孝輔他編『ドイツ公法の理論一その今日的意義一』一粒社、1992 年
林尚之『主権の不在の帝国一憲法と法外なるものをめぐる歴史学 一』有志舍、2012 年
長谷川正安『昭和憲法史』岩波書店、1961 年

古谷等「ルドルフ・スメントによる統合理論と連邦忠誠の原理―「君主制連邦国家における不文の憲法」（1961 年）に関する考察を中心に―」『茨城大学政経学会雑誌』78 巻、2008 年
源川真希『近衛新体制の思想と政治　自由主義克服の時代』有志舎、2009 年
美濃部達吉「陸軍省発表の国防論を読む」『「国防の本義と其強化の提唱」に対する評論集』陸軍省新聞班、1934 年（近デ）
陸軍省新聞班『国防の本義と其強化の提唱』陸軍省新聞班、1934 年（近デ）
石川健治「コスモス―京城学派公法学の光芒」『「帝国」日本の学知第１巻「帝国」編成の系譜』岩波書店、2006 年
伊藤隆『大政翼賛会への道 近衛新体制』講談社学術文庫、2015 年
奥平康弘「治安維持法の思想」『現代日本の法思想 近代法 100 年の歩みに学ぶ』有斐閣叢書、1976 年
金昌禄「尾高朝雄と植民地朝鮮」『帝国日本と植民地大学』ゆまに書店、2014 年
黒田覚「カール・シュミット」『廿世紀思想 8 全体主義』河出書房、1939 年
小路田泰直『国家の語り方――歴史学からの憲法解釈――』勁草書房、2006 年
田畑忍『佐々木博士の憲法学』一粒社、1964 年
増田知子「「立憲制」の帰結とファシズム」『日本史講座第 9 巻 近代の転換』東京大学出版会、2005 年
水谷三公『＜日本の近代 13 ＞官僚の風貌』中央公論新社、1999 年
エーリヒ・ルーデンドルフ（間野俊夫訳）『国家総力戦』三笠書房、1939 年

第十四章

雨宮昭一『戦時戦後体制論』岩波書店、1997 年
尾高朝雄「国家緊急権の問題」『法学協会雑誌』62 巻 9 号、1944 年
同『実定法秩序論』岩波書店、1942 年
同「国家に於ける法と政治」『京城帝国大学法学会論集』7 巻、1934 年
同「法における政治の契機」『法律時報』15 巻 10 号、1943 年

大串兎代夫「御稜威と憲法」『日本諸学信仰委員会研究報告 第14篇（法学）』教学局、1943年
同『国家権威の研究』高陽書院、1941年
同『現代国家学説』文理書院、1941年
川口由彦『日本近代法制史（第2版）』新法学ライブラリ、2014年
官田光史「非常事態と帝国憲法―大串兎代夫の非常大権発動論―」『史学雑誌』120巻2号、2011年
同「「超非常時」の憲法と議会―戦時緊急措置法の成立過程―」『史学雑誌』第116巻第4号、2007年
黒田覚『国防国家の理論』弘文堂書房、1941年
同『日本憲法論（中）』弘文堂書房、1937年（近デジ）
同「日本的議会の創建」『改造』24巻6号、1942年
小林直樹他編『現代日本の法思想―近代法100年の歩みに学ふ―』有斐閣選書、1976年
小林直樹『国家緊急権』学陽書房、1979年
島田新一郎「明治憲法下における行政執行法の諸問題」『通信教育部論集』第15号、2012年
筒井若水他編『法律学教材　日本憲法史』東京大学出版会、1976年
遠山茂樹他『昭和史（新版）』岩波新書、1967年
野口悠紀雄『1940年体制―さらぼ「戦時經濟」―』東洋経済新報社、1995年
林尚之『主権不在の帝国―憲法と法外なるものをめぐる歴史学―』有志舎、2012年
長谷川正安『昭和憲法史』岩波書店、1961年
今井隆太「国民精神文化研究所における機器の学問的要請と応答の試み藤澤親雄・大串兎代夫・作田荘一・河村只雄」『ソシオサイエンス』7号、早稲田大学大学院社会科学研究科、2001年
大塚桂『大東亜戦争期の政治学』成文堂、2007年
駒込武他『戦時下学問の統制と動員 日本諸学振興委員会の研究』東京大学出版会、2011年
堺屋太一「日本が選んだのは官僚統制と「昭和十六年体制」」『東大講義禄――文明を解く――』講談社、2003年
宮本盛太郎「大串兎代夫と日本国家学」『知識人と西欧（第二版）』蒼林社出版、1983年

カール・シュミット「法学的思惟の三類型」長尾龍一編『カール・シュミット著作集Ⅰ』慈学社出版、2007年
同（田中浩・原田武雄訳）『大統領の独裁―付：憲法の番人（1929年版）』未来社、1974年

第十五章

雨宮昭一『占領と改革』岩波新書・シリーズ日本近現代史⑦、2008年
同『戦時戦後体制論』岩波書店、1997年
岩村等編著『入門　戦後法制史』ナカニシヤ出版、2005年
家永三郎『美濃部達吉の思想史的研究』岩波書店、1964年
江橋崇「共和国オーストリアの生誕とケルゼンの十月革命説」現代憲法学研究会編『現代国家と憲法の原理―小林直樹先生還暦記念 ―』有斐閣、1983年
尾高朝雄『天皇制の国民主権とノモス主権論』書肆心水、2014年（本書は、『国民主権と天皇制』青林書院、1954年のリプリント版。ページは原版と異なる。）
同『法の窮極に在るもの（新版）』有斐閣、1955年
同『法の窮極にあるものについての再論』勁草書房、1949年
小畑郁「占領初期日本における憲法秩序の転換についての国際法的再検討―「八月革命」の法社会史のために―」『名古屋大学法政論集』230号、2009年
同「日本の管理占領と「革命」に対する官僚法学的対応――第二次世界大戦直後における国際法上位一元論の機能――」『思想』2009年4月号（第1020号）、2009年
河島真「象徴天皇制試論」『日本史研究』550号、2008年
古関彰一『平和憲法の深層』筑摩書房、2015年
鈴木安蔵『憲法学三十年』評論社、1967年
高見勝利『宮沢俊義の憲法学史的研究』有斐閣、2000年
長尾龍一『日本憲法思想史』講談社学術文庫、1996年
長谷川正安『昭和憲法史』岩波書店、1961年
林尚之『主権不在の帝国―憲法と法外なるものをめぐる歴史学―』有志舎、2012年
美濃部達吉「憲法改正問題」高見勝利編『美濃部達吉著作集』慈学社出

版、2007年
同「憲法改正の基本問題」高見勝利編『美濃部達吉著作集』慈学社出版、2007年
同「民主主義と我が議会制度」高見勝利編『美濃部達吉著作集』慈学社出版、2007年
同『新憲法概論』有斐閣、1947年
同『新憲法逐条解説』日本評論新社、1947年
宮沢俊義「日本国憲法生誕の法理」『憲法の原理』岩波書店、1967年
同「徹底せる平和憲法　新日本の大憲章成る」毎日新聞1946年3月7日
同『憲法略説』岩波書店、1942年
同『転回期の政治』中央公論社、1936年
連合国最高司令部民政局「日本の新憲法」『国家学会雑誌』65巻1号、1951年
江藤淳『忘れたことと忘れさせられたこと』文春文庫、1996年
同「"八・一五革命説"成立の事情——宮沢俊義教授の転向」『諸君』14巻6号、1982年
小関彰一『新憲法の誕生』中公文庫、1995年
酒井哲哉「戦後外交論の形成」『戦争・復興・発展——昭和政治史における権力と構想』東京大学出版会、2000年
田中二郎「日本管理法令と国内法」『日本管理法令研究』第一巻第一号、1946年
八木秀次「美濃部達吉の明治憲法改正消極論——戦後の美濃部達吉——」『早稲田政治公法研究』35巻・37巻、1991年
安井郁「連合国の日本占領の本質」『国際法外交雑誌』45巻1号2号、1946年
横田喜三郎「日本の法的地位」『日本管理法令研究』第一巻第一号、1946年
同「日本管理の基本方式」『日本管理法令研究』第一巻第一号、1946年
同「無条件降伏と国体」『国際法外交雑誌』45巻1号2号、1946年
横田耕一「制憲前後の天皇像——象徴天皇制の解釈による"連続性"と"断絶性"序説——」『法政研究』45巻1号、1978年
ハンス・ケルゼン『ハンス・ケルゼン著作集Ⅳ　法学論』慈学社出版、2009年
同（横田喜三郎訳）『純粋法学』岩波書店、1935年

Hans Kelsen, Die Entwicklung des Staatsrechts in Osterreich seit dem Jahre 1918, Handbuch des Deutschen Staatsrechts, 1929
Hans Kelsen, Die Verfassungs Detschosterreichs, Jahrbuch des offentliches Rechtes der Gegenwart, 9 Band, 1920

國家圖書館出版品預行編目資料

近代日本法思想史入門 / 大野達司, 吉永圭, 森元拓著 ; 謝煜偉等譯.
-- 初版. -- 臺北市 : 商周出版 : 家庭傳媒城邦分公司發行, 民108.09
面 ; 公分
譯自 : 近代法思想史入門 : 日本と西洋の交わりから読む
ISBN 978-986-477-719-8（平裝）
1. 法律思想史 2. 日本
580.931 108013875

近代日本法思想史入門

原著書名／近代法思想史入門：日本と西洋の交わりから読む
作者／大野達司、森元拓、吉永圭
譯者／謝煜偉、陳宛妤、陳明楷、林琬珊、魏培軒
企畫選書／吳豪人
責任編輯／梁燕樵

版權／黃淑敏、邱珮芸
行銷業務／莊英傑、李衍逸、黃崇華、周佑潔
總經理／彭之琬
事業群總經理／黃淑貞
發行人／何飛鵬
法律顧問／元禾法律事務所　王子文律師
出版／商周出版
城邦文化事業股份有限公司
臺北市中山區民生東路二段141號9樓
電話：(02) 2500-7008 傳眞：(02) 2500-7759
E-mail：bwp.service@cite.com.tw
Blog：http://bwp25007008.pixnet.net/blog
發行／英屬蓋曼群島商家庭傳媒股份有限公司城邦分公司
臺北市中山區民生東路二段141號2樓
書虫客服服務專線：(02) 2500-7718・(02) 2500-7719
24小時傳眞服務：(02) 2500-1990・(02) 2500-1991
服務時間：週一至週五09:30-12:00・13:30-17:00
郵撥帳號：19863813　戶名：書虫股份有限公司
讀者服務信箱E-mail：service@readingclub.com.tw
歡迎光臨城邦讀書花園 網址：www.cite.com.tw
香港發行所／城邦（香港）出版集團有限公司
香港灣仔駱克道193號東超商業中心1樓
電話：(852) 2508-6231　傳眞：(852) 2578-9337
馬新發行所／城邦(馬新)出版集團 Cité (M) Sdn. Bhd.
41, Jalan Radin Anum, Bandar Baru Sri Petaling,
57000 Kuala Lumpur, Malaysia
電話：(603) 9057-8822　傳眞：(603) 9057-6622

封面設計／李東記
排版／新鑫電腦排版工作室
印刷／韋懋印刷有限公司
經銷商／聯合發行股份有限公司
電話：(02) 2917-8022　傳眞：(02) 2911-0053
地址：新北市231新店區寶橋路235巷6弄6號2樓

■2019年（民108）9月初版1刷
定價 500元

Printed in Taiwan
城邦讀書花園
www.cite.com.tw

Kindaiho Shisoshi Nyumon : Nihon to Seiyo no Majiwarikara Yomu

◎本書由公益財團法人日本台灣交流協會（公益財団法人日本台湾交流協会）協助出版。

ISBN 978-986-477-719-8

商周出版

廣	告	回	函
北區郵政管理登記證			
北臺字第000791號			
郵資已付，免貼郵票			

104　台北市民生東路二段141號2樓

英屬蓋曼群島商家庭傳媒股份有限公司城邦分公司　收

請沿虛線對摺，謝謝！

商周出版

書號：BJ0082X　　書名：近代日本法思想史入門　　編碼：

請於此處用膠水黏貼

商周出版

讀者回函卡

不定期好禮相贈！
立即加入：商周出版
Facebook 粉絲團

感謝您購買我們出版的書籍！請費心填寫此回函卡，我們將不定期寄上城邦集團最新的出版訊息。

姓名：＿＿＿＿＿＿＿＿＿＿＿＿＿＿＿＿＿＿ 性別：☐男 ☐女

生日：西元＿＿＿＿＿＿年＿＿＿＿＿＿月＿＿＿＿＿＿日

地址：＿＿＿＿＿＿＿＿＿＿＿＿＿＿＿＿＿＿＿＿＿＿＿＿

聯絡電話：＿＿＿＿＿＿＿＿＿＿＿＿ 傳真：＿＿＿＿＿＿＿＿＿

E-mail ：

學歷：☐ 1. 小學 ☐ 2. 國中 ☐ 3. 高中 ☐ 4. 大學 ☐ 5. 研究所以上

職業：☐ 1. 學生 ☐ 2. 軍公教 ☐ 3. 服務 ☐ 4. 金融 ☐ 5. 製造 ☐ 6. 資訊
☐ 7. 傳播 ☐ 8. 自由業 ☐ 9. 農漁牧 ☐ 10. 家管 ☐ 11. 退休
☐ 12. 其他＿＿＿＿＿＿＿＿＿＿＿＿＿＿＿＿＿＿

您從何種方式得知本書消息？

☐ 1. 書店 ☐ 2. 網路 ☐ 3. 報紙 ☐ 4. 雜誌 ☐ 5. 廣播 ☐ 6. 電視
☐ 7. 親友推薦 ☐ 8. 其他＿＿＿＿＿＿＿＿＿＿＿＿

您通常以何種方式購書？

☐ 1. 書店 ☐ 2. 網路 ☐ 3. 傳真訂購 ☐ 4. 郵局劃撥 ☐ 5. 其他＿＿＿＿

您喜歡閱讀那些類別的書籍？

☐ 1. 財經商業 ☐ 2. 自然科學 ☐ 3. 歷史 ☐ 4. 法律 ☐ 5. 文學
☐ 6. 休閒旅遊 ☐ 7. 小說 ☐ 8. 人物傳記 ☐ 9. 生活、勵志 ☐ 10. 其他

對我們的建議：＿＿＿＿＿＿＿＿＿＿＿＿＿＿＿＿＿＿＿＿

＿＿＿＿＿＿＿＿＿＿＿＿＿＿＿＿＿＿＿＿＿＿＿＿＿＿

＿＿＿＿＿＿＿＿＿＿＿＿＿＿＿＿＿＿＿＿＿＿＿＿＿＿

【為提供訂購、行銷、客戶管理或其他合於營業登記項目或章程所定業務之目的，城邦出版人集團（即英屬蓋曼群島商家庭傳媒（股）公司城邦分公司、城邦文化事業（股）公司），於本集團之營運期間及地區內，將以電郵、傳真、電話、簡訊、郵寄或其他公告方式利用您提供之資料（資料類別：C001、C002、C003、C011 等）。利用對象除本集團外，亦可能包括相關服務的協力機構。如您有依個資法第三條或其他需服務之處，得致電本公司客服中心電話 02-25007718 請求協助。相關資料如為非必要項目，不提供亦不影響您的權益。】

1.C001 辨識個人者：如消費者之姓名、地址、電話、電子郵件等資訊。
2.C002 辨識財務者：如信用卡或轉帳帳戶資訊。
3.C003 政府資料中之辨識者：如身分證字號或護照號碼（外國人）。
4.C011 個人描述：如性別、國籍、出生年月日。

請於此處用膠水黏貼